Yenching Academy
of Peking University
北京大学燕京学堂

中国与世界
关注、探讨与展望

CHINA AND THE WORLD
OBSERVATION ANALYSIS PROSPECT

北京大学燕京学堂 主编
张隆溪 执行主编

华文出版社
SINO-CULTURE PRESS

图书在版编目（CIP）数据

中国与世界 ： 关注、探讨与展望 / 北京大学燕京学堂主编 ； 张隆溪执行主编. -- 北京 ： 华文出版社, 2025. 2. -- ISBN 978-7-5075-6135-7

Ⅰ. C53

中国国家版本馆CIP数据核字第2025TD4059号

中国与世界：关注、探讨与展望

ZHONGGUO YU SHIJIE: GUANZHU TANTAO YU ZHANWANG

主　　编： 北京大学燕京学堂
执行主编： 张隆溪
责任编辑： 张颖潇
出版发行： 华文出版社
地　　址： 北京市西城区广安门外大街 305 号 8 区 2 号楼
电　　话： 总 编 室 010-58336239　发 行 部 010-58336267
责任编辑 010-58336237
邮政编码： 100055
经　　销： 新华书店
印　　刷： 三河市航远印刷有限公司
开　　本： 787mm×1092mm　1/16
印　　张： 12.25
字　　数： 216 千字
版　　次： 2025 年 2 月第 1 版
印　　次： 2025 年 2 月第 1 次印刷
标准书号： ISBN 978-7-5075-6135-7
定　　价： 68.00 元

总 序

北京大学燕京学堂成立十周年了。十年以来，学堂以“跨文化交流：聚焦中国，关怀世界”为宗旨，吸引全球优秀青年才俊聚集燕园，利用北京大学丰厚的学术资源，让他们学习和了解中国。我们在自己几十年的国际人文交往经历中，已经深深体会到，让世界上更多的人，尤其是将来会成为各方面领导人物的年轻学子，了解和读懂中国，将是世界人文交流景观中的一个新亮点。

我们在办学中不断探索“上天入地”。既然在中国、在北京大学做这篇“中国与世界”的大文章，就应该尽量给青年人创造机会，让他们能触摸中国研究的精神天空。同时，我们也把课堂设到中国大地上，创造条件让青年人走进生活，感知社会，用青年人的才华和青春语言参与讲好“中国故事”。

2015年至今，燕京学堂已经招收了来自全球85个国家和地区的1074位青年学生，他们来自390所优秀大学，其中许多是世界名校。青年人在一起问道求学，砥砺前行，即便是新型冠状病毒肆虐时，线上学习，诸多困难，也没有消减他们做好中国研究的志向和努力。

在燕京学堂成立十周年之际，燕京学堂砺德讲席教授张隆溪将学堂召开过的两次国际学术会议论文编辑成书，作为学堂成立十周年的献礼，也是燕京学堂学术活动的记录。我们将来会一如既往，培养跨学科的国际化人才，为促进中外文化交流和不同国家及人民的相互了解，作出不懈的努力。

袁明　董强

序 言

本书的主题是非常宽泛的一个概念——“中国与世界”，而之所以提出这个主题，并希望学者们从不同领域、不同角度去思考这个问题，是因为整个国际局势正处于急速而重大的变化之中。中国自“文化大革命”结束、实施改革开放政策四十多年以来，在政治、经济或普通人的日常生活等各方面，都发生了翻天覆地的大变化。这种变化不仅改变了中国，尤其是中国的经济和社会生活，而且也使世界各国和地区对中国刮目相看，对中国的现状和历史也逐渐产生兴趣。许许多多的中国人走出国门，到其他国家和地区去工作、学习或游览，更拉近了中国与世界的距离。与此同时，随着中国成为世界上第二大经济体，在国际政治中产生越来越大的影响，中国与当今世界第一大国即美国之间的关系，也无可避免地趋于复杂和紧张。特朗普政府在 2018 年 3 月开始对中国进口商品增收巨额关税，挑起中美贸易摩擦。随后几年，中美关系变得更为紧张。在拜登政府执政期间，中美之间的关系并没有得到改善，大国博弈的局势反而越来越有可能陷入美国学者阿里逊提出的所谓“修昔底德陷阱”的危险。[①] 显而易见，中国与世界是值得认真讨论的问题，十年前如此，现在仍然如此。这部论文集是近十年前，在北京大学燕京学堂举办的第一次国际学术研讨会的成果；现在编辑成书，作为燕京学堂成立十周年的献礼，虽然讨论问题的某些具体细节或有时过境迁之感，但就“中国与世界”这个主题而言，当时的讨论和思考，到现在仍然没有失去意义，对我们进一步探讨这个重要问题，仍然有参考价值。

我们以何亚非教授的文章开始，深入讨论这个重要问题。他以高屋建瓴的全局观点，从经济、政治、外交等不同角度，讨论“全球治理”的问题，认为 20 世纪末，尤其是进入 21 世纪以来，“世界力量平衡出现了历史性的新格局，全球治理也开始从‘西

---

① 参见 Graham Alison, *Destined for War: Can America and China Escape Thucydides' Trap*? (Boston: Houghton, Mifflin, Harcourt, 2017)。

方治理’向‘东西方共同治理’转变”。他认为中国自改革开放以来取得了飞速发展的成果，成为世界第二大经济体，因此“有责任主动为全球治理作出更大贡献”，要“勇于践行负责任大国的‘历史使命’”。这是一个十分重要的命题，在后面别的文章里，可以看见其他学者对此的讨论。作为一个议题，“中国与世界”当然有不同内涵，可以从不同角度去思考。美国学者苏源熙教授对这个题目本身做了一番思考，他坦承，理解这个题目有些困难，因为它似乎默认“中国”与“世界”存在一定距离，“暗示中国不是，或者说现在还不是世界的一部分”。他认为现在需要强调的，是中国已经在世界当中，已经参与在世界的重大事务之中：我们“应该更注意‘世界的中国’，也就是中国始终参与其中的事实”。苏源熙认为“中国与世界”似乎是一种“笛卡尔主义”式主客两分的二元论看法，而他通过对嵇康的名文《声无哀乐论》有趣的分析，认为那篇文章为我们摆脱二元对立提出了有益的范例。不过二元对立不只是思想观念的建构，也往往是政治现实所形成。葛兆光教授从观察历史出发，提出中国人热衷于讨论“中国”，“总是发生在中国内部发生变化，不得不与外部世界调整关系的时代，其中最重要的就是北宋、晚清民国和当下”。与地域辽阔得多的唐朝相比，北宋不仅疆域缩小，而且一直面临周边强大的外族政权之困扰，越来越受到外敌的压力，也就必然产生“自我”与“他者”的意识，所以当时重要的讨论都“聚焦在政治、宗教、制度上所谓的‘华夷’之分，换句话说也就是‘何为中国’”。晚清民初，在西方列强和现代化日本侵略和瓜分的压力之下，处于风雨飘摇之中的中国，国势危若累卵，救亡图存成为主要而迫切的问题，中国知识分子的论述都强调国家民族的统一，“通过‘中国’与‘中华民族’的历史论述，给现代中国寻求合法性”。当代中国面临的则是完全不同的情势，在“中国崛起”的大背景之下，学者们关注的是中国与世界其他国家和地区如何相处的新问题，是关乎历史、现状及未来的问题。

卜正民教授从《诗经·大雅·民劳》中提到的“中国”与“四方”发端，审视中国数千年的历史，认为秦以前的“中国”只是一个概念，实际上只有互相争斗的众多小国。公元前221年秦灭六国而成大一统，“真正意义上的‘中国’从此诞生”。他尤其注重和突出的是蒙古帝国在中国历史上的作用，认为“蒙古人征服了中国大地上的辽和金”“标志着中国国家形成第三阶段的开始，即大国的出现”。尽管明朝力图抹杀元朝的印迹，但“得益于蒙古人，世界疆域得到了极大扩张，而后世得以继续生活在‘大元’留下的‘大’概念中”。对中国历史各朝代建立的这种看法，相信会引起学者们进一步的讨论。王赓武教授考察中国近百年近代的历史，认为中国长时期注重内陆而忽略海上防御的发展，因而造成“地缘战略失衡”。但“失衡”不仅在军事和物质层面，也在理解中国的意识和概念层面，因为用“帝国”和“民族国家”来诠释中国的国家和历史都会产生偏差。他从不同方面审视中国近代史，并讨论中国自改革开放以来，如何在各方面力求达到“再平衡”，坚持有历史内涵和强大的中国传统，以实现具有中国特色的社会主义，“因为这样出现的社会主义才是中国所期望的社会主义”。亚当·罗伯茨教授在讨论国际战争和武装冲突的文章里，从另一个角度指出大国应该担当起稳定国际局势的责任。从人类本性、信仰体系到大国权力竞争和误判误解，他列举了三十三个战争的起因，也特别讨论了中国面临的一些冲突和战争的危险。他依据美国学者约瑟夫·奈的论述，指出在大家都注意到的“修昔底德陷阱”之外，还有另一个“金德尔伯格陷阱”的风险，即“中国逐渐成为重要的军事、经济大国，却不愿意行使大国应承担的职责”。经济学家金德尔伯格认为“20世纪二三十年代美国施行的孤立主义对国际安全造成了可怕的后果”，那个年代的灾难“是由于美国成为了世界最强大国，但却没有承担提供全球公共产品的责任”。最终说来，战争并非不可避免，而如何避免陷入“修昔底德陷阱”或“金德尔伯格陷阱”，就取决于各国、尤其是大国领导人的政治智慧。

本书内容包含甚广，大体上在涉及地缘政治、历史和国际关系之外，还有一些文章从文化和理论方面探讨中国与世界的问题。瑞典学者罗多弼教授依照历史发展的线索，基于六个观点回顾了中华文化从传统到现代的变化进程。他强调中华文化不仅是中国的，也是世界的，“是世界主要的文化传统之一”，“是人类集体记忆的重要组成部分”。他反对把中华文化与西方文化绝对地对立起来，认为像马克斯·韦伯那样“把中国和欧洲思想作二元对立是具有误导性的”。他也特别指出中华文化的丰富多元，“纯粹的中华文化是不存在的。它最初的特征就是融合而不是单一”。邓小南教授则讨论不同文化和学术背景之下学者们如何进行“深度对话”，并且说明“‘相知’可能是对话的前提；对话也是相知的途径，是理解对方、传布知识、碰撞思想的重要形式和载体”。尤其在语言、文化背景不同的情形下，中外学者对同一文本、事件或现象的理解，很可能产生差异，邓小南认为这种内与外的差别可以具有积极的意义，通过“深度对话”可以帮助我们达到更真确的理解：“在内者要警惕习焉不察造成的局限，在外者要提防自身文化背景带来的潜在意识。通过深度对话，我们希望能够建立‘共通’而非‘共同’的话语，使叙事更加‘立体’，更加贴近历史的现实。”有时候不同文化背景产生出的不同理解，在各自的文化传统中会发生很不相同的结果。德国学者阿尔弗雷德·霍侬教授讨论美国诗人庞德对中国诗和中国文化的理解，就是一个很有意思的例子。当五四新文化运动中的中国知识分子力图摆脱古老传统的束缚，将儒家思想弃如敝履的同时，厌倦了西方浪漫主义末流的庞德却在他并未全面理解的中国诗和儒家文化当中，找到了现代主义诗歌创新的灵感。霍侬教授认为，庞德“着迷于中华文明悠久传统所提炼而出的儒家思想，这体现了一种政治和文化上的双重革命性”。庞德在他的《诗章》中，把儒家与美国开国时期的几位总统和政治人物相联系。如果说庞德与中国语言、文学和文化的关系和他的误解很多人都知道，也经常有各种讨论，那么孔子或儒家思想与美国开国元勋之间的联系，可以说就是霍侬教授这篇文章给许多读者提供的最令人吃惊的新知。他指出，“第一次让美国人通过法语和英语资料接触到儒家思想的是美国启蒙运动人物——本杰明·富兰克林”。儒家伦理和由自我完善而兼济天下，即修身、齐家到治国平天下的观念，对富兰克林、约翰·亚当斯、托马斯·杰弗逊、托马斯·潘恩、詹姆斯·麦迪逊等多位美国建国之初重要的政治家和领袖人物，都具有极大的吸引力。霍侬教授还提醒我们说，“孔子对美国的作用最显著的标识，是他的雕塑被置于首都华盛顿由建筑师卡斯·吉尔伯特（Cass Gilbert）设计、于 1935 年竣工的美国联邦最高法院东庭的大门上，被尊为三位主要立法始者之一。雕塑家赫蒙·麦克尼尔（Hermon A. MacNeil）选取《圣经》人物摩西，其左侧是雅典的梭伦，其右侧是中国哲人孔子，代表了影响美国的三大古老文明”。霍侬教授征引丰富的文本材料，描述了美国开国元勋们在孔子和儒家思想对道德和理性的强调，以及对治理一个合理社会的方略之中，找到了他们在建国历程中所需要的东西。在当前的国际政治环境中，重新审视这些几乎被忘掉的历史，更有特别重要的意义。

在美国任教的著名社会学家克利杉·库马教授仔细重新审视一个在社会学和整个人文社会研究当中都非常著名的“韦伯问题”：为什么西方发展出了资本主义，中国却没有这样的发展？他详细梳理了韦伯的主要论著，说明韦伯并不认为“中国是或曾经是一个停滞不前的实体，它缺乏商业性精神，反对创新”。但问题是：“中国似乎包含了资本主义发展所必需的诸多要素。为什么特别是在中国，这些要素没有黏合成一个有组织的体系、一套互相强化、促进资本主义发展的心态与制度？”不过库马教授认为，“以那种方式框定的问题，包含了很多本身就值得怀疑的假设”。韦伯一个非常著名的观点，是认为西方 16 世纪开始的宗教改革形成的新教伦理，与现代资本主义的产生密切相关。“资本主义是人类历史上一个重大的突破和断裂。宗教对于这一突破必不可缺。”而中国的儒家思想和西方的宗教不同，于是“儒家成为韦伯解释为什么在中国尽管有高度发展的经济，却并没有建立一种财富自我积累的经济（如资本主义）的关键”。尽管儒家以理性的态度为人处世，但韦伯认为，中国和西方的理性却有根本的区别：“儒教理性主义意味着理性地适应世界；清教理性主义则意味着理性地把握世界。”库马教授在讨论了韦伯关于中国和西方许多极具影响力的观点和看法之后，在当前整个世界格局发生重大变化的情形下，引述了伊曼努尔·沃勒斯坦和卜正民等人的看法，对“韦伯问题”提出了颠覆性的质疑：“通常认为，西方处在一个特殊的有利地位，从西方出发便可以评估和解释其他社会和经济的（非）发展。但是，为什么要把西方视为一种范式？为什么要把西方的发展看作是评估所有非西方社会、讲述它们历史的标准和典范呢？”然而库马也充分肯定了韦伯的贡献，肯定了比较中西方社会和文化的意义。韦伯“对中国城市和中国官僚体系的论述以及它们与西方的异同，同时阐明了两种文明。尤为重要的是他对儒家文化的深入描绘及儒家对士大夫阶层的深刻影响。…… 在《中国的宗教》和《新教伦理》中，韦伯强调文化在塑造一个社会经济、技术和科学等领域中的作用，在今天仍然具有参考价值”。金李教授从比较经济学的角度，讨论一个既有现实意义又在理论上发人深省的问题：“为什么财富积累不能长期维持？…… 历史似乎表明：财富的代际传承是一个巨大问题，它使得任何富裕家庭都无法在历史中长期存在。这是偶然的还是不可避免的呢？”由于中国改革开放以来，社会和经济的发展变化极快，金李教授提供统计数据，讨论了中国家族企业的形成和代际承传面临的一些特殊问题。最后他介绍了由哈佛大学、牛津大学和北京大学合作创办的希望工程（HOPE），“希望能够利用这三个大洲在历史长河中被证明是最好的大学的最佳教育资源和校友网络，来帮助中国家族企业的年轻一代领导者迅速获得专业知识和思维方式，应对管理家族企业的挑战”。

历史总是在演变，而我们就生活在这不断变化的历史当中。戴燕教授谈论中国文学史和文学观念本身在近代的变化，就为我们理解这一点提供了一个很好的例证。她指出，英国汉学家翟里斯 1901 年发表英文版的《中国文学史》不仅在时间上是“迄今所知最早的一部”，而且其意义更在于使“中国文学第一次被纳入了世界文学的版图”。尽管当时和后来的许多评论者对此书的评价褒贬不一，和近代中国整个社会和文化的情形一样，在文学和文学史的理解方面，中国与中国之外的世界，尤其是西方，都不可能完全隔绝而不受影响。王国维著《宋元戏曲史》，傅斯年赞扬说是“具世界眼光”，也就是“指研究中国文学，同时了解外国文学，即将中国文学放在世界文学范围重新解读、重新评价”。胡适著《白话文学史》，更明显以西方文艺复兴时期近代欧洲各民族语言之兴起并对抗拉丁文为模范，强调活的语言和活的文学，视传统的文言为死的语言，而文学史就是“活文学代替死文学”的历史。在评论翟里斯和西方汉学著作时，辜鸿铭、郑振铎、胡适等人观点并不相同，但都不约而同地对汉学家们“心存怀疑”，批评他们对中国文学没有全面深入的理解。他们以中国学者在语言文化方面占据的优势，在中国小说戏曲的研究方面，虽然“受到过西方汉学家的启发”，但“最终也超越了东西方汉学家的水平”。陈平原教授的文章则把视点聚焦于20世纪80年代以来，学术、尤其是人文学术环境的改变，以清醒而平和的态度直面人文学科面临的问题。且不说科学技术势必成为国家教育的重点，就是在与社会科学的竞争中，人文学科也是“所受的伤害最深”。改革开放之初的80年代，“那是人文学的黄金时代”；90年代则是“社会科学迅速崛起，人文学内外受困（政治突变与经济大潮）”；进入21世纪，形势急剧变化，“社会科学占压倒性优势，人文学日渐边缘化”。然而所谓“占压倒性优势”，不过是按照“官学”数量化的标准和要求，申请经费、拿项目，力求有实用价值。“为了获得政府资助（不仅是钱的问题，还涉及晋升职称等），不少人文学者扭曲自身的学术思路及价值观念，努力向‘有用’的社会科学靠拢。”在这种环境和压力之下，陈平原认为人文学者应该坚持自己的信念和追求，不跟风，不随流，敢于特立独行：“既然选择了人文学，也就选择了独立思考。”在本书最后一篇文章里，张隆溪讨论了中国学术和国外汉学之间的关系，在这个意义上，恰好符合“中国与世界”这个主题的探讨。他借用苏东坡《题西林壁》那首短短四句的诗，说明认识理解中国可以有不同的视野和角度，站在不同地方，从不同角度去观察和认识，就会看到不同的方面，正如东坡所说，“远近高低各不同”，但大家所见都是庐山的某一面。要全面认识和理解中国，就像要见到“庐山真面目”一样，应该综合不同角度所见之山。这当中不应该有局内人和局外人之分，而应该互相对话，互相补充，以达于全面的、接近真面目的认识。

“中国与世界”是一个大问题，需要我们不断认真地思考和不断深入地探讨。在对这个大问题的探讨中，我们希望这本论文集可以为读者展示一些不同的看法，在不同方面能够提供一点参考。

张隆溪

目录

全球治理：中国的历史选择与大国担当

何亚非

放眼当今世界，全球化与“逆全球化”两股力量的博弈加剧，全球化和全球治理都面临新挑战、新难题。与此同时，世界经济经过几十年快速增长，2008 年金融危机以来进入长周期性低迷，如今虽已复苏，但是金融风险加剧、保护主义盛行，如火如荼的技术革命尚未形成“颠覆性”的经济发展新动力、新领域。这两种趋势的重叠、相互影响以及伴生的地缘政治矛盾加深，产生了世界范围强烈的不确定性和不稳定性，不仅引发发达国家政治生态的剧烈震荡和社会阶层的持续分化，而且加速了全球化严重的“分叉”（bifurcated）发展现象，即随着全球化迟滞慢行，民粹主义和“逆全球化”力量正在兴起，并登上不少国家的政治舞台，成为不可忽视的政治力量。面对国际秩序和全球治理的严峻挑战，应该如何认识这个风云激荡、变化莫测的新世界、新时代？中国作为文明大国的历史责任是什么？

一、全球治理的发展脉络

全球治理的完整理念起源于 20 世纪 90 年代冷战结束之际。1992 年，全球治理委员会成立，并在 1995 年联合国成立 50 周年之际发布《天涯若比邻》报告，提出了“全球治理”的概念。全球治理是对传统国际关系理论的直接挑战。按照传统国际关系理论，国内社会与国际社会是截然分开的，两者毫不相干。全球治理则是把世界作为一个整体来治理。全球治理改革的研究与实践将成为 21 世纪人类经济和社会发展最重要的命题。

（一）从“西方治理”转向“东西方共治”

“超长 19 世纪”（the long 19th century）的“全球变革”（global transformation）

开启了近代全球化和“现代化”（Modernity）进程，萌发了国与国之间“治理”的概念与实践，但是那仅仅是欧洲主导的“中心—边缘”不平等、不公正的所谓国际体系和治理，还算不上是“全球治理”。20世纪，人类经历两场世界大战和数十年两大阵营的“冷战”，二战后人类汲取历史惨痛教训，建立了以联合国为核心的国际体系，以及以世界银行和国际货币基金组织、世界贸易组织（之前为关贸总协定）为基础的国际金融和贸易体系，创造了长达70多年的世界和平和经济繁荣。这轮全球化的发展如火如荼，势不可当，席卷全世界，从而就有了真正意义上的全球治理。然而，世界秩序，无论是政治秩序，还是经济体系，基本上还是围绕“中心—边缘”的国际体系而运转，也就是西方（美国和欧洲）为中心，广大发展中国家处在边缘地带。全球治理基本上是“西方治理”、其他国家“被治理”，即西方制定国际规则，其他国家遵循这些规则。

20世纪后半期和进入21世纪以来，发展中国家，也就是原来的“边缘国家”力量上升，世界力量平衡出现了历史性的新格局，全球治理也开始从“西方治理”向“东西方共同治理”转变。世界不断进步的同时，变化更是日新月异，技术革命、文明冲突、贫富矛盾，在全球化的助推下，在社会和国家内部以及国家之间产生了巨大的碰撞与激荡，火花四溅，新旧格局转换的特征十分明显。

一方面，世界多极化和经济全球化加速发展。另一方面，由于地缘政治矛盾升级，全球性挑战不断涌现，国家利益与国际社会利益的错配和冲突经常发生，国际秩序出现前所未有的不确定性和不稳定性，国际秩序和全球治理的大变化、大挑战、大动荡已经成为世界政治的“新常态”，将持续较长一段时间。而世界经济经过几十年的迅速增长，旧有发展模式的动能已经耗尽，新的增长“发动机”尚未产生，原有国际合作模式以及贸易、金融体系是与“中心—边缘”国际体系相配套的，显然难以适应全球化新时代错综复杂的新局面，因而各国经济普遍进入调整、转型的艰难爬坡阶段，加之地缘政治紧张局势有增无减，世界经济大概率进入长周期性缓慢增长与反复波动的“新常态”。主要大国因所处地位和历史传承的不同，短期和长期反应有很大的区别。

作为国际秩序主导者和世界“中心—边缘”体系的继承与维护者，目睹世界力量格局的变化、全球治理从“西方治理”转向“东西方共治”，美国面临内外双重冲击，全球控制力下降，国内社会裂缝加深，表现出对中国等发展中国家力量上升的强烈“战略焦虑”和对全球化新时代本能的抵触情绪。精英阶层叹息美国主导的“自由民主秩序和体系”开始崩塌。美国对外政策摇摆严重，一方面做全球战略收缩，回归孤立主义传统，另一方面试图通过修改国际规则、加强军事力量，来维护其世界霸权地位。特朗普以民粹主义和反全球化为推力进入白宫主政，上台后即放弃《跨太平洋伙伴关系协定》（TPP），废除国际社会来之不易的应对气候变化的《巴黎协定》，并高举“美国第一”大旗重启与贸易伙伴的多双边贸易安排，自然遭到包括其欧洲盟友在内的许多国家的反对。

欧盟内外交困，一体化进程遭受严重挫折，受“逆全球化”和民粹主义思潮的影响，许多欧盟国家由于政治极端化导致的反欧盟、反全球化、反移民等现象此起彼伏，社会分裂严重。金融危机阴影始终没有散去，欧元存续问题、移民危机等，就像“达摩克利斯之剑”一直悬在欧洲国家的头上。欧洲作为全球治理的“特区”和“先行先试地区”前途未卜，令人担忧。法国涉险过关，马克龙胜出，而意大利又被“特朗普现象”所笼罩。事实上，欧洲在工业革命前后与东方的联系十分紧密，虽然那是一种居高临下、带有浓厚殖民色彩的国际交往，也就是上述“中心—边缘”国际体系，然而时代变迁，国际规则和秩序随之发生变化，欧洲作为老牌帝国主义国家，“春江水暖鸭先知”，多多少少走在西方国家的前列，愿意与中国、印度等发展中国家开展相对平等的合作，以适应历史的变化，跟上全球化新时代的步伐。欧盟在对待中国“一带一路”倡议上，比大西洋彼岸的美国反应积极，凸现了欧盟亟需自救、突破困境的现状。

日本在全球和东亚地缘政治中唯美国马首是瞻，虽然心里并不痛快，但是历史和现实的状况使日本没有太大选择余地。在美国积极推行新保守主义主导的“亚太再平衡”和“转向亚洲”战略以及“离岸平衡”政策的背景下，日本右翼势力看到了新希望，他们再次掌握政权，鼓动以军事强国走“正常大国”道路，希冀重新登上亚洲“领头雁”的地位。日本曲解中国发展壮大的历史和现实意义，对中国坚定不移走和平发展道路的决心和实践避而不见，一心拉美国“虎皮”作大旗，错误地选择了与中国争夺亚洲特别是东亚领导权的道路，而不是走与中国互利合作的双赢路。因此，东亚的不确定性和不稳定性与美、日联手对付中国的地缘政治战略图谋有很大关联。

俄罗斯在经历了冷战惨痛失败和西方战略挤压后绝地反击，呈现强硬反弹，外交进取性和进攻性增强，在乌克兰和叙利亚等地缘政治的博弈中始终保持主动，出其不意，全球战略地位正在恢复。虽然由于油价下滑和世界经济环境恶化等因素，俄罗斯经济发展遭遇“逆风”，但稳步向上的势头显然易见，作为世界力量重要一极的地位不会动摇。

（二）从全球治理改革到重塑国际秩序

2008 年金融危机以来，民粹主义、孤立主义、狭隘民族主义等在西方国家沉渣泛起，严重冲击了西方国家的政治体制架构和资本主义制度，造成以社会阶层分裂，精英集团与普通百姓特别是中产阶级对立的西方资本主义制度性危机。全球治理“失序”和“碎片化”如水漫金山、满目疮痍，现有以西方“自由民主思想（Liberal Democracy）”为柱石的“全球自由秩序”（Global Liberal Order）正在经历自西方工业革命以来最为严重的分崩离析和系统性危机，世界进入全球治理体系全面改革与国际秩序转换和重塑的新历史时期。

民粹主义在主要西方国家再次“崛起”有其深刻的历史和现实原因，并非偶然，从根本上讲是资本主义制度内在的不平等、不公平、不公正所造成的。

从历史角度分析，以美国为例，2016 年美国大选出现的民粹主义思潮泛滥并非史无前例。美国建国后不久民粹主义便崭露头角，1828 年杰克逊当选总统、1860 年开始的“格兰奇”运动就是例子。进入 20 世纪，民粹主义作为社会思潮曾有过三个高峰期：30 年代以休依·朗为代表的“分享财富”运动；60 年代乔治·华莱士主张恢复民权运动中白人中产阶级失去的特权；90 年代作为独立候选人竞选总统的罗斯·佩罗与现在最接近，也是通过草根力量，为“全球化的受害者”代言。这些民粹主义思潮有个共同点，那就是经济进步主义、本土至上与种族保守主义相互纠缠与合流。2016 年大选也不例外，是民粹主义与族裔政治的糅合，因此共和党的特朗普和民主党的桑德斯所依靠的群众基础都是“蓝领白人工人阶级”。

美国宪政设计中对政府的内在不信任给民粹主义提供了理论依据，但美国民粹主义从根本上讲，只是表达对社会不平等、不公正的不满，并非旨在推翻资本主义制度，而现代美国政治的意识形态妥协意识又确保了极端民粹主义大致不会“失控”。

然而，在全球化大背景下，这一轮民粹主义和反全球化力量的结合，美国老百姓对政府和精英的强烈不满，已经影响美国政治生态，包括大选。从思想内涵和现实原因分析，民粹主义其实没有特定的思想内涵，简单讲民粹主义就是老百姓反对精英，意识形态方面能抓住什么就是什么。美国国内自 2008 年金融危机以来正经历国内政治社会生态的重大变迁，政治极化与社会保守化日趋严重，经济民族主义和社会民粹主义互为依托，愈演愈烈。

既然民粹主义由来已久，为什么如今在西方国家“山雨欲来风满楼”呢？这一问题值得持续关注，它不仅会影响美国的政治社会生态和内外政策，也将影响全球化进程和其他国家的利益。

首先，这与资本主义制度兴衰及其历史发展规律有密切关系。确立资本对社会乃至世界的绝对统治是资本主义走向金融资本阶段的终极目标。马克思在《资本论》中对此早有深刻的剖析和预言。资本主义制度要确保资本尽可能地扩张其势力范围，无孔不入，肆无忌惮地追逐利润，资本凌驾于政治和社会之上，“自由”凌驾于平等之上，由资本筛选出来的精英统治西方国家乃至世界各国的政治、经济和社会。西方世界自古至今是精英治理，把平民百姓踩在脚下。只有资本的“自由”，并没有百姓的“自由”。资本与劳工的矛盾加剧是必然现象，不可避免。美国“占领华尔街运动”以及“1% 与 99% ”的对立与斗争就是例证。西方国家不少学者惊呼，“阶级斗争”再次回到西方社会。

其次，全球化快速发展带来经济增长和财富的增加，但也导致西方国家工业产业结构的变化和劳动阶层对资本的无奈和不满。经济全球化在西方国家主导下近几十年势头强劲，给西方资本及其代表的精英阶层带来巨额财富，同时也给西方国家的劳工大众就业造成冲击。显而易见，随着全球化的推进，资本支配资源流动和就业转移，西方国家中低端的技术行业转移到海外，主要是新兴市场国家，全球生产链的变化使西方大批技术含量低的工人或者失业，或者进入服务行业，造成高端人才不足，低端劳动力过剩，劳工市场供求失衡严重。加上海外移民近年来不断拥入西方国家，更加重了这一“失衡”现象。其实这一问题并非美国一家，其他发达国家乃至不少新兴市场国家也有类似问题。美国大选总统竞选人反对移民的言论、英国围绕移民的争论导致其公投退出欧盟，都从不同侧面反映出西方国家劳工阶层对精英权贵的强烈不满，种族主义和民粹主义纠缠在一起，形成反全球化的巨浪。

再则，在全球化进入动荡、曲折的新时期，全球治理体系明显落后于全球化和国际形势的变化，各国对全球治理体系的反思在深入，担心全球化逆转和全球治理失败将带来危机四伏的世界，纷纷对全球治理和未来国际秩序提出建议与设想，以影响世界的发展方向。从根本上看，世界力量平衡发生重大变化，从单极走向多极，全球力量的“大趋同”、“再平衡”催生“国际权力分散”，是改革全球治理、重塑国际秩序的主要推动力。

二、开拓新时代全球治理发展的新思想和新路径

面对全球化出现的种种问题和困境，习近平主席高瞻远瞩，提出了共同构建人类命运共同体的思想和实现路径，引起世界各国高度重视和关注。构建人类命运共同体是应对全球化新时期各种挑战的战略指导思想，也是全球治理的总体目标。中国作为全球治理的参与者、贡献者和引领者，希望通过构建命运共同体，建设一个更加合理、公平、公正的国际秩序和新世界，以逐步改造并替代只顾一己私利、一盘散沙的“失序和碎片化世界”。

（一）全球化和全球治理新发展的主要特征

第一，全球化周期性变化与资本主义制度内在矛盾激化的叠加，使发达资本主义国家贫富差距拉大，底层百姓与社会治理精英的对立加剧，其国内治理难度增加给全球化的发展和全球治理体系的完善带来巨大阻力和不确定性。

第二，以中国为代表的发展中国家整体力量的上升改变了原有世界格局和力量的平衡，推动全球治理从“西方治理”向“东西方共同治理”转变，而全球治理体系未能适应形势的变化，使全球治理“失序”和“碎片化”日趋严重，地缘政治对全球治理的干扰也明显增大。

第三，全球治理指导思想处于过渡期和转折期。一方面，经济新自由主义和“华盛顿共识”光环的破灭，美国自我界定、排斥其他文明的“自由民主”思想体系遭受内外夹攻；另一方面，中国的发展道路、模式及其政治制度的保障取得骄人的成绩，不仅表现在国内治理的成功，还开始在全球治理和国际关系方面发挥表率作用。全球治理在文明和哲学层面的竞争与比较引发世界范围对全球经济和全球治理指导思想的反思和前瞻性探索。

第四，全球治理机制性改革已经拉开帷幕。二战以后确立并逐步完善的国际秩序和全球治理体系，以联合国为核心，包括国际货币基金组织、世界银行、世界贸易组织等，对于这 70 多年来保障世界和平、促进经济繁荣功不可没。然而，这一国际治理体系与全球化的发展以及在解决全球化负面影响方面存在差距和缺陷，尤其是世界货币体系更是主要服务于发达国家及其垄断资本。发展中国家在国际体系中始终处于劣势，话语权和决策权不足。这些年这一不平衡、不公正、不公平的现象有些变化，但尚未有根本性改变。随着世界格局的转变，中国身体力行，推动建立了亚洲基础设施

投资银行、（金砖国家）新开发银行，并积极促进区域和跨区域自贸区协定的谈判，包括 RCEP 和 APEC 的自贸区协定。

（二）全球治理的核心问题及其解决之道

世界多极化、经济全球化是第二次世界大战结束以来的大趋势。全球化需要全球治理，治理的本质是国际制度和规则的竞争，历史上一直如此，而制定这些制度和规则的往往是世界大国。以联合国为核心的国际制度规则包括全球治理体系就是二战结束时由美国主导建立、在战后几十年里逐步健全和完善的。

如今，全球治理面临一系列严峻挑战，全球化出现许多新变化、新发展，这是历史倒退，还是历史发展进入一个“新全球化时代”？要回答这个问题，就必须先认识全球治理的核心问题及其解决之道，有三点值得重视：

一是全球化的普惠性。全球化不是也不应该成为少数国家和利益集团的特权，必须是各国百姓普遍参与、共同富裕的进程。2017 年 5 月，中国召开“一带一路”国际合作高峰论坛，推进倡议的全面落地，正是想扩大“朋友圈”，给各国人民带来更多的参与感、获得感和幸福感。中国帮助非洲发展的思路凸现了全球化的普惠性。2015 年习近平主席访问非洲时提出中国帮助非洲发展“十点计划”，第一条就是帮助非洲国家实现工业化，非洲国家不能延续西方强加的单一经济发展模式。

二是重视全球宏观协调、联动发展。全球化深入发展背景下的世界经济是“一盘棋”，需要加强协调与合作，不能各干各的、相互踩脚。过去连发达国家都难以协调自己的宏观政策，更谈不上世界范围的宏观协调。中国在这方面身体力行，2016 年中国主办 G20 杭州峰会，确立了宏观政策协调机制，并把发展议题正式列入议程，取得实际成果，为各国经济联动发展奠定了扎实基础。这是克服世界经济失衡的重要步骤。

三是中美两大经济体相向而行。中美在全球治理中加强合作，反对保护主义，促进自由贸易和投资便利化，将给世界强烈的信号，提振市场信心，减少波动风险。2016 年中国货物贸易出口 2.1 万亿美元，进口 1.6 万亿美元。据美商务部统计，2016 年两国双边贸易额达 5785.9 亿美元，其中美国对中国出口 1157.8 亿美元，占其出口总额 8.0%；中国对美国出口 4628.1 亿美元，占美进口总额 21.1%。中美经济相互依存已经把两国经济紧紧地绑在一起，形成利益共同体。两国元首多次会晤和访问，建立全面经济对话等四个高级别对话机制，以加强沟通，目前尤其要增加信任、减轻摩擦、促进贸易发展，而不是相反。这里体现的是中国对全球治理的创新，中国在“一带一路”等倡议中始终提倡共同发展、合作共赢的思想。动辄搞反倾销、贸易救济调查，甚至不惜打贸易战，其结果只能是两败俱伤。

三 、勇于践行负责任大国的“历史使命”

2018年是中国改革开放40周年。中国能在短短数十年时间成长为全球第二大经济体，自身改革开放是基础，另一个重要原因是全球化国际环境。当中国力量上升，自然有责任主动为全球治理作出更大贡献。中国对全球治理的积极进取也基于国家利益考量，这无可厚非。中国期待通过积极参与全球治理，维护自己利益，并提出中国方案，在国际社会赢得更大话语权、作出更大贡献。

（一）在全球治理中融入中国叙事

在全球治理中融入“中国叙事”和中国方案，形成中国思想，逐步改变以新自由主义为代表的“西方叙事”独行天下的局面，使国际秩序和全球治理体系更加合理、公平、公正，将成为全球化和全球治理新时期的主旋律，贯穿整个历史转折期。现有国际制度和制度性安排也将发生相应的转变和转换。

首先，积极推进人类命运共同体思想传播及其建设。从目前世界各国已经形成的事实上的利益共同体到建设休戚与共的人类命运共同体，是各国在全球化新时期的愿景和理想，目的是消除由于发展水平不同、意识形态各异、文明文化差异、国家实力不等而在全球化过程中出现的利益分配不平等、不公正、不公平的现象。建设人类命运共同体还将为历史转换期大小国家和平相处、避免大国陷入“修昔底德陷阱”，创造有利的国际大环境。作为欧洲国家联合自强创举的欧盟和欧元能否继续推进是一个考验；亚洲国家能否克服目前的重重困难，通过文明对话和经济合作实现区域一体化是又一个考验。

其次，以全球伙伴关系代替军事同盟关系。以和平相处、和平竞争代替你死我活的“零和博弈”，走出一条全球化新时期不对抗、不冲突、相互尊重、合作共赢的国家相处的新路。亚太特别是东亚将是关键地区，因为其中包括了中国、美国、俄罗斯、印度、日本这些当今大国和东盟这样的地区性国际组织。欧洲、中东也面临同样的选择和挑战。

最后，和平发展道路问题以及和平与发展的孪生关系。中国作为新兴大国坚持走和平发展道路，在全球化和现有国际体系的大框架内发展壮大，有望在未来几十年里成为世界强国。这是西方工业革命几百年来前所未有的现象，其能否成功不仅取决于中国自身的努力和坚守，也与国际社会能否维持和平发展的大环境密切相关。从1840年第一次鸦片战争到1949年新中国成立的百年，是中国近现代历史上备受欺凌、侵略、掠夺和内乱的“百年耻辱”。中国从中得出的教训是，没有主权、国家安全和经济发展，就不可能有和平和安宁的生活，而没有国家稳定和经济实力的支撑，就没有任何内外和平可言。同时，“己所不欲，勿施于人”，中国认为，任何国家都不应遭遇这样的历史悲剧。这一惨痛教训已经融入中国人的血液，是中国选择和平发展的历史和文化基因，也将成为中国参与和引领全球化新时期的全球治理、制定国际新规则的参照。

（二）负责任大国与负责任治理

在世界政治经济双双进入“新常态”的历史时期，中国作为发展中大国和全球性大国，在几十年快速发展和国内成功治理的基础上，正在积极推进世界和平与发展事业，深入参与全球治理，无论从理论还是实践上，都努力提供体现中国智慧的全球公共产品，继续做世界经济增长的火车头，继续为国际秩序的转换和调整、为全球治理体系改革与完善作出贡献。在当前历史时期，中国参与全球治理需要重点处理好以下关系：

其一，“扛旗”与“不扛旗”。作为全球治理体系改革和国际秩序重塑的引领者之一，需要中国在处理国际事务，特别是全球治理的部分领域“扛旗”牵头，但那是在一些领域发挥建设性引领作用，贡献中国思想、智慧和方案，为国际新规则的制定和新制度安排做出努力，而不是放弃“韬光养晦”，满世界的去“扛旗”、去替代谁当领导。中国无意这样做。中国在气候变化领域发挥的作用是典型的例子。

其二，补充完善与“另起炉灶”。全球治理体系改革难题如何破解？这涉及国际秩序重新塑造，需要在更加合理、公平、公正基础上完善国际秩序以及全球治理体系。这自然会牵涉如何处理新秩序与现有秩序、新规则与现有规则、新兴大国与霸权大国的关系等。整个国际秩序和全球治理体系出现的问题，不是靠修修补补就能彻底解决的，这一进程必须是逐步改革、补充、完善的过程，并非“另起炉灶”，推倒重来，更不是哪个国家替代另一个国家。全球治理体系改革涉及各国根本利益和全球化利益分配格局，需要各国充分协商和谈判，需要建设具有合理、广泛代表性的有效平台，更需要有“同舟共济”的精神和共识。这在一个大动荡、大变革、大调整的全球化和全球治理新时期，是必须迈过去但困难重重的一道坎。通过中国和其他国家共同努力，使命运共同体思想成为各国共识，使全球伙伴关系网络充实、扩大，将是今后几十年国际社会面临的历史考验。

其三，地缘政治矛盾与“修昔底德陷阱”。如何破解地缘政治冲突和纠葛，为全球化新时期的新型全球治理消除障碍、铺平道路？又如何通过更加合理、公平、公正的全球治理来创造各国共同发展、共同繁荣的双赢和多赢局面，为化解地缘政治矛盾创造条件？在全球化和全球治理中出现“逆全球化”和严重“碎片化”的同时，世界主要地区地缘政治矛盾加剧，两者叠加冲击力不小。只关注地缘政治矛盾、追求地缘政治“优势”，必然导致国际大环境恶化和大国冲突，而一味推诿于全球化出现的负面因素，不去努力解决诸如贫富差距扩大、社会矛盾激化等重大问题，则有可能使全球化进程夭折，从而激化各种社会矛盾和国际冲突。一战和二战的历史悲剧不太可能重演，但是地缘政治催生各种极端思想、“梦游进入战争”、冲突擦枪走火酿发战争等可能性不能完全排除。20 世纪两次战争浩劫人类付出惨痛代价的深刻教训切不可忘记。

其四，文明冲突与文明交流和融合。目前，恐怖主义泛滥、民粹主义思潮席卷全球、移民潮汹涌而至（非法和合法皆有，欧洲尤甚）、自由贸易与保护主义矛盾加剧，这些现象其实很大程度上涉及文明融合还是文明冲突的深层次问题。中华文明素来推崇“海纳百川”、“有容乃大”，从而成为世界上历经 5000 多年、唯一没有中断的古老和现代文明。如何更好地利用中华文明的核心价值理念来化解现代世界各种文明相互竞争、相互排斥的难题，是对中国参与乃至引领全球治理和国际秩序重塑的挑战。

（三）新时代中国特色大国外交开拓全球治理新天地

“坚持和平发展道路，推动构建人类命运共同体。”十九大报告作出“中国特色社会主义进入新时代”的重大战略判断，提出了中国在新时代的外交战略与蓝图设计，指明了中国的国际角色定位，阐释了国际发展背景和趋势，总结了中国对外交往的工作重心、使命责任、行事原则和推进方略。中国坚持走和平发展道路，成为推动世界和平与繁荣的重要力量。习近平主席提出的一系列中国特色大国外交新理念、新思想、新战略，指导中国外交近年来风生水起，为构建以合作共赢为核心的新型国际关系，为推动全球治理体系改革更加公正、公平、合理，为各国共建人类命运共同体，作出了重要贡献。

首先，相互尊重、合作共赢，构建新型国际关系，推进国际关系民主化，改革和完善全球治理体系。

过去数百年，西方国家在工业革命的推动下，引领世界历史风骚，构建了以西方国家为主的“中心—边缘”国际秩序，并逐步建立了与之配套的全球治理体系，包括政治、经济、科技、文化等诸方面。这套系统在二战后进行了调整，适当考虑了发展中国家独立后纷纷成为国际关系主体的现实，确立了以联合国及其安理会和一系列专门机构为核心的国际体系和全球治理体系，至今已有70多年。客观地讲，这一系统确实为维护世界和平、促进全球经济繁荣发挥了重要作用，功不可没。

然而，由于历史的原因，这一系统的确存在不公正、不公平、不合理的部分，而且，随着全球化迅速发展和新兴经济体集体崛起，世界力量平衡正在发生历史性变化，国际秩序、体系和全球治理不适应形势发展的一面突出，亟需改革完善。

问题是，要倒退到历史上周期性冲突对抗，还是摆脱陈旧观念束缚，走和平发展与合作共赢的康庄大道？这需要各国认真思考全球治理体系如何改革，以推动国际关系的顺利转型。新形势下中国选择走和平发展的道路，然而，和平发展道路能不能走通，关键要看能否把世界的机遇和中国的机遇相互贯通，中国与各国是否能通过良性互动实现互利共赢。何谓良性互动？“投我以桃，报之以李。”中国走和平发展道路，其他国家也要走和平发展道路，不能背道而驰。同时，走和平发展道路不能放弃正当权益，不能牺牲国家核心利益。

任何改革都是以解放思想为引领，只有思想和理念得以更新，才有可能在体制机制上进行有效、有力的改革。全球治理体系改革也不例外。2008年史无前例的金融危机和随之而来的经济危机彻底打破了西方全球经济治理思想的垄断地位，其极力推行数十载，以全面私有化、市场化、自由化为基本信条的“经济新自由主义”和“华盛顿共识”，被历史无情地抛弃了。各国开始深刻反思，寻求对全球治理体系进行改革。

中国从外交和国内发展的实践中，逐步总结出一些于中国、于世界都有利的理念和经验，这些要素提炼构成了中国特色大国外交的思想。其中，对构建新型国际关系和改革全球治理体系的贡献，就是提出了“相互尊重、合作共赢”的国际关系和全球治理新理念。中国希望在新理念指引下，以改革国际货币基金组织（IMF）为牵引，创新国际金融体系，更好反映世界力量消长的形势，给予发展中国家和新兴经济体更多话语权和规则制定权。

依据新理念并结合区域一体化和全球化发展的经验教训，中国提出了与周边沿线国家以及欧洲等“共商、共建、共享”“丝绸之路经济带”和“21世纪海上丝绸之路”（一带一路）的国际发展合作新倡议。中国身体力行，带头建立了亚洲基础设施投资银行（AIIB）和丝路基金等新型国际金融和投融资机构，为实践“一带一路”提供金融支撑。改革并非革命，而是对现有体系做有序的调整。美国和西方国家不必为此担忧，惧怕中国会推翻现有体系“另起炉灶”。

中国是全球化和现有国际关系、全球治理体系的受益者，中国的发展壮大与融入国际体系、深入参与全球治理体系密切相关。譬如，尽管加入世贸组织（WTO）的进程十分痛苦，但中国仍毅然决然地投身到世界贸易体系中，并成为关键一员。即便在当前WTO多哈回合谈判解体之际，中国也没有放弃，而是希望全球400多个自贸区协定能够整合、梳理，形成真正有利于全球贸易与投资自由的新的全球贸易安排。全球化不能走回头路，全球治理不能走回头路，只能改革创新，形成互利共赢的合作模式，藉此，发达国家经济实现复苏，新兴经济体克服困难，保持发展势头。全球治理体系改革需要兼顾各方利益，而不能以牺牲一部分国家的利益来换取自身的经济发展。“一家富不算富，家家富才是富。”

其次，中国倡导各国增强利益共同体、责任共同体和命运共同体意识，建立相互依存的全球伙伴关系网络。

这实际上讲的是国际秩序问题。如何建立更加公正、公平、合理的国际秩序，是人类面临的长期共同挑战。在新工业革命和信息革命如火如荼的新时代，中国作为新兴大国与守成大国美国的关系、中国与世界的关系都在发生极其深刻变化，未有穷期。各国建立休戚与共、“你中有我、我中有你”的利益、责任和命运共同体意识从未如此强烈，需要从未像现在那么迫切。

由于历史和现实原因，目前的国际秩序与各国心目中的命运共同体有很大差距。全球性问题集中爆发，而全球治理能力却相对匮乏，时常受到地缘政治干扰。这种全球治理的“赤字”使人们感受到无可奈何的沮丧。

习近平主席向世界公开宣示，中国将坚持同各国建立和谐共生的命运共同体。这是基于对人类历史发展规律深刻认识而发出的呼吁。全球化时代“人、财、物”的相对自由流动，将各国命运紧紧地联系在一起。可以说现在已经没有不是全球生产的商品，生产链与价值链都已实现全球布局、世界配置。波音飞机如此，智能手机如此，连餐桌上的食品也是如此。如果再以旧眼光来看待世界，只顾自己“一亩三分地”，历史就会倒退，人类的进步和发展就会止步。

人类命运共同体的核心是主权平等。中国主张在此基础上建立各国相互依存、相互信赖、平等相待的全球伙伴关系网络，为人类命运共同体建设奠定基石。全球伙伴关系一旦建立起来，将是主权平等国家的互利合作、共同发展的网络，是保护小国、弱国生存和安全的有效屏障。

人类命运共同体需要有正确的共同价值观和文明对话模式。国之交，在于民相亲；民相亲，在于心相知。习近平主席 2015 年在亚洲博鳌论坛演讲时提出亚洲文明对话，在其他出访演讲中，多次阐述在多元、多样、多极的世界中，不同文明和国家有着并行不悖的多元共生文明观。“道不同，互相讨伐”不符合文明和价值观多样的现实，更违背人类文明发展的客观规律。在国际关系和全球治理实践中易滋生干涉主义，动辄站在道德制高点肆意干预别国事务。命运共同体倡导共处共生的和谐之道，相互尊重各自价值理念、发展道路、政治制度，加强治国理政和文明对话交流，互相借鉴、取长补短，推动人类文明不断发展。

最后，中国提出并倡导“共同、综合、合作、可持续”的新安全观，希望世界各国统筹发展与安全两件大事，以发展促安全，以安全保发展，形成良性循环。

全球治理体系唯安全与发展为大。如今世界，冷战遗留的“零和”思维依然存在，世界并不太平。中东在西方干预和“阿拉伯之春”影响下乱象丛生，民不聊生，难民大批外逃。乌克兰危机持续发酵，影响欧洲安全和美俄、美欧关系。许多热点问题并没有随着冷战的结束而告终，还在困扰着有关地区和国家。中国希望以人类命运共同体意识来认识和处理国际关系，摒弃把自身安全建立在别人不安全之上的旧思维，坚决反对对抗冲突的“零和”思维。在亚洲这一矛盾显得十分突出。东亚面临的“经济依靠中国、安全依赖美国”的发展与安全“分化”现象是不可持续的，结果很可能是既不安全，发展也遭遇瓶颈。安全与发展方面的全球治理和区域治理需要首先着力解决这一难题。需要以新安全观为指导，在东亚乃至亚洲构建新安全秩序，以合作求安全，以综合施策实现可持续的安全，为东亚经济的强劲发展提供可靠的安全保障。在这方面，大国要发挥正确的引领和示范作用。中美努力建设“不对抗、不冲突、相互尊重、合作共赢”的新型大国关系至关重要。而“一带一路”建设则为中国和周边国家的互利合作与命运共同体建设提供了可行的思路与配套的“路线图”。

人类历史发展到了关键时刻，何去何从需要各国和国际社会作出正确选择，全球治理改革、国际秩序重塑是各国面临的共同考验。中国已经作出了历史性的选择，希望世界各国也“三思而后行”，做出相向而行的选择。

作者简介

何亚非，曾任中国外交部副部长、国务院侨务办公室副主任、北京大学燕京学堂徐淑希讲席教授，现任国际山地旅游联盟副主席兼秘书长。他长期致力于中国外交和全球治理的实践工作和理论思考，著有《选择：中国与全球治理》（2015）等书。

论“与”字的含义

苏源熙

本文是对几年前“中国与世界——一个传统主题的演义”的继续讨论。[①] 我必须承认，让我理解“中国与世界”这个词组有一定困难，因为它默认“中国”与“世界”存在一定的距离，这一距离即便不是物理意义上的，也可能是哲学意义上的。这个短语的出现必须与特定历史时期的具体情况发生联系。19 世纪以前，“中国与世界”这个词是毫无意义的（因为中国只关注它自己本身，而其他大多数国家都远不能直接参与其中）。20 世纪 70 年代以后，中国在世界事务的中心地位得以重建，“中国与世界”这个词组变得荒谬起来，应该被对“中国于世界”的讨论所取代。但是现在我们还在用“与”谈论中国和世界的关系。

和其他语言一样，在中文里，当你在造一个“A 与 B”形式的短语的时候，它包含了一个 A 和 B 是分开的东西的假设。也许这两件事情是相关的——《战争与和平》、《傲慢与偏见》、《红与黑》、《我与你》——但是突出的是它们之间的差别；而这样的短语要有趣，两者的关系就不能是显而易见的。例如在我的研究领域里，就有这样的书名：《盲目与洞见》（*Blindness and Insight*）、《魔鬼和商品拜物教》（*The Devil and Commodity Fetishism*）或《上帝，格列佛和种族灭绝》（*God, Gulliver and Genocide*）。

“天下与世界”之类的话语只有在两者之间有所区别时才有意义，因此给“天下”与“世界”加上标点符号才更为恰当。“与”起连接作用的同时，也坚持把分离作为组

---

① 参见 “China and the World: The Tale of a Topos”, Modern Language Quarterly 68 (2007)，145–171，本文总结并继续之前的讨论。我要感谢马歇尔·布朗（Marshall Brown）、刘东和张隆溪，他们激励我去思考这些问题。刘东邀请我就“中国与世界”做讲座，由于我当时个人压力很大，我的演讲（对我而言）非同寻常地词不达意，我在此对刘东表示歉意。

合的前提。我认为，使用“与”字部分是因为有一种持续的心理机制，即在国家层面上，中国和世界其他地方的目标并不一致。如果我们说“美国与世界”或“斯洛文尼亚与世界”，语词效果也是一样。“中国与世界”短语的重点并不是语法上是否可能（任何地名都可以放进来），而是它被提出的频率和固化程度，以及提出的目的是什么。

中国不是唯一一个与世界处于紧张和猜忌关系的国家。比尔·克林顿曾经相当现实地谈到，美国需要设想一个未来，在这个未来中，它必须通过谈判和合作来推动自己的利益。克林顿的这个设想受到了很多批评。在2008年的总统竞选中，共和党散布谣言试图诋毁巴拉克·奥巴马，指责他，竟然仅仅是因为他读了一本题为《后美国世界》（*The Post-American World*）的书。① 孤立主义对于大国来说太容易了，它对大国的破坏作用也比小国更大。不幸的是，我们今天才渐渐重新发掘这些简单的事实。

“中国与世界”这个短语值得注意，不仅是因为它有不同寻常的地理内涵（暗示中国不是，或者说现在还不是世界的一部分），也是因为它的情感内涵发生了变化。自邓小平的对外开放政策以来，中国出版社不断推出大量书籍、系列和文章，如“走向世界丛书”、“十八世纪的中国与世界”等。它们的内容符合这个短语当时的基调：这些是关于外交关系的书籍、欧洲或美国早期使节的旅行日记、移民和出口贸易研究——整个文献都建立在（中国）“与”（世界）的基础上。但“中国与世界”的短语在最近才呈现出了积极的含义：有“中国走向世界”的意思。“中国与世界”在1901年发明出来，用来描述帝国相互竞争、缺乏调解机构带来的霍布斯式的后果。作为历史学家、哲学家，有时也是政治家的梁启超（1873—1929），首先在他为将军、直隶总督兼外交家李鸿章（1823—1901）写的传记中使用了“中国与世界”一词。梁启超说：

> 李鸿章之初生也，值法国大革命之风潮已息，绝世英雄拿破仑，窜死于绝域之孤岛。西欧大陆之波澜，既已平复，列国不复自相侵掠，而惟务养精蓄锐，以肆志于东方。于是数千年一统垂裳之中国，遂日以多事。伊犁界约，与俄人违言于北；鸦片战争，与英人肇衅于南。当世界多事之秋，正举国需才之日。加以瓦特氏新发明汽机之理，艨艟轮舰，冲涛跋浪，万里缩地，天涯比邻。苏彝士河，

① 参见 William J. Clinton, “Transcript of ‘Global Challenges’” (October 31, 2003), available at http://yaleglobal.yale.edu/content/transcript-global-challenges (accessed September 8, 2017); Lori Robertson, “Obama’s Reading Material”, posted at http://www.factcheck.org/2009/10/obamas-reading-material (accessed September 8, 2017)。

开凿功成，东西向距骤近。西力东渐，奔腾澎湃。如狂飓，如怒潮，啮岸砰崖，黯日蚀月。遏之无可遏，抗之无可抗。盖自李鸿章有生以来，实为中国与世界始有关系之时代，亦为中国与世界交涉最艰之时代。①

如果说今天的“中国与世界”蕴含着“开放时期”的态度，那么梁启超就没有这种乐观的态度。与人们今天的看法相反，一百年前，“中国与世界”这种关系并不意味着给中国带来好处和影响，却是中国不得不面对的威胁。“世界”是一场从外部打破中国的准自然灾难。正如梁启超在李鸿章传记中多次提到的那样，这位政治家在与英、法、日、俄等国的谈判中作出的选择，往往是在更加严重的威胁下所作的令人痛苦的妥协。绝望、困惑和沮丧随之而来，这也说明了“中国与世界”的双重含义，即“世界”对中国而言是陌生的，两者的关系即使不是不加掩饰并且永久的对立，也必须是紧张的。

梁启超在1901年描绘“中国与世界”时所提到的条件，恰恰是任何现代新闻记者写专栏都会提到的建立后冷战时期的“全球主义”。和平作为一种红利允许强大的国家寻求扩大海外影响力；新技术和通讯方便更迅速地部署武器或商品；改变长期以来的统治关系；尽情地挖掘被忽略的价值。但这一次，中国在参与这个“世界”而不是抵抗它的方面会有所收获。这就说明了这个短语的含义在1901年和2001年的情况下是不同的。

虽然有所收获且成效显而易见，但很多人同时也担心中国会因“世界”的承认而失去一些东西。文化怀旧回应了这种担心失去集体认同的焦虑。在中国，大多数讨论中国文化的论坛，千篇一律是积极的语调，建立民族自尊如同一种责任。如今，“五四”那一代人偶尔会因听信了不该信的人（传教士、优生学家之类）的话而遭到指责。也许对累积起来的文化的自豪感是健康的。但是，恰恰是对事物现状不满意的人和不满足于维持传统（无论其是否古老动人）的人，才创造了文化。

到底是“中国与世界”还是“中国于世界”？我认为，关于这个选择的答案可以通

① 梁启超《中国四十年来大事记》（一名《李鸿章》），收于《饮冰室合集》（上海：中华书局，1936），专集，2:10。我的重点是展示这个短语的两次出现。我要感谢刘东，他用北京大学电子数据库，引我找到这一资料。北大的赵白生向我指出了梁启超对李鸿章的“生活及其时代”叙事的异常特征；李的“生平”不仅变成了对周围事件的叙述，而且最终与一系列外国政治家的传记并行，就好像李的生活需要与俾士麦（Bismarck）、格莱斯顿（Gladstone）、伊藤博文（Itô）等人的生活相比一样。

过“世界的中国”找到。这个短语说起来还有点不顺口，很难确定它的具体所指。我认为它是指“中国的现实是世界各地日常生活不可分割的一部分”。事实上，如果你按照一些经济史学家的理解，中国在前现代世界中一直是最重要的商品生产国和最重要的市场。① 这一观点抵消了毛泽东去世后中国才开始成为“世界”的一部分这一常见的新闻假设。

我们这些仍然相信国际主义、外交和法律的人，在世界范围内并不是少数。但是我们必须加强支持这些值得赞许的实践的看法。对于我所在的这部分世界（美国）的人来说，他们最好不要把中国想成一个遥远的地方，想成他们的工作、他们的存款、最终他们的自由都会流失到那里去的地方。那种想法只会把“中国”与“世界”之间视为毫无法纪的关系。谁也不需要对毫无法纪作出辩解。考虑到中国有以国债形式向美国作出的数十亿美元的贷款，目前对国际商业法的适当维护最感兴趣的国家，无疑就是中国。如果“中国与世界”关系的困难阶段始于对鸦片销售的分歧，那么对金融合同的有效性存在分歧而使这个困难阶段重新回来，那将是一种令人难堪的重复。我们大家都应该更注意“世界的中国”，也就是中国始终参与其中的事实。

我没有多少具体的建议来完成这个转变。当然，在世界上那些认识中国只有四五百年历史的地区看来，中国现在已经变得不那么稀奇古怪、不那么难以理解，那确实是一件好事。越来越多的欧美学生学习中文，中国文学作品有了翻译和读者；日常生活、起居、饮食、穿着、影视艺术等都受到中国的影响。但是，非华人对中国人生活的积极参与，就像中国人参与非华人的生活一样，是“中国”和“世界”的文化转型都需要的。

这一过程定会涉及误解，对误解和干涉的指责，一些摩擦和敌意。因为你认为能够把“世界”放置在一定距离外，就意味着你自己是健康的、完整的、自给自足的；它使你处于笛卡尔主义所谓的主体的地位，在客体世界的意义上是超越的，但这从根本上讲是一个错觉。我用“笛卡儿主义”一词并不是指严格意义上哲学的影响，而是形容一种基于自我与世界的彻底分离的行为，这种分裂在无数的文化中发生了无数次。它否认了这样一个世界和自我的融合，这也是皮埃尔·加森迪反对笛卡尔《沉思录》（*Meditations*）的基础。②

① 见 André Gunder Frank, ReOrient: Global Economy in the Asian Age (Berkeley: University of California Press, 1996)。

② 见 Pierre Gassendi, “Objections V,” in René Descartes, Oeuvres et lettres, ed. André Bridoux (Paris: Gallimard, 1953), pp. 470–518。

三千年来在中国创造新的生活方式的思想家、诗人、政治组织者和发明家们，并不怕改变中国永恒不变的性质。如果他们认为中国具有不可动摇的本质，他们就不会费心去改变它，他们要么搬到国外去，要么像中国历史上许多筋疲力尽的改革者那样上山归隐去了。任何有关对象的了解都是与对象互动的一种形式：吃过苹果才知道什么是苹果，生过病或注射过预防针才知道什么是病毒，受过压迫、争取过正义，才可以了解什么是正义。同样，与中国产生互动，才可以了解什么是中国。我不是要自私地说中国之外的人应该被提升至权威的地位，并告诉中国人该做什么，而是说任何中国人的生活知识都始于互动的关系。我只是为了抛弃笛卡尔用一个假设的“与”连接的主客体关系，就像我们在“中国与世界”中看到的“与”一样。并且我们认为笛卡儿的幻觉营造了一种假象，让我们忽略这样的事实——我们是由物质构成的，我们不断随时间变化，宇宙的粒子进出我们，对此我们却无能为力。从“我与世界”到“我于世界”，从“中国与世界”到“中国于世界”，在我看来，这些是同种性质的变化。幸运的是，这种变化与中国历史上许多时期发生的变化相似。

通过把“中国与世界”这个传统主题描述成一个二元论的问题，我似乎把它变成了一个哲学问题。但我不确定是否存在纯粹的哲学问题。哲学问题在辩论性、社会、物理的讨论中得到检验，而当（非哲学的）条件使它们成为现实时，哲学问题就变得迫切起来。这并不是说所有的哲学都取决于物质的限制。有时候，一个哲学想法可以使我们摆脱一种看起来完全实在且物质的束缚。我的论点是，“中国与世界”这样的传统主题是建立在更广的如“自我与世界”这样的主题上，并且从自己与世界之间处于并且必须处于敌对关系这一共识中获得权威性。如果我们坚持自己没有与世界分离，那么“我们”与敌对“世界”之间的政治分界，也就应该不那么明显。

一个例子可能会澄清这个分界。音乐恰巧同时既属于世界的一部分，也是我们自己的一部分。音乐是不可遏制的互动。每个人由经验便可知，当走过一个响亮的乐队时，你的步调很难不和音乐的节奏一致。音乐的节奏、音调、和弦、情感从外面传到我们的大脑和身体，如同空中的振动，进入我们耳朵的门户，撩拨我们的大脑，改变我们的动作、我们的情绪和我们的态度。或者相反——因为也有可能被别人的音乐推迟身心变化，但这也是一种互动。将音乐理论化的处理也是我们在讨论任何细节之前，针对主观内在与客观外在的关系应采取的立场。

在早期中国，不偏不倚的中正被认为是对音乐采取的合法性立场。音乐是世界上的一物，是一种来自外部的影响和塑造人的音调和节奏的建构。如果在皇家宫廷演奏的音乐是合适的——如果它遵循正确的音调和合适的措施——那么，统治理论认为，听到它的人，从君主以降，将受到音乐协调和谐的影响，其行为举止也符合中正之道，并且在对长辈、下属和盟友的行为上表现出这种应有的礼节。相反，如果音乐在本质上和道德上是错误的——如果它与古代圣人制定的音乐脱节，那么君主和人民就会变得任性固执、不怀好意、士气低落。这种音乐理论可见于古代哲学著作《荀子》，在《诗经》有关“音乐与历法”的文句中，在《礼记·乐记》一节中，在其他许多周、秦、汉代的材料都有转载儒家的音乐观。

但是，汉朝的衰落似乎质疑了那些认为仪式具有影响人们性情的内在本质和影响力的人的宇宙思想。许多使统治秩序与宇宙秩序和谐一致的仪式行为都没有效果，或许音乐理论随着失败的仪式一道消亡了。无论如何，公元250年左右，嵇康写了一篇名为《声无哀乐论》的著名文章来探讨这个问题。它从“秦客问于东野主人”开始，列出了荀子立场的基础：“夫治乱在政，而音声应之。故哀思之情，表于金石；安乐之象，形于管弦也。”“东野主人”显然是嵇康本人的替身，他逐一反驳了“秦客”，认为音乐与情感之间的关系是依情况而定、偶然而临时的，因此关于音乐好坏的政治理论是缺乏根据的。

> 至于爱与不爱，喜与不喜，人情之变，统物之理，唯止于此……然和声之感人心，亦犹酒醴之发人情也，酒以甘苦为主，而醉者以喜怒为用。其见欢戚为声发，而谓声有哀乐，犹不可见喜怒为酒使，而谓酒有喜怒之理也。①

嵇康抛开了荀子的片面决定论，反对政府凭此决定论（有意或无意地）规定音乐的属性、听音乐者这样或那样的品德。他允许物理特性的刺激和它在不同的个体中引起的情绪反应之间发生不确定的关系。无论是苦酒还是甜酒，无论是迷人还是沉闷的音乐，没有两位饮者或听众会作出同样的反应，但对嵇康而言，无论他们何时作出反应，快乐还是愤怒，他们都会在对酒或音乐作出反应。从物质到心理的因果关系导致了对物质的思考，只是心理的反应方式不可以从物质属性上预测。罗亚娜将嵇康在本文中的特定意图与他在当时对其他重要辩论的立场巧妙地联系在一起：

① 嵇康《声无哀乐论》，郁沅、张明高编选，《魏晋南北朝文论选》（北京：人民文学出版社，1999），第88页。

> “和声无象”一方面超越了内外两个世界的二分，另一方面超越了名实的二分。嵇康非常清楚这些二元类别只是感知的工具或理解的方法。因此，他强调音乐的“实”必须按照普遍价值论和审美标准来概念化（“名”），而悲和欢的“实”则属于情绪上主观心理的“名”。①

把它放在非二元的条件下，即人的感觉与音乐有关，但音乐并不是以单向的因果来操纵这些感觉。嵇康与“秦客”的对话，是对那些以音乐、艺术或语言为意识形态操纵手段的人的谴责：他们的因果观过于粗暴，好像他们认为甜酒总是使饮酒者心里发甜，酸葡萄酒则使人脾气乖戾。但在嵇康的理解中，酗酒者和聆听者并非英雄般地、超然物外地不受酒或音乐的影响。因此，文章标题“声无哀乐论”通常的英文翻译“Music is without Sorrow or Joy”（“音乐不含哀喜之情”）就显得非常离谱。这种翻译使音乐看起来完全脱离人的感情或是与人的感情无关。一个更准确的、逐字的、释义会像这样：“The Music You Hear is Not the Source of the Sorrow or Joy You Feel”（“你听到的音乐不是你感到悲伤或喜悦的根源”）。

在我看来，嵇康对于心理如何应对外在刺激的非二元的、但高度因果化的论述似乎是对二元论很好的回应。通过社会因素来阐释哲学上的二元论无疑是一个不合适的课题。但是，非全职哲学家吸收哲学思想取决于这些想法表达了需要表达的东西。因此，主客体之间的一道强大的障碍可能会吸引那些在他们的世界中处于极度支配地位的人（强化主体控制客体的权力，同时确保客体中的任何东西都不会脱离主体）以及对那些处于弱势地位的人们，那些无力控制世界的人们。

我们可以推测，在一个对自身完全自信的时代，“中国”和“世界”是一致的；毫无疑问的是，在对这种身份失去信心的时期，这种关系变得紧张，讨论这种关系引发了改革计划：修正“中国”，使其更好地适应“世界”，或使“世界”符合“中国”的期望。嵇康均不持这些立场——他持着一种能够从这种改革计划的物化和权力运作中脱离出来的观点，因此从这种视角能听听音乐、喝喝酒（无论它们从何而来），回应物质原因，而知道它们的效果既不容易衡量、也不容易超越；既非确定，也非任意。嵇康的这篇散文只是中国思想家的一系列发现的一例——世界并非在那儿或在这儿，而是两者都是。也许这个发现只能在通常的控制外部世界的方法失效的时候才能作出。

① Jana S. Rošker, “Ji Kang’s Essay ‘Music Has In It Neither Grief Nor Joy’ and the Structure of Perception”, Philosophy East and West 64 (2014): 109–122, here 118–119.

实际上，把中国与世界的“与”变成“于”意味着要观察主体与客体之间的组织关系——这是一种建设性的刺激措施，以避免支配和无助的假象。这样会既从哲学的角度，也从务实的角度，把“中国”和“世界”放在一个更好的立脚点上。

（2019 届北京大学燕京学堂毕业生　黄舫湲译，李梦冉校）

作者简介

苏源熙(Haun Saussy)：美国芝加哥大学校级教授，任教于东亚语言文明系和社会思想委员会。他出版的著作包括：*The Problem of a Chinese Aesthetic* (《中国美学问题》), *Great Walls of Discourse* (《话语的长城》), T*he Ethnography of Rhythm* (2016), *Translation as Citation: Zhuangzi Inside Out* (2017), *Are We Comparing Yet*? (2019), *The Making of Barbarians: Chinese Literature in Multilingual Asia* (2022)等。他编辑的书有：*Sinographies* (2007), *Comparative Literature in the Age of Globalization* (《全球化时代的比较文学》)以及*Partner to the Poor: A Paul Farmer Reader* (2010)。他还翻译了 Jean Métellus (When the Pipirite Sings, 2019) 和 Tino Caspanello (Bounds, 2020) 等人的作品。

什么时代中国热衷于讨论“何为中国”？

——从思想史角度看“中国论”的背景

葛兆光

关心中国学术界的人也许都会注意到，2010年以后，中国出版了很多有关“中国”的论著，这些论著都在讨论什么是“中国”这样的话题。①

可是，为什么偏偏是在2010年之后，这个“中国”的问题又被关注呢？换句话说，就是讨论“中国”的政治、文化与思想背景是什么？有人说，这是有关中国的“集体焦虑”，那么，什么样的时代背景会引发有关“中国”的“集体焦虑”呢？根据我对中国历史的观察，关于“中国”的讨论总是发生在中国内部发生变化，不得不与外部世界调整关系的时代，其中最重要的就是北宋、晚清民国和当下。然而，这三个时代对“中国”的焦虑，其时代背景和思想指向虽然有相同的地方，但也有很大的差异。

下面我分别讨论。

一、北宋：面对强邻环伺的周边

从8世纪中叶（755年至763年，安史之乱）到11世纪初（1005年，澶渊之盟），

① 2010年以来，有关“中国”的著作意外地多，如许倬云《我者与他者：中国历史上的内外分际》（北京：生活·读书·新知三联书店，2010）、葛兆光《宅兹中国：重建有关“中国”的历史论述》（北京：中华书局，2011）、《何为中国：疆域、民族、文化与历史》（香港：牛津大学出版社，2014）、《历史中国的内与外：有关“中国”与“周边”概念的再澄清》（香港：香港中文大学出版社，2017）、王赓武《更新中国：国家与新全球史》（英文本：*Renewal: The Chinese State and the New Global History*，香港中文大学出版社，2013；黄涛中译本，杭州：浙江人民出版社，2016）、许宏《何以中国：公元前2000年的中原图景》（北京：生活·读书·新知三联书店，2014）、许倬云《华夏论述：一个复杂共同体的变化》（台北：天下文化，2015；大陆简体版改题《许倬云说中国》，桂林：广西师范大学出版社，2015），以及刘晓原《边疆中国：二十世纪周边暨民族关系史述》（香港：香港中文大学出版社，2016）、李零“我们的中国”系列四册（北京：生活·读书·新知三联书店，2016）等。

经历了整整两个半世纪，中国从混乱和分裂中，逐渐重建起一个相对稳定和统一的帝国。

不过，和两个半世纪前的大唐帝国比起来，这个帝国的疆域缩小了一半，国内族群逐渐同质化，政治文化也形成单一主流。过去大唐帝国内部的“胡汉”问题，逐渐变成了大宋帝国外部的“华夷”问题。在北边的契丹（辽，以及后来崛起的女真和蒙古），东边的高丽，西边的党项（夏），西南的吐蕃（以及此后分裂的董毡等）、大理，南边的安南等“外国”环绕之下，缩小了的宋帝国“一榻之外皆他人”，逐渐成为诸国中的一国，过去汉唐时代无远弗届的“天下国家”，已经只是遥远的历史记忆。

上面讲的是宋朝的外部环境，那么宋朝的内部情况如何？简单地说，从安史之乱（755）起，突厥、粟特、回纥、吐蕃、沙陀、契丹等非汉族人越来越多进入汉族地区，使得异族与汉族之间，在政治、经济与疆域发生了种种交错和冲突，但胡汉杂处又使得很多不同种族逐渐融入中国，无论是否可以用“汉化”来解释，帝国内部的“胡汉交错”是中唐到五代的一个显著现象。① 这一方面说明，由于异族相继进入“中国”腹心区域，使得“中国”之内的族群与文化问题一直蔓延；不过另一方面，我们也可以看到，经过隋唐五代的融合，到宋代基本统一中国核心区域，内部的胡汉族群认同问题，到北宋已经开始淡化。

10世纪中叶，赵匡胤、赵匡义逐渐重建了一个汉族王朝，并且自宋初起强力推行汉族传统的礼仪、制度、文化，胡汉问题逐渐在内部“消解”，在北宋内部，原来的种姓或族群问题逐渐转化为地域或家族问题。所以，邓小南在《祖宗之法》一书中认为，胡汉问题在宋初逐渐淡化。② 但我想指出的是，宋初“内部”的胡汉问题虽然逐渐消解，但精英们的焦虑，随着形势的变化，却从内部的“胡汉”转化成为外部的“华夷”。内部族群问题解决了，外部问题却越发严重，这成为当时最重要的政治紧张。

正是由于外部有强大的异族政权并峙，一个稳定的王朝内部必须同一化，因此，

① 很多现代学者如卞孝萱等都注意到，中唐的刘禹锡、元稹、白居易等文人出身都有胡人血统；宋初孙光宪曾说，晚唐四个宰相都是“蕃姓”也就是非纯粹汉人（毕、白、曹、罗），见《北梦琐言》（北京：中华书局，1981）卷五，第32页；而五代中有三代皇帝都是沙陀人，如后唐之李克用、李存勖（其先本号朱邪，盖出于西突厥，至其后世，别自号曰沙陀）、后晋之石敬瑭（本出于西夷）、后汉之刘知远（其先沙陀部人也），参看《新五代史》各本纪。

② 邓小南《祖宗之法：北宋前期政治述略》（北京：生活·读书·新知三联书店，2006）曾经指出，五代宋初的胡汉问题“经过五代（其中三个沙陀王朝）的统治以后，到宋代不再频频出现于历史记载，不再被当时的人们所关注，已经从时人的话语中逐渐淡出”。见第81页。

景德元年十二月（1005年1月）宋辽之间的“澶渊之盟”，应该算是北宋第一件大事。到这个时候，中国皇帝已经不再认为自己是笼罩天下的天子，大宋朝廷也不再认为自己无远弗届，这时逐渐形成的新“国际秩序”使得中国由“天下国家”转向“有限王朝”，这个变化非常明显：（1）由各种族群共处混杂转向汉族伦理秩序统治（胡汉—华夷）；（2）由文化与信仰的多元开放转向文化与信仰的单一重建（佛道—儒家）；（3）从贵族分享权力到彻底的君主集权（贵族—君主）；此外还有（4）文武地位的逆转；（5）南北重心的变化。这正是“中国”再次塑造和再次形成的关键时代。

正是因为如此，人们才不得不考虑“何为中国”以及如何“成为中国”的问题。于是，出现了石介的《中国论》，出现了欧阳修的《正统论》，出现了“宋初三先生”即孙复（992—1057）、胡瑗（993—1059）、石介（1005—1045）的《春秋》之学及强调“尊王攘夷”的思潮。[①] 他们提出的问题，聚焦在政治、宗教、制度上所谓的“华夷”之分，换句话说也就是“何为中国”。

二、晚清：面临国家转型的两难

在经历了鸦片战争、太平天国、甲午海战、戊戌变法、义和团事件之后，20世纪初，大清帝国处在风雨飘摇之中，外部有来自西方列强和东方日本的肢解压力，而内部则有革命派对大清王朝合法性的质疑。

怎样在旧的帝国废墟和新的国际环境中，重建一个“中国”，这是晚清中国思想界的最大问题。从1901年起，章太炎等人就反复强调，中国应是炎帝黄帝子孙，但却被东胡侵占。[②] 他所说的“东胡”就是满族，他认为满汉并非同种，所以，他把明王朝覆亡看成是中国亡国，所以要顺应国际潮流，建立汉族的民族国家。这是当时的一大思潮。与章太炎同时，革命者（如刘师培、汪精卫）纷纷以汉族民族主义作为推翻清王朝的动员力量。这些以汉族民族主义动员反清的革命者，根据当时的世界潮流，认定

① 石介《徂徕石先生文集》（北京：中华书局，1984）卷十《中国论》一开头就说到“居天地之中者曰中国，居天地之偏者曰四夷。四夷，外也；中国，内也。天地为之乎内外，所以限也”（116页）。而他所说的中国，包括了君臣、礼乐、衣冠、冠婚祭祀、果窳菜茹、稻麻黍稷都是“内在”于自己的，君臣、父子、兄弟、宾客、朋友如果不能有序，就不是中国。特别是佛教，试图用它的人、道、俗、书、教、居庐、礼乐、文章、衣服、饮食、祭祀来代替中国的，特别是用天堂、地狱、长生等说法来诱惑或威胁中国人，更是巨大的威胁。所以，应该“各人其人，各俗其俗，各教其教，各礼其礼，各衣服其衣服，各居庐其居庐，四夷处四夷，中国处中国，各不相乱，如斯而已矣。则中国，中国也；四夷，四夷也”。见第117页。

②《讨满洲檄》，《章太炎全集》（上海：上海人民出版社，1985）第四册《太炎文录初编》卷二，第190页。

“今日固为民族主义之时代”[①]。所以，建设新的民族国家，就要推翻满清，驱逐异族。按章太炎《中华民国解》的说法，之所以叫“中国”，正与“四裔”相对。[②]且不说满洲，就是西藏、蒙古、回部，也不必把它们圈在中华民国之内。

这大概是受了“民族国家”，也就是一个民族一个国家的观念的影响。[③]问题是，清帝国疆域广大、族群众多，而且统治者是非汉族，这个庞大的帝国怎样才能既不分裂，又转型成现代的“民族国家”呢？所以，另一思路则来自后世称为保皇派或保守派的人，如康有为、梁启超、蒋观云，他们一方面试图维持大清帝国的疆域和人口，一方面又要把多民族融合为一，成为新的“民族国家”。1901年梁启超发表《中国史叙论》，认定“苗种”“图伯特种”“蒙古种”“匈奴种”“通古斯族”与汉族一样，都应当在“中国”之内。为了避免读者对一个国家诸多民族提出质疑，他还特别指出，民族本身就是在历史中不断变异融合的，就连汉族原本也不是一个单数。[④]在那个时代，康有为、梁启超等人并不是不赞成民族主义，只是他们不像章太炎、汪精卫那样，把民族主义当成内部种族革命的动员力量，而是把民族主义当作外部对抗列强的整体观念。[⑤]在这之后，蒋智由（观云）发表《中国上古旧民族之史影》（1903）、《中国人种考》（1903—1904），梁启超发表《历史上中国民族之观察》（1905），强调“中华民族”并非一个血缘上的单数民族，而是由多个民族混合而成的，“现今之中华民族，自始本非一族，实由多数民族混合而成”。[⑥]按照康有为对于“中国”的想象，虽然中国本部是十八行省，但也应包括满洲、蒙古、回部、西藏；[⑦]按照梁启超的说法，则仍然应当

① 章太炎《驳康有为论革命书》，《章太炎全集》第四册《太炎文录初编》卷二，174页。章太炎在《中华民国解》中说，他不是以民族主义为主义，而是以民族主义为手段。见《章太炎全集》第四册《别录》卷一，第256页。

②《中华民国解》：“中国之名，别于四裔而为言。”同上，第252页。

③ 有人（如王柯）认为是受了日本的影响。

④ 梁启超《中国史叙论》第五节“人种”中指出，汉族虽然号称黄帝子孙，但并非同出一祖，所以这并不妨碍重建一个大的中华民族。见《饮冰室合集》（北京：中华书局影印本）“文集”之六，第5—7页。

⑤ 梁启超《国家思想变迁异同论》，见《饮冰室合集》“文集”之六，第20—21页。

⑥ 中国之新民（梁启超）《历史上中国民族之观察》，这时他对于中国民族分类的看法，与《中国史叙论》略有不同。见《新民丛报》第五十六号（光绪三十一年二月十五日），五十七号（光绪三十一年三月初一）。

⑦ 1911年，在辛亥革命爆发后不到一个月，康有为就给黎元洪、黄兴、汤化龙等写了一封信，说“黑龙江、吉林、蒙古、西藏、新疆，皆非我中国故物也，皆满洲百战死人无数而纳之于汉族，辟地三千四百二十余方里，大于我十八省内地三倍，……若徒快一时之得意，坚持民族之旧义，必欲毁此香火冷庙之土木偶（指清廷皇室）也，则旧朝虽败，不北走蒙而依俄，则东走辽而依日，始则必立一偏安之国，继则必以辽、蒙、准、藏资强邻而已”（《康有为致黎元洪等》，1911年11月，见张荣华编校《康有为往来书信集》（北京：中国人民大学出版社，2012），第779页。

维持大一统，“中国，天然大一统之国也，人种一统，言语一统，文学一统，教义一统”。①

于是，什么是“中国”在晚清又成为问题，是“继承大清，五族共和”，还是“驱逐鞑虏，恢复中华”？民国初期，由于现实考虑，中华民国采取了保存大清疆域与族群的策略。之后的二战时期，随着中国面临日本压迫、国土分裂的危机，这种大一统的“中国”和包容各种族群的“中华民族”作为凝聚共识、唤起动员力量的观念，逐渐成为基本国策，② 无论是国民党还是共产党，无论是中华民国还是中华人民共和国。

三、当下：“崛起”的中国面临困境

是什么原因使得“中国”会在21世纪之初的中国大陆学界，又一次成为敏感话题并且被热烈讨论？简单地说，这当然是所谓“中国崛起”——我很不赞成“崛起”这个词，这里改用“膨胀”——为什么中国“膨胀”了，反而现在处在诸多内与外的困境中呢？这些困境是怎么来的？近世中国历史给现实中国带来的困境，为什么至今走不出去？

这就是讨论“中国”的时候，学者心中的问题意识。大家可以看到，最近迅速“膨胀”的中国所面临的最棘手也是最严重的问题，就是中国与内部、周边和世界在文化、政治和经济上如何相处。由于意识形态的差异，政治制度的不同和经济、能源、环境方面的争夺，这个世界就像一个车厢，本来相安无事的乘客中，一旦有人突然膨胀需要占更多空间，就必然引起重新洗牌，也必然引起骚动不安。显然近年来中国的“膨胀”，已经让中国遭遇很多麻烦，陷入左右为难的境地。③

这里的麻烦归纳起来是三类：“周边”的问题，“国际”的问题，以及“内部”的问题。它涉及了五个关键词：“民族”、“疆域”、“宗教”、“国家”和“认同”。这三类问题和五个关键词，集中起来就是一个：“中国”究竟应该成为一个什么样的国家，它如何在多民族共同体基础上建立“国民认同”？它究竟应当恢复传统“天下国家”，还是继续转型成为一个“现代国家”？它应不应该接受现有的国际秩序和普遍价值？目前我们面临的这三类棘手的问题，它的历史根源是什么？

这些问题现在已经成为学术界，也包括历史学界的热门话题。毫无疑问，政治上的麻烦，应当由政治家根据法律、制度、国际协议、国际法去处理，可是也应该看

① 梁启超《中国地理大势论》，载《饮冰室合集》“文集”之十，第77—78页。

② 最典型的论著是1943年问世的蒋介石《中国之命运》与罗梦册《中国论》。

③ 对于中国面临的诸多问题，我归纳为“十大问题”，主要指涉民族宗教和疆域方面的问题。

到，这些也都是历史问题。历史学家没有把这些问题厘清，所以导致政治官员既不会把历史疆域与现实领土问题分开，也无法通过历史知识与周边邻居形成一些共识。

因此，近几年来有关“中国”的讨论成为大家关注的焦点。尽管很多“潜台词”限于政治言论管制而无法公开讨论，但是，细心的读者都可以注意到，所有有关“中国”的历史讨论，聚焦的都是现实问题。

结语：现在为什么又讨论“中国”？

从上面的讨论可以看到，每当中国发生变化，原本并不是问题的“中国”就会成为问题。我们不妨归纳一下：

北宋时代，讨论“中国”的背景是强敌环伺和本国弱势，他们采取的策略是通过激烈的“华夷之辨”贬低他者和推崇自我，并通过“尊王攘夷”强化国家共识（国是）和通过“共治天下”维护国家权力，以重建内部政治文化同一性，树立“中国”的认同意识。

晚清时代，讨论“中国”的危机意识来源于外敌压迫下可能导致的疆域分裂，那时的目标是“救亡”即保全原本大一统的国家，策略主要是论证各族的“亲缘关系”和“共同来源”。面对变化的世界秩序，中国在现代转型过程中，不得不强调“大一统”即在维护大清帝国疆域与族群基础上，通过“中国”与“中华民族”的历史论述，给现代中国寻求合法性。

那么，当下讨论“中国”，它的背景是什么呢？当然是“中国崛起”，但在这一背景下，学者关注的真正问题是，在崛起时代的中国究竟是选择世界主义还是国家主义（甚至帝国主义）。因此，它涉及的问题至少包括：

第一，现在的“中国”是一个传统帝国还是一个现代国家？或者是一个混融了传统帝国与现代国家的特殊国家，还是一个伪装成国家的文明体？

第二，这个“中国”是应当成为现代国家融入现代国际秩序，还是另起炉灶回到帝国时代，通过“天下”想象重建新朝贡体制？

第三，历史上的“中国”，其疆域是如何变化和成型的？应当按照现代中国领土来回溯历史，还是应当根据历史中国疆域来书写历史？为什么中国与周边国家总是有领土或领海的问题？

第四，历史上认同“中国”的族群与现在包含在“中国”中的各个民族，是怎样被整合在一起的？它们可以被看作是一个“中华民族”吗？如果是一个，那么，它会被所有族群接受和认同吗？

作者简介

葛兆光，北京大学中文系研究生毕业，曾任清华大学教授，现为上海复旦大学文史研究院及历史系文科资深教授。主要研究领域是东亚及中国宗教、思想和文化史。主要著作有《中国思想史》（两卷本，1998，2000）、《宅兹中国——重建有关“中国”的历史论述》（2011）、《何为中国：疆域、民族、文化与历史》（2014）、《想象异域——读李朝朝鲜汉文燕行文献札记》（2014）等。

小国，一统国家，大国

卜正民

民亦劳止，汔可小康。
惠此中国，以绥四方。
无纵诡随，以谨无良。
式遏寇虐，憯不畏明。
柔远能迩，以定我王。
——《诗经·大雅·民劳》

《诗经》中描绘了许多古老的中国文化。汉朝人认为这本书是对周初至春秋中叶人们生活的真实记载（周朝是公元前 11 世纪建立在华北平原的王朝），但是有学者主张，我们现在所看到的《诗经》可能与当时记录有所不同。① 现存的305篇《诗经》中，有大雅 31 篇，其中只有十几篇明确叙述了周朝的兴衰，可以可靠地将其与那个时代联系起来。《大雅·民劳》就是其中之一。没有人会为了好玩而读《诗经》，但是在封建王朝时代的科举考试制度下，每一个学生都要记住《诗经》的内容。因此《诗经》嵌入了中国的文学思想，渗透在了学术论述中，在文人探讨晦涩主题时，为其提供了交流工具。

在这里，我提议将《诗经》作为媒介，重新构建中国国家形成的历史。大多数历

① 我在此不可能讨论有关《诗经》的大量文献。最近有关《诗经》历史状况的讨论，可参见 Achim Mittag, 'Forging Legacy: The Pact between Empire and Historiography in Ancient China', in *Conceiving Empire: China and Rome Compared*, ed. Fritz-Heiner Mutschler and Achim Mittag (Oxford: Oxford University Press, 2008), pp. 151–158。有关《诗经》在明代士人生活中之地位，可参见 Bruce Rusk, *Critics and Commentators*: The Book of Poems as *Classic and Literature* (Cambridge, MA: Harvard University Asia Center, 2012)。

史学家将公元前 221 年秦朝建立至 1911 年清朝覆灭这二十二个世纪视作一个单一的、宽泛的历史时期——封建王朝，即一位帝王统治的、领土广泛的政治形态。西方的中国史学家倾向于以唐、宋为分界点，将这段时期分为早期（唐以前）、中期（唐宋）、晚期（宋以后）三个阶段，但是这只是为了方便而言，没有任何分析方面的意义。对中国这一时期而言，封建王朝只是一个方便的标签。

我开始怀疑将中国的封建帝国时代视作一个单一、统一的时期的价值。我的怀疑源于我参与过的两项研究课题。其中一项研究课题内容是重建 13 世纪以来中亚和东亚的政权合法性模式及内部政策关系。在研究中发现，随着蒙古帝国的崛起，亚洲的整个国际关系结构也发生了变化。蒙古人征服中国不仅将中国带入了新的环境，也改变了中国统治者管理国家及协调与其他国家关系的方式。[①]第二项研究目前还在进行，是关于明朝中叶治国之道的协作研究。我们所关注的文本是《大学衍义补》。这部论述"治国平天下之道"的儒学著作，是 15 世纪 80 年代丘濬（1420—1495）担任翰林院大学士时所著。丘濬博采六经诸史百家之文，加按语抒发己见，分三个层次著成《大学衍义补》。本研究发现，明朝学者为支持其政治观点所继续引用的先秦经典，其解读方式与秦王朝建立之前完全不同，与元王朝建立之后也不同。

这些研究课题使我相信，元朝从根本上改变了中国的政体规则，尽管明朝及其以后的思想家竭力掩盖这一变化。如果不认识到蒙古时期的重要性，那么对于中国的解读，我们依旧陷在明的思想中。因此，我建议将过去的三千年划分为三个时期，每一时期都有一个独特的国家形态：公元前 221 年以前的小国时期，直到 1260 年的帝国时期，以及大国时期。接下来我们就来谈一谈《诗经》。

一、中央之歌

在寻找丘濬对《诗经》的参考和引用中，我发现了《大雅・民劳》这首诗。全诗共五章，每章五句，均为标准的四言句。《大雅・民劳》呼吁体恤民力，改弦更张。本诗开篇即指出问题所在，每一节开头均为重复，字词变化很小。接着，它又提出了对四个问题的建议。直到最后一行才揭示，它所斥责的不是读者可能认为的周朝君主，而是应以支持君主为己任的贵族。第二联指出了君王关怀子民的地理范围问题，也就

① Timothy Brook, Michael van Walt van Praag, and Miek Boltjes, Sacred Mandates: Asian International Relations since Chinggis Khan (Chicago: University of Chicago Press, 2018).

是君王对子民的关怀应该延伸多远、延伸至何处。

惠此中国，以绥四方。

“中国”出现在这一联的第一行“惠此中国”中，这是《诗经》中最常被引用的诗句之一。大多数读者看到“中国”就会将其代入到“中央的国家”这19世纪老掉牙的翻译中，继而将这句话变成了“爱护中国的百姓”。周王国有时确实将自己称作“中央之国”，但这只是在一段时间象征着政治上的“中央”，这就变成了更加仪式化和宇宙学的概念。① 后来，周认识到其周围还存在着其他国家，它只是从属于更大范围的“中国”，我们有时将其翻译为“中部国家”。周将这个圈子等同于“文明”，在这个圈子之外的是“蛮夷”，是真正的外国人。但以上“中国”的概念与这首诗中的“中国”均不同。在对《诗经》的传统评注中，将“中”解读为动词而非形容词：不是“位于中央之国”，而是“国家的中心所在”，换句话说，就是都城。第三章的相同位置也印证了这种解释方式是正确的。诗人用“京师”（都城）替代了“中国”。

现在我们来看一下本联中的“四方”。将“中国”理解为“中央国家”的读者很容易根据传统上的“中国”定义，将“四方”视作中国以外的荒凉世界。② 再说一次，这并不是作这首诗时的含义。“四”和“方”字面上的意思就是正方形的四个边，在中国人的宇宙观中，“地”或任何领土意义上的空间均被视作“方”（与其对应的是天所代表的“圆”）。在周初的环境下，“四方”最恰当的含义应该是周国边境内（象征意义的方形）的区域，而不是周王直接统辖范围之外的广阔空间。③ 因此，这一联的意思就是，爱护京城的百姓，君主就可以实现整个国家的安定。后来的读者认为，这首诗提倡给国家带来良好的秩序，这样就可能给这个国家之外的世界也带来良好的秩序。它关心的是国内政策，而非外交政策。

诗人在最后一联又想表达什么意思呢？

---

① “中国”在《尚书》里出现一次，但那段文字颇为错乱，不足以提供一个可靠的基础来论证究竟“中国”在此指称什么。

②《大学》就说“中国”就是中央地带，“中国”境外四方居住的即是“四夷”，而四夷之地的生活极为艰苦。《中庸》里有一段描述圣王治理天下，其仁政先行于中国，然后溢出中国境外而及于四夷。

③ 在第三节诗句里，“四方”变为“四国”。把这读解为“周之外四方之国”就会重复按字面直解“中国”的错误。更合适的理解应该是“此国的四方”，这在《诗经》其他诗里可以找到证据。《大学》里也有这句话，也是同样的意思。

柔远能迩，以定我王。

本联中需要注意的一个术语是第一个词，[①]“柔远”即“爱护远方之人”，后来被阐述为四字箴言“怀柔远人”，即“用恩德使远处的人来归附”，人们认为“怀柔远人”指导着整个封建王朝的朝贡制度。这个引用似乎直接将我们拉回了中国与世界的环境中，中国与其纳贡国的关系下。问题在于，我们需要再次辨别诗人作此诗时所想象的地理环境。多远才能算作遥远——直到国家边境还是国家边境以外？在这里，“远”是指生活在都城以外的人们。将“遥远的人们”视作“外国人”是后来的解读。在这里，诗人是在劝诫他的同伴，乡下的子民来到都城寻求帮助的时候，要友善地对待他们。

二、小国的世界

《大雅·民劳》中的“中国”和“四方”是由小国家构成的世界的参数。公元前221年以前，中国就是这个样子，政治权力分散在许多国家中。君主有扩大中心、吞并邻国的野心，但是在这个多国家系统中，分散的权力依旧是政治现实。权力分散如此根深蒂固，没有任何一个单一的霸主能够永久地迫使其他国家服从其统治。虽然周朝一度是个例外，但是很快它的霸权就衰弱了，只是在仪式上，还维持着中心地位。从公元前5世纪开始，孔子等理论家就喜欢将周朝想象为理想的“宏观政体”，其他国家必须臣服。但是，这里借用一下本尼迪克特·安德森（Benedict Anderson）的阐释，这只是一个“想象的政体”，只是基于现状一厢情愿的想象与重建，春秋战国时期不是无缘无故就被称作春秋战国时期的，这一时期足够为秦一统天下做意识形态方面的准备。[②]

因此，由小国构成的世界就在《大雅·民劳》中显现了出来。在这个世界，占主导的政治形式是王国，在一个小国里，统治权力集中在君主手中。君主位于权力顶

① 此联首句也可以有另一种解读，即把“柔”和“能”解为动词，“远”和“迩”是这两个动词的宾语。这样解读就不只是“柔远”，而且君主“能迩”。两种读法都可以在别的诗中找到类似的句子，也在评注中找得到支持，不过在意义上差别并不大。

② Yuri Pines, “Imagining the Empire? Concepts of ‘Primeval Unity’ in Pre-imperial Historiographic Tradition”, in *Conceiving Empire: China and Rome Compared*, ed. Fritz-Heiner Mutschler and Achim Mittag (Oxford: Oxford University Press, 2008), pp. 78–79.

峰，但是他的周围有许多家族，这些由贵族组成的家族为君主提供支持，以维持他所统治的王国。在这一制度中，人们要在不至于耗尽自己资源的前提下为国家服务。统治的技巧在于找到索取和剥削间的平衡。最后，不同君主统治的小国之间是无政府的状态，为了自己国家的安全，与其他国家维持稳定的关系十分重要。

三、一统天下

《大雅·民劳》所描绘的世界在公元前221年走到了尽头。在周的西部——秦国的君主使用武力一统中国，自称为秦始皇，以期王朝永存。在秦始皇去世三年后，秦二世即被迫自杀，都城被毁，秦朝灭亡——这提醒了我们，在公元前221年，秦统一中国并不具有结构或超验的必然性。但是，紧随其后，另一股企图将权力集中在一位统治者手中的力量成功了——公元前206年，汉朝建立。

为什么中国脱离了由小国构成的世界？虽然像我刚刚所说的，这一过程并不具有结构的必然性，但这背后还是有环境的推动力。公元前5世纪中叶，全球气温开始下降，在公元前3世纪后叶达到最低点。在此期间，气温下降了一摄氏度以上。[①] 此次气温下降恰逢秦王朝崛起。气温变化并没有导致结果，但是它所带来的影响却破坏了现状。很容易想象，这种程度的气温变化可以削弱国家的经济水平，继而削弱军事水平，这还会加强其他国家通过征服领土、夺取人口以获取更多资源的决心。当气温回升时，将交战国吞并为一个国家的压力本可以缓解，但事实并非如此。全球降温的压力似乎使得政治精英们萌生了不要再重新经历战国时期的欲望。

秦一统中国，建立了新的国家形态，我们称之为帝国。中国不再是拼凑而成的王国，而是由“皇帝”一个人统治，“皇帝”这一更高称号将“秦朝”与其之前朝代区分开来了，一个新的国家形态从此诞生。希腊语“世界上有人居住的部分”与中国“天下”的概念十分吻合，从此，中国的“天下”就是一个单一的政体。当然，早在秦统一之前就有了“天下”的说法。《大雅》中的另一首诗《皇矣》即出现了“天下”。《大雅·皇矣》歌颂了周朝奠基者周文王抵御外敌的故事：

以笃于周祜，以对于天下。

① I. A. Kalugin et al., “Reconstruction of Annual Air Temperatures for Three Thousand Years in Altai Region by Lithological and Geochemical Indicators in Teletskoe Lake Sediments,” Doklady Earth Sciences 426:4 (June 2009), p. 682.

周朝意义下的“天下”和秦朝有所不同。理想上，周朝的天下受秩序、天人合一的影响，受神话中的祖先监督，但是实际上，一场政治混乱就可以将其颠覆。周朝的“天下”特指由其他小国家所占据的领土。在秦时，“天下”与秦始皇合并而且统治的的王国相一致，在所有的领土上，他都可以合法地宣示主权。[①] 这是全新的。[②] 正如秦始皇为了证明其一统天下的正当性，在开国第一年所说，“天下共苦，战斗不休，以有侯王。赖宗庙，天下初定，又复立国，是树兵也”。在由许多小国构成的世界中，“天下”已被证明是不稳定的。通向稳定的唯一途径就是对所有国家的武力征服，保证战争的种子不被重新播种的唯一条件，就是由一位君主统治。这种对于稳定的呼吁成功了，此外别无选择。于是“天下”和国家相同了。

在新语言中，指代“天下”这个概念的是“一”。以前，这片大地上有许多国家，现在，则只有一个。秦始皇命令学士代笔，在全国的石碑、名山上撰写碑文，直至达到文字统一。“六合之内，皇帝之土；乃今皇帝，一家天下。”[③] 为了巩固这种全新单一国家的建立，秦始皇又统一了机构以防止战争再次发生。有一则碑文这样赞颂秦始皇——“普施明法，经纬天下，永为仪则”，另一则碑文则赞颂他“一法度衡石丈尺”。[④] 但仅仅十五年，“永恒的”秦王朝就覆灭了，这似乎是在证明秦始皇所做之事是愚蠢的。但是，秦的思想却挥之不去，秦所颠覆的春秋战国给人留下的记忆又如此可怕，因此，仅由一个皇族统治中国变成了人们坚如磐石的信念，中国历代王朝崛起、撰写历史都是以此为前提。[⑤] 这种信念和理想对中国的政治想象是如此重要，因此戴梅可教授更喜欢用“一统”代替常用的术语“帝国”。“一统”是秦始皇的丞相李斯在与秦始皇讨论重燃战争硝烟的危险时提出的。[⑥] 这种“一”的状态——帝王在上，人民在下——迅速成为了新政体最基本的价值，同时这也是对其合理性的考验。真正意义上的“中国”从此诞生。

追溯到 17 世纪中叶，将秦朝这个统一政体称为“帝国”并非不合理，那时欧洲人

① 不断出现的词句是“并天下”。参见 Martin Kern, *The Stele Inscriptions of Ch'in Shih-huang: Text and Ritual in Early Chinese Imperial Representation* (New Haven: American Oriental Society, 2000), pp. 18–39。

② 正如 Yuri Pines 在 “Imagining the Empire?” 中所说（p. 75），作为政治上统一王国的“天下”观念，并不存在于远古的经典中，而是后来的评注加在古代经典之上的。

③ Kern, *The Stele Inscriptions of Ch'in Shih-huang,* pp. 42, 44, 13 (in that order).

④ 同上，第 37、27 页。

⑤ Mittag, “Forging Legacy”, p. 143.

⑥ Michael Nylan, “The Rhetoric of ‘Empire’ in the Classical Era in China”, in *Conceiving Empire*, ed. Fritz-Heiner Mutschler and Achim Mittag, p. 42, citing Sima Qian, *Shi ji*, p. 239.

正在竭力将自己生存的世界与在中国所见的世界类比。[①] 如果我们用“帝国”来指代一个政权扩张领土、管辖更大疆域的话，那么称秦朝为“帝国”就十分合理。《诗经》中周文王所面对的天下变成了秦始皇所统治的天下，仅有部分区域未受控制。秦始皇在这个区域内实现了征服，但是并没有超出这个区域。尽管后代史官对秦始皇进行了妖魔化的描写，但是实际上秦国与其他战国时期国家在文化、语言、宇宙论上的差异很小。[②] 如果我们将“帝国”视作外来征服者（这个术语后来才被使用）向统治者及其子民宣示主权，但是他们之间没有共同文化的话，那么把这个概念应用到秦身上似乎变得困难。“真正”的帝国后来才出现。

在秦始皇死后、其政权陷入混乱的十年之内，汉朝就建立了，又恢复了一统天下的状态。四个世纪后，中国又回到了多国家体系下，直到隋唐时代又强行统一。在 9 世纪，中国又回到了多国家体系。宋朝崛起代表着中国企图恢复统一，但是我们可以合理地认为，在整个宋朝时代，中国依旧是唐后的多国家体系，因为此时中国的大部分地区一直都存在着几个相互竞争的政权。

四、大国的世界

在 13 世纪后叶，秦统一和清灭亡之间的三分之二时间距离处，发生了根本性的改变。蒙古人征服了中国大地上的辽和金，其统一的疆域比中国以往的任何统治者都要辽阔，标志着中国国家形成第三阶段的开始，即大国的出现。元朝及其后续朝代只是对元以前朝代的延续，这种想法是如此根深蒂固地存在于中国人的政治观念中，以至于元朝这个转折点完全被大家忽视了。甚至我的导师朱维铮，传递真理的犀利的思想批判家，也错过了这一点。和人们广泛接受的想法相同，他认为中国的“帝国”并不局限于某一特定的民族，或具有共同地域身份或种族起源的人群。这就是为什么蒙古人和满族人也能在“天下”建立自己的政权。[③] 但是我并不同意这样的看法，可惜朱维铮先生过世了，我不能和他探讨这个问题了。

在蒙古帝国之前的几个世纪，在中亚，用“大”来给国家命名十分常见，中国和

---

① Timothy Brook, “Great States”, *Journal of Asian Studies* 75:4 (2016), p. 963.

② 关于汉代贬低秦朝，可参见 Kern, *The Stele Inscriptions of Ch'in Shih-huang*, pp. 183–184，也可参见 Mark Edward Lewis, *The Early Chinese Empires: Qin and Han* (Cambridge, MA: Harvard University Press, 2007), pp. 70–74。

③ Zhu Weizheng, “Interlude: Kingship and Empire”, in *Conceiving Empire*, ed. Fritz-Heiner Mutschler and Achim Mittag, p. 36.

越南也可见到。尤其是在中亚，一个国家从很小的、具有文化凝聚力的政体（19 世纪人类学传统称之为“部落”）扩张为帝国的话，就可以用“大”来形容自己。在元代以前的几个世纪，中国北部出现的那些国家都使用了“大”这个词：936 年契丹政权建立的大契丹国（947 年，改国号为“大辽”）；1038 年西夏政权建立的白高大夏国（简称大夏国）；女真政权建立的大真国。1216 年成吉思汗成为大可汗后，蒙古人建立了泛蒙古政体，成为蒙古统治下构建超级政权的核心。蒙古语的“大蒙古国”这个称号一段时间后才形成，1246 年贵由可汗写给教宗英诺森四世的一封信的封口处证实了这一称号。1271 年，在忽必烈汗的统治下，大蒙古国还取了一个中文国号“大元”。[①] 对蒙古人来说，这就是所谓的“大元大蒙古帝国”。[②]

我们对大国是国家形成的重要部分缺乏认识，意味着大国在结构和范围上是不明确的。当然，大国也是一种帝国，但它不是秦这一类的帝国。大国的核心特征就是大国的主权不受其他任何主权的限制，因此，在理论上，这是全世界的概念，不受地域、文化或种族的限制。理论上的大国没有最终的外部边界，是可以无限扩张的。它不是对现有政体的扩张，而是被重新创造的政体。大国总是军事征服或军事威胁的产物，然后通过“行政体制与军事组织的部分重叠”来实现统治。[③] 大国的所有者仅限于少部分征服的精英，他们通常与开国者有亲缘关系，在这一点上，大国与一统的国家并没有区别。大国的另一个特征是对外政策管理方面。只有当外国臣服于大国时，大国才承认其地位，否则就会被征服。

虽然唐和宋有时也称自己为“大国”，但是大元是前所未有的。正因为前所未有，才需要在野蛮征服的事实之外寻找合理性。秦和汉的统一提供了简单的、人造的先例：中国在过去是统一的，所以处在多国家的状态下数十年乃至数百年后，蒙古人带领中国再次走向了统一。实际上，中国不仅统一了，在元朝，中国的领土达到了前所未有的广袤。因此，人们认为元是秦的缩影：不仅是一统，而且是大一统。“大一统”这个词出自《公羊传》，《公羊传》宣扬了中国始终是统一的这一汉朝流行的观点。[④] 这是

---

① Timothy Brook, “Great States”, *Journal of Asian Studies* 75:4 (2016), pp. 959–962. 我的分析在很大程度上借重 Lhamsuren Munhk-Erdene 的论述，尤其是其论文 “Where Did the Mongol Empire Come From? Medieval Mongol Ideas of People, State and Empire”, *Inner Asia* 13:2, pp. 211–237。我在此要特别向他致谢。

② Kim Hodong, “Mongol Perceptions of ‘China’ and the Yuan Dynasty States”, in Brook et al., Sacred Mandates, ch. 2.

③ Michal Biran, “Introduction: Nomadic Culture”, in Reuven Amitai and Michal Biran (eds.), *Nomads as Agents of Cultural Change: The Mongols and Their Eurasian Predecessors* (Honolulu: University of Hawai’i Press, 2015), p. 3.

④《公羊传》中的“大一统”意为“扩大王国的统一”。可参见 Pines,‘Imagining the Empire?’, p. 80。

不对的，但是它作为汉朝合法性的思想支撑是有帮助的。在 1274 年，忽必烈汗宣布南侵、吞并南宋时，他的中国顾问将这一计划称作上天赐予了他一统的机会，如同当年秦始皇统治四海。[①]因此，蒙古征服被视作秦统一的重演。通过这一手段，民族差异和国家间的差异在所有中国国家的共同命运中消失。

中国的最后三个朝代都称自己为大国：大元，大明，大清。历史学家在用英文写作时，偶尔会将这三个朝代称作大元，大明，大清（Great Yuan, Great Ming, Great Qing），就好像“大”是一个令人愉快的尊称。忽略这些如此一致的重新命名，就会忽略中国帝国晚期的中亚特征。元和清完全被纳入了毫无争议的传统的国家轨道中，即从秦开始，历朝历代都经历着从王朝建立到王朝覆灭周而复始的循环中，仿佛什么都没发生过一样。

甚至在满族恢复中国的“大国”体制之前，这种把戏就已经在发展了。在蒙古人离开后很久，明朝的精英们仍然因为被蒙古占领的经历深深困扰着。消除元的影响推动了对蒙古统治下所有事物的全面否定，推动人们对宋朝时期思想的快速回归。随否定而来的是拒绝承认或调整元的政治经历的影响。明朝专制这一遗产，帮助阻止了人们对“大国”的认同。朱氏家族，至少是前五代都希望臣民对其权威的绝对屈服，没有人敢直接批评甚至是警告。朱氏家族把中国人从蒙古人手中解放了出来。每位皇帝都是圣人，不必多问。

五、明代的“民劳”

为说明大元王朝对明代知识分子的影响，我以明朝中期具有杰出治国才能的学者丘濬为例。在海南岛土生土长的丘濬于 1477 年受任翰林院大学士，并发起了对史料的研究，为皇帝提供国家各方面政策的史鉴，由此编成了《大学衍义补》。虽然得到了成化皇帝的赏识，丘濬却没有能够在皇帝去世之前完成这部著作，直到 1487 年成化皇帝的儿子继任后著作才得以完成。丘濬立即将他的书赠送给新登基的弘治皇帝，获得了皇帝的授权出版。

要想了解丘濬著作中作为政治实体与行为方式的国家的概念，一种可行方法是研究著作里后面的两卷，《严武备》与《驭夷狄》。丘濬在这两卷中数次提到“民劳”，还援引了《诗经》中的其他颂歌。人们可能会认为，多国并存的世界中并不会把中国突

① 陶宗仪《南村辍耕录》（北京：中华书局，2004），第 16—17 页。

出描述为一个伟大的国家，但事实并非如此。《诗经》的词藻被赋予新的用途，而不是随着周朝的消逝而消失。举第一个例子，丘濬在《严武备》第一百三十二章中引用了《大雅・民劳》中的第二联（“惠此中国，以绥四方”）。他引述《诗经》中的话，认为惩罚恶人的统治者会赢得人民的爱戴。这样做能够激发人民的意愿，使得人民甘愿作为士兵，为统治者的征战而牺牲自己。[①] 丘濬引用“惠此中国，以绥四方”来表明，如果统治者公平对待他的臣民，便可指望在军事战争中取得成功。他的引用可以涉及许多解读要点，其中值得注意的是他把诗中的“中国”解读为整个中国，而“四方”解读成了外部国家，因此整句便有了新的寓意：

> 爱护中国的百姓，
> 君主就可以安定外部国家（天下）。

这并不是周朝的原诗人在谈到缓和周朝人民困境时所讲的一点。这甚至都不同于秦始皇“一统四方”的说法。得益于蒙古人，世界疆域得到了极大扩张，而后世得以继续生活在“大元”留下的“大”概念中。这就意味着，明朝面临的首要挑战是处理蒙古人的边境问题。

如果丘濬在大元朝做官，他就根本不用考虑“惠中国”与“抚天下”之间的联系。但他不在元朝。据后世来看，他所处的明政权在安抚边境挑战者方面没有什么有效举措。在其所著《大学衍义补》同一章的前面部分，丘濬引用了诗经中《大雅・民劳》后的另外四行诗，也为我们提供了两个切入点。这四行诗是写庆贺周朝反击北方敌人的胜利的：

> 徐方既同，天子之功。
> 四方既平，徐方来庭。

“徐方”指的是中国东部从泰山向南到长江的一片区域；这片区域在周朝管辖之外，但是周朝希望在这片区域获得一些权威地位。因此，这首颂歌用不同的词汇指代“四方”的概念，来称呼中国境内的其他国家。有趣的是，丘濬对其中两联有这样的简

① 丘濬《大学衍义补》，132.16b。

短评论："然至于四方来庭，则亦非常之武也。"[①] 丘濬所述的是与明朝所处位置截然不同的世界，那时的国家很难从外部部族领袖那里寻得顺从与安宁，特别是那些来自北方草原的部族。丘濬又一次在他的"大国维度"（如果我可以这样讲的话）中阐述了"四方"，点评了明朝要想使世界臣服于脚下还有哪些能力弱点。

丘濬并不是一个主张必须通过军事能力获取大国强盛的狂热分子。他发出了同情国内百姓以培育愿战民众的评论，说明他仍然认为军队是受臣民和民兵所控的。同其他明朝知识分子一样，他想回到统一的状态，想回到实现大一统的条件中去。这种想法在《驭夷狄》一卷中体现得非常清楚，他对外国鲜用篇幅去观察分析，却集中分析了控制这些国家的难度。他在这一卷中阐述的外交政策建议的要点与外国都无关。"天子"散播他的权威，并执行他的管理，以协调人民内部和谐、加强外部防御，这样就能使"中央王国"变得稳定，而不会屈服于外来入侵。[②] 因此，皇帝应该将他的行动限制在"华夏"文明的领土上，而与"野蛮人"的荒芜之地无关。[③] 他决不应考虑冒犯攻势或者实行大国的扩张主义。丘濬期望看到对外界采取严格的防卫政策，他希望国家能够统一团结、蹲守在边界之后。丘濬确实得以汲取最近的历史经验。大明王朝的最后一次攻击外部的企图，是1449年正统皇帝（即弘治皇帝的祖父）对蒙古人的讨伐袭击，但是以不折不扣的失败灾难告终，年轻的皇帝当时还被扣在蒙古人手中做了人质。丘濬向弘治皇帝反复传达的信息是，大无边界的伟大国家并不是他所向往的，他应该守在统一国家的边界内。

"惠此中国"的说法（在原诗指国都，在丘濬说法中指整个中国）到第一百四十八卷再次出现，而这次它是作为一部汉朝史论著作的引用，这部著作论述的是汉朝处理汉族与匈奴之间关系的政策。这一著作的作者刘广认为，最好的外交政策是能够确保国家的边界不受周边野蛮人侵犯的，周朝的政策就是范例。汉朝在他眼中是反面例子，因他认为进攻态势是错误的。秦朝修建长城这一例介于正反两面之间。刘广敦促朝廷不要用与野蛮人交战的方法来"负劳"军队，使用了与"民劳"中相同的动词（劳）。他认为应该解脱军队压力。他宣称，这样是"在中国表现恩惠、悲悯的方式"，这里的"中国"是国家的意思。[④] 丘濬引用刘广这篇文章，想做出比刘广更好的论述。

① 丘濬《大学衍义补》，132.15b。

② 同上，143.19a–b。

③ 同上，144.8a。

④ 同上。

在丘濬看来，周朝的外交政策（国防）很平庸，汉朝的政策不好（具进攻性），而秦朝其实没有任何政策（只是剥削人民的劳动，丝毫没有对人民福祉的考虑）。奇怪的是，丘濬是个务实主义者，却希望回归古代的圣人统治者政策，不与外国人发生任何关联，他相信只要在国内实践开明规则，外国会主动向明朝臣服。这点很像《民劳》结尾部分的情结，完成了由“国王”到“帝王”的调整：

柔远能迩，以定我王。

这样理想化的、无为而治的外交政策显然与丘濬希冀的大国概念相去甚远，也完全否定了明朝的大国际环境。当时，由于这些国家没有一个强大到足以动摇明朝的稳定，丘濬“脱离世界”的政策可能是好的建议，但是周边力量强大的格局终将会到来，且可能仍然来自于中亚。1636 年大清王朝的形成及其 1644 年对明朝的征服，证明了丘濬外交政策的不足。

六、遗产

一首诗歌的内容显然不足以构建一个三千年来中国国家形式的新的分期。然而，若把它看成是一面镜子，镜子前有三幅形象走过，每幅形象都按照它所属的时代来装扮——那么在《民劳》得以创作的时候，王国的中心是王的宫廷及支撑它的首都；“四方”是从首都向外延伸到王国边界的地区；在其之外的所有地域都笼罩在普天之下，这些地域上的众多国家组成了更大范围的世界。在春秋战国时期的大部分时间里，周算作一个“同侪之首”。当秦朝统一了国家时，“中国”一词不再仅仅指代中间国家（中央州）的区域，而是这个集权国家本身。通过把丘濬所谓的“华夏文明领土”变成他自己的领土，秦始皇使他的帝国和所有天下领地完成了统一。他的行迹“为后来的皇权提供了一个未被承认却被默认的模式，是纯粹的理想类型的起源，后世的统治者都在默默遵从其原版或改版”，马克·刘易斯写道，秦朝是“一个永久的中华帝国的原型”。①

原型？秦朝的确是原型，但正如我在这篇文章中的论点所述，随着蒙古人的到来，皇帝统治的政体性质发生了变化。从元朝以后，皇帝便是伟大的可汗，因为他是

① Lewis, *The Early Chinese Empires*, p. 74.

一个统一中国的皇帝。我认为从皇帝到大可汗的举动是“帝制政治的重大转变”，但这仅仅是政治形态从统一状态向伟大国家转变的故事的一部分。[①]秦时的中国定义迁向外，拥抱天下，界定了丘濬所言华夏文明的外围。然而，在元朝统治下，中国成为一个更大的政体，拒绝尊重这一外围。天下的定义变成普天之下的延伸土地。

从大国的完全期望中解脱出来后，明朝逐渐回到了以往统一的状态模式。然而，明朝的意识形态有时也紧随其后，比如通过在15世纪早期向东南亚和南亚派遣大使（郑和下西洋）之类的方式，宣告明朝是普天下的君主。在15世纪晚期，像丘濬这样的官员又开始尽全力重振“中国”的概念，承认与外部世界的硬边界，并把所谓的“天下”拽回边界里。其结果是明朝和世界之间的长期对峙，主要是防御性对峙。这种姿态最终在严重的环境衰退低谷中崩塌，使满族人得以收纳明朝而建立大清王朝，继续缔造两个多世纪的中国。

（李梦冉译，黄舫滢校）

作者简介

卜正民（Timothy Brook）：加拿大历史学者，他的著作突出中国在世界上的定位，同时从世界的角度来理解中国。他颇受读者欢迎的书包括 *The Confusions of Pleasure*（《纵乐的困惑》），*Vermeer's Hat*（《维梅尔的帽子》），*Mr. Selden's Map of China*（《塞尔登的中国地图》），*Great State: China and the World*（2020）以及 *The Price of Collapse: The Little Ice Age and the Fall of Ming China*（2023）。他曾担任哈佛大学出版社六卷本《哈佛中国史》主编，并在其中撰写了 *The Troubled Empire*（《挣扎的帝国：元与明》），这本书的中译本在中国成了畅销书。他获得过许多奖项，包括英国华威（Warwick）大学和加拿大维多利亚（Victoria）大学荣誉博士学位。卜正民曾任教多伦多、斯坦福、牛津和加拿大英属哥伦比亚大学，现已荣退。他目前正通过约翰·塞尔登收藏的图书文献，研究15世纪中国儒家的治国思想和17世纪英国的知识形成。

① Timothy Brook, *The Troubled Empires: China in the Yuan and Ming Dynasties* (Cambridge, MA: Harvard University Press, 2010), p. 79.

中国世界的再平衡

王赓武

现代中国自19世纪中叶以来一直被动处于急剧变化的状态，以此来应对西方世界的挑战。这些变化从极端顽固的保守主义演变成革命性的破坏，其中大多数反映出一种根深蒂固的意识，即对于中国在世界历史上所处地位的看法，在自身文化的未来发展上失去了方向。我将综观中国是如何重新定义自己为一个以古为傲的进步国家，并着眼于失衡现象如何影响中国近代史上的事态发展，国家的领导人如何设法纠正这些失衡现象重获中国在世界上应有的地位。

今天的中国人显然比以往任何时候都更了解世界。虽然全球化背景下世界发生了翻天覆地的变化，并已经与历史文献中所描述的大相径庭，但认为历史上中国与当下领导人的宏图愿景毫不相关的观点显然是错误的。这一观点反映出许多过去根深蒂固的思想、制度和观念仍然存在深刻影响。我认为理解这些传统能使中国思想家重视当下对中国未来的预测。

在此，我将用再平衡的观点来解释中国如何看待自己在世界所处的地位。我会用中国人接受的现代观念来探索过去一个世纪事态发展中所暴露出的严重失衡，并说明寻求新平衡的不同努力反映了中国人是如何以创新的方式应对未来的挑战。

一、失衡

失衡是各种各样的。例如，过分强调发展国家部分地区的战略政策就会引发物质上的失衡。还有，引入外来概念却不符合中国国情的失衡，例如一些描述中国国家性质和人民的术语。而另一些出于彻底变革中国的目的，却最终牺牲稳定和秩序甚至是曲解历史来为当下服务引发的失衡。在这里，我将重点关注失衡的三个不同的例子，研究判定补救这种情况所作出的努力。

第一种失衡是已为中国人所知的地缘战略失衡，这一失衡现象持续了一个半世纪，直到过去二十年才得以纠正——我指的是欧亚大陆与中国海岸之间的推拉因素。中国在国家起源之初是为了抵御外来敌寇，利用丰富的沿海和海洋资源的意识也早已萌生，向东海、南海沿岸的人口迁移趋势也一直很明显。然而，来自同一片大陆的威胁导致中国自明朝初期以来的几个世纪都更加重视陆上的军事发展，而忽视了国家海上防御的发展。在这里，我想起了美国前总统奥巴马采取的平衡方式。他谈到美国维持了好几个世纪的大西洋重点战略与十多年来中东地区的军事干预措施分散了该国大量注意力，美国应更多地关注东亚和太平洋地区。中国对中国海岸防卫的措施也采用了类似的地缘战略语言。

第二种失衡来自具有外来含义的两个术语，也是中国人正在努力辨析的两个术语——“帝国”和“民族国家”。这两个概念作为现代欧洲历史中心主义的一部分，在用于中国时，似乎与中国自己的“天下”历史主张相矛盾，用“帝国”和“民族国家”来诠释从古代到20世纪形成的中国国家和社会历史都是有偏差的。秦汉早期建成了一个可与罗马帝国相比的帝国，这与欧洲殖民和商业扩张所建立的现代帝国是不同的。现代帝国发展的最新阶段导致了由民族国家控制的帝国的创立，国家以其公民的名义行事，并成功地运用了现代科学和工业资本主义来帮助他们统治世界。而当时的中国并不是那样的帝国，也从来不是一个民族国家，因此中国仍试图通过平衡其历史遗产与一党制的多民族国家的概念来重新定义自己的身份。

第三种失衡来自中国当下快速的社会变化。当下，有人担心强大富有的新阶层正在腐坏国家，破坏人民所向往的和谐的社会秩序，但历史告诉我们，国家治理原则与历史经验之间的传统平衡在20世纪初就已经被摧毁。今天的中国领导人似乎正在倡导基于历史延续性的原则进行再平衡，使新的中国梦成为现实。

二、转向公海

虽然清朝统治者知道代表西方崛起势力的传教士是以漂洋过海的方式来到中国的，但中国古代的官员仍旧没有意识到这种远途的海外扩张的意义。他们仍然自信中国的学习与适应力优越于其他国家，而新崛起的势力是无法威胁到中国的。清朝是一个陆上大国，而中国历史也表明中国从未面临过来自海上的严重威胁。即使19世纪中国在海战中一再败北，即使一小部分人认为必须更多地了解海军力量和新技术，也没能给清政府敲响警钟。

对于当时北京的中央政权来说，那些可能破坏王朝的敌人反而来自内部。当时各省有农民起义，其中影响最大的是占领南京后建立的政权：太平天国。云南和新疆的回部叛乱规模更甚，清政府耗费了巨大的人力和财力才得以平息。所有这一切都发生在西方国家取得海上的胜利，毫不客气地占领长江流域与瓜分势力范围的时期。一直到日本人对西方势力作出迅速反应，在亚洲建立了第一个资本主义帝国和民族国家，中国才被警钟敲醒。1894 年日本在海上打败中国所显示出的强大实力终于激发了清朝要求官员学习西方文化以挽救王朝的决心。

在意识到西方文化能作为激进派革命的借力时，1843 年魏源《海国图志》出版十年后成为了一个分水岭。虽然里面的大纲没有直接改变清朝官员们的思想，但它对日本领导人产生了极为迅速的影响。它促进了日本历史的范式转变，并引导了一代人都投身于国家的转型。这一结果是新诞生的日本帝国成功效仿了西方帝国对中国做出的一切，甚至更为彻底。日本这个邻国所表现出的海上敌对势力，对中国的存在产生了巨大的威胁。然而不幸的是，清朝意识到这一点已经太晚。随着儒家思想的败落，后继的中华民国一直都没有稳定的局势或财富来发展亟须的海上力量。

在 20 世纪的大部分时间里，大陆和海洋问题的失衡几乎没有得到改善。在持续了半个世纪的海上较量中，日本在中国沿海始终占有决定性优势。尽管国民政府重视在海洋领域向自由主义的西方求救，远离海洋的人民解放军仍在没有一艘船的情况下成功地取代了国民党政权。1949 年之后的中华人民共和国政府在冷战中看到了美国海军力量的威胁，出于安全考虑把许多工业项目转移到了内地，这更加加剧了中国的地缘战略失衡，直到 1980 年代邓小平改革才得到改善。从那时起，这种转变已经将沿海各省转变为经济增长驱动力，中国现在终于可以全力以赴建设海军来保护日益增长的经济利益。

十多年前，奥巴马总统也用“枢轴”这个词来形容美国军队为维持其全球影响力应做的努力。中国表明发展海军并非出于挑战美国权威的目的。而在美国方面，“枢轴”准确地表达了该国在世界事务中占主导地位的愿望，也强调了其巨大军事资源的流动性。然而，“再平衡”的观念更加符合中国人正在经历的心态变化。中国发现自己面临着从未遇到过的新的政治、意识形态、科学和经济力量，从而必须对其历史遗产进行全面的回顾。“再平衡”更好地体现了中国对如何保存文明的反思。

三、中华帝国

这让我想到了中国在19世纪后期才被接受为现代国家时所面临的第二种失衡。1911年之前，清朝始终认为自身文明遗产处于世界中心。满族统治者继承了汉族统治者的传统，只承认与自己建交的国家统治的合法性。这样一来，统治者们在认识他们的地位时不知道如何表现，他们认为不相干和不值得的方面是没有必要注意的，宝贵的资源不值得花在与中央政权的福祉和安全无关的事情上。中国的皇帝只需要着眼于建立一个强大的国家，并坚信他们优越的思想价值体系将得到支撑和保护。他们对外面的世界知之甚少，“中国中心主义”成为当时主导的世界观，倡导一切从中国的需要出发。在第二次世界大战结束后，中国是组建联合国的新兴国家之一。它不得不重新学习如何成为一个民族国家。

西欧的迅速变化改变了世界历史的过程，并形成了成为现代史学规范标准的“欧洲中心主义”世界观。1945年以后，这一规范伴随世界历史教科书从美国横跨北大西洋得到了传播。西欧依然保有最早源于地中海的启发世界的推力。

清朝看到了来自几个帝国的新威胁：来自海上的英国人和法国人，来自陆上、跟中国有一定相似性的沙皇统治。所有这些帝国都意识到了清政府的财富和权力，他们明白，中国的“天下”观念并不是由领土界定的，而是自称为天子的统治者粗略标记的每个朝代的行政区域大小。早期西方提到公元前3世纪秦的统一框架时，将其按照罗马传统的定义，等同于他们所理解的帝国。但是，1689年，在尼布楚（俄罗斯称为涅尔琴斯克）签署的《尼布楚条约》作为清朝天子和俄罗斯沙皇之间的第一个边境条约，其中称中国为“天国”，这仍然是欧亚大陆上的共同传统。

然而，西欧的发展催生了现代海洋帝国，科学革命使工业资本主义兴起。脱离西班牙和英国的独立运动涌现，并产生民族国家的演变，特别是荷兰。十三个殖民地独立为美利坚合众国强调了国家以共同宗教、语言和历史为基础。这成为现代欧洲国家的榜样，也成为所有国家承认的基本政治单位。

因此，使用“帝国”这个术语来翻译国家是具有误导性的，因为它不能准确定义现代帝国的性质。它没有区分出在18世纪和19世纪帝国扩张背后的民族国家，忽视了这种权力的来源，即创造了新型帝国主义的资本主义。

民族国家的公民参与帝国崛起的想法是首创的，他们运用民主权利来支持这些国家提出欧洲中心的世界历史观是进步的。当中国人首次遇到这个问题时，他们也想知道该如何维护中国中心的世界观。在 19 世纪末期，大多数思想家赞同的“中学为体，西学为用”，这一中西学问的二分法主导了此后中国的话语体系。

当“中学为体，西学为用”这句话开始流行时，对“中国中心主义”的有效性尚无质疑。中国学问建立在三千多年发展的基础上。基于这些过往经验，一个整合而善于应变的国家制度由此形成，并证明了其有能力捍卫这一伟大的文明，这种文化遗产就是“中国中心主义”的核心。

到了 20 世纪，中国人意识到对自身核心思想的挑战比他们想象的更为彻底。新一代领导人开始怀疑发源于孔子学说而根深蒂固的道德与治理原则是否仍然能够发挥作用。他们的“中国中心主义”世界观面临着一种从地中海文明中吸取灵感的新的世界历史观的挑战。凭借着海军的绝对优势，新帝国从大西洋向印度洋和太平洋探寻，并随后主导了全球经济。之后的历史被重新定义成了“欧洲中心论”。

在中国人看来，文化上的“中国中心主义”与基于经济和军事力量的“欧洲中心主义”是有区别的。“中国中心主义”源于一个拥有至少三千年不断变化过程的地区，中华文明没有主动向外扩张，但是随着外界新想法的引入和侵略者的到来，它在几个世纪以来变得越来越强大。因此，尽管中途发生了几次断裂，但这一进程一直持续到 19 世纪，中国宣扬的从“中国中心主义”看世界的观点也被认为是有合理性的。

这意味着中国人不再拒绝新的全球历史叙事，而是想要世界承认中国对世界历史的贡献。他们希望参与现代发展所带来的进步，但更希望找到增长的平衡点，使这些优秀传统与现代发展能够并存。

四、进步与连续性

第三种不平衡是希望在主导话语中找到一个适合中国的位置，这一点很难定义，我建议结合国家的进步和连续性来定义。如前所述，中国领导人甚至在 1911 年革命之前也试图兼得两者。那时候，他们希望代表东方先进文化的中华文明能够在面临西方威胁时还能独善其身。中国文人在某种层面上受到了西方文艺作品创作的启发。另一方面，他们更加欣赏科学成就和带给欧洲权力及财富的背后推力。但当他们接触到人类文明的欧洲视角时，尤其是涉及治理和政治的价值观时，还是无法接受的。

从 20 世纪 20 年代的五四运动开始，中国领导人之间在应向西方学习哪些方面以及抛弃哪部分传统的问题上产生了严重分歧。即使他们同意了大体原则，但事情总有轻重缓急。1912 年至 1949 年的中华民国时期，各种政治团体和后文人时代的知识分子，经常受到海外留学归来者的领导，在公开场合辩论。与此同时，农村地区的大多数农民在漫长的内战中艰苦谋生，没有一个群体有能力发挥作用来改变时局。

新共和国的领导人一致认为现代化是挽救中国于脱离时代的闭塞环境所必不可少的措施，但是就保留多少中国传统以文化复兴的这一问题被分割成了几派。这就制约了将中国一贯重视的传统文化现代化的选择，或采取西方文明的核心思想来决定文明的性质。最激进的观点认为中国人应接受全盘西化。

表面上，这不是大多数人喜欢的答案。事实上，大多数思想家都倾向于隐藏自己的观点，只是描绘了通过不同程度的西化取得进步的愿景。到20世纪20年代中期，有两种不同的倡议为大多数人所接受理解。一个是走民族主义的产业资本主义和自由市场经济之路。这一观点对于中国企业家阶层，尤其是那些在沿海和港口与西方企业密切合作的企业家来说，是十分有吸引力的，他们对西方代议民主制也持开放态度。至于其他人尤其是中国共产党员，强烈反对以资产阶级为基础的发展制度。他们认为资本主义和帝国主义是同一概念，它们都导致了中国濒临崩溃。对于他们来说，如果中国采取了这样的发展模式，中国的农业经济就会遭受严重的打击。唯一选择是把反对资本主义转向社会主义左派提出的国际主义。在措辞中，双方仍然宣扬中国关于民族抗争的传统，但显而易见的是，借鉴西方模式的信念越发明显。它体现在想走资本主义道路的一派可以看作是“欧洲中心论A”，而他们的对手则是支持发展社会主义，可看作“欧洲中心论B”。

随后中国出现了内战。在抵抗日本的战争中，两派的对立也仍然存在。即使中国人愿意寻求一个和平而可行的平衡点，双方还是没有找到妥协的余地。抗日战争结束四年后国民党战败，国家在“欧洲中心论B”派的社会主义旗帜下统一。无论中国人是否喜欢，俄罗斯革命后东欧苏维埃的例子，成了中国开展国际化运动借鉴的典型。

事实证明，国际化运动只是一场并没有在中国落地生根的幻想。那一时期的指导思想有些混乱和矛盾的因素，从激进变革的口号到平均主义，极大地拖累了经济发展。毛泽东去世后，邓小平把共产党带回解放后头几年制定的经济发展规划的正轨。邓小平通过将中国带入全球市场经济的一系列改革，使中国实现了数十年令世界震惊的快速增长。

但下一步更重要的是，在经济改革处于上升期时，中国领导人如何坚持发展中国特色社会主义思想。这是实现再平衡的另一个预兆，即将西方进步的社会主义与有助于实现社会主义目标的一部分中国文化结合起来。虽然具体特点尚未确定，但这一思想体系重申了中国政治传统的核心价值。使中国的历史叙事不再屈从于欧洲的偏见，中国特色成为了社会主义进步的产物，就世界范围而言，这样的中国也就成了现代历史变革最突出的主角之一。

五、迈向中国梦

这让我想起来当前的话语体系，以及我是如何理解中国正付出的努力。中国正在重建与过去不同历史阶段的多方面联系，这着实令我震惊。第一步是将改革开放后三十年的经验与前三十年的经验相结合。这就意味着自解放以来的六十年应该被看作是一个整体而不应区别对待，也体现了中国人所重视的历史延续性。尽管在这段时间里发生了两次类似革命的事件（即打倒“四人帮”和建立深圳经济特区），但并没有普遍共识认为它们是对过去的彻底颠覆。更普遍的是，这两个被认为是改革的阶段，对中国面临的挑战作出了强有力的反应。自1949年以来，两代人所经历的这一切支持了后三十年与前三十年的和解。

与历史相连的第二步是承认孙中山三民主义与国民党的延续性。民族主义是对当时中华文明面临的威胁作出的及时和合理的回应，来源于苏联的国际主义不可能取代民族主义成为现代中国统一的思想。现在重申民族主义对中国重获世界地位作出的重要贡献是合适的。因此，承认中华民国可以进一步加强与明清及所有记载的历史的重新联系。毫无疑问，近代与古代的再平衡是中国实现现代化理想走出的积极一步。

然而，这之中还是有一个很小的缺陷。1911年辛亥革命以后，新一代历史学家们认为中国近代史始于1840年的鸦片战争。这被认为是一个进步的理论，并在所有历史教科书中被迅速引入。结果，中国历史学家发现从1644年到1840年的历史无法归类。明朝是历史上与过去所有朝代关联的最后一个王朝，而先前的理论则在明清两代间留下了近二百年的鸿沟。没有官方承认的清史，历史学家们就有了许多创见，但都与19世纪王朝衰落关联不大。早期清代官员编纂的清史不尽如人意，1928年的《清史稿》由于残次和误导性被拒绝承认。

编纂一部官方的清末与明末重新连系的历史的任务尚未完成，自2002年以来，理顺历史的努力一直在进行中。尽管人数众多的历史学家团队都投身于这项工作，但成果尚未出版。这让我们意识到当下与历史实现再平衡的困难。西方历史学家在他们的世界历史叙述框架下的作品，产生了大量重要的研究成果，极大弥补了这200年的空缺，而这种非“中国中心论”的清史却更凸显了近代中国的历史断裂。

六、再平衡

再平衡是多样的。首先，欧洲不同的社会主义与中国近似的国家资本主义存在一种再平衡。中国致力于发展社会主义，而不是西方发展的自由民主社会主义或社会民主。社会主义依靠强大的国家制度，利用一切方法实现发展目标。社会学家在中国寻求的平衡甚至有可能解决全球资本主义所带来的固有问题。

其次，中华文明的传统核心价值观与现代化建设必不可少的外来的科学、经济、政治理念和方法之间存在着再平衡。有两个例子可以说明这一点。

第一个例子来自传统价值观念，如孝道和忠诚，这两种价值观维系着家庭与国家。不久之前，中国的年轻一代还质疑它们的意义。如今，对家庭和国家的忠诚是可取的。但是，中国缺乏的是增强家庭与国家需要的社会纽带来促进社会发展的相关性。中国没有此类针对个人的社会纽带来平衡国家与家庭的需求。共产党如今在党内寻求与之类似的东西，而这种纽带如果在社会上广泛建立，就可以补救对国家与家庭两种忠诚的失衡。

第二个例子是回归以中国为中心的历史以作为对欧洲中心历史的纠正。这个中国为中心的历史有历代官方的历史记载为基础。在中国的政治文化中，这意味着儒家认为的善治与经典密切联系的原则。在经、史、子、集中，史的重要性仅次于经典。第三类即“子”，用今天的话说，应该包括了科学和宗教知识，是社会科学技术的汇编。

与史相关的范畴包括了每个王朝如何治理国家的正式记录，是根据经典的原则编写的。换句话说，这些原则体现在每个王朝记录的政策和结构中，能够作为善政的指导。此外，历史记录证实了儒家原则在实践中的效力，使后来的学者能够在历史上找到真实的例子，以论证他们对经典作出的新的解释，正如宋明理学所做的那样。

儒家思想在清末被否定为国家意识形态时，历史的关键作用就丧失了。自 1912 年以来，中国人一直没有替换经典，军阀统治时期没有任何思想输出，南京政府利用孙中山三民主义的努力也以失败告终。历史学家采用了现代史学方法，将中国历史融于全球叙事，但历史似乎不可能恢复原来的角色。可以想象，新科学和哲学方法论下产生的新知识可以与现代历史一起，有助于建立一套新的经典系统。在这一点上，把“子”提前于“史”的知识体系再平衡，可能会使“中国中心论”与“欧洲中心论”之间的差异缩小。

最后我再总结一下什么是再平衡。最容易实现的是地缘政治再平衡，只要同时重视大陆和海洋力量就能实现。这显然不仅体现在中国过去二十年的海军建设中，也体现在实现陆上海上基础设施连接的“一带一路”倡议中。相比而言，更困难的是要摆脱清政权统治的阴影。在寻求民族独立的这个问题上，很难解释中国从清朝继承过来的国家是一个什么样的国家。中国人需要与其文明的根源建立明确的联系，以便实现其国家未来与过去的再平衡。对于不拒绝有利于中国历史延续性的事物的诉求，再平衡关键知识体系的工作是有益的一步。把现在与过去不同阶段结合起来的愿望是强烈的，中国人恢复历史感的努力也是十分有意义的。

最后，中国正在寻求自1911年革命以来一直存在于社会中、关乎一切的决议。它想要一个由弹性和强大的中国传统来平衡的进步的社会主义，因为这样出现的社会主义才是中国所期望的社会主义。

（2018届北京大学燕京学堂毕业生　徐淑瑜译，刘若曦校）

作者简介

王赓武，新加坡国立大学特级教授，澳大利亚国立大学荣休教授；曾任马来亚大学文学院院长，香港大学校长等职。他著述极富，包括：《移民及兴起的中国》(2005)，《离乡别土：境外看中华》(2007)，《华人与中国：王赓武自选集》(2013)，《更新中国：国家与新全球史》(2013)，《五代时期北方中国的权力结构》(2014)，《天下华人》(2016)，《王赓武回忆录：家园何处是·心安即是家》(2022)，《海外华人：从落叶归根到追寻自我》(2019)，《中国再连接：中华文明与天下新秩序》(2021)，*Living with Civilisations: Reflections on Southeast Asia's Local and National Cultures* (2023).

战争的新旧起因①

亚当·罗伯茨

是什么导致了武装冲突？在全世界，这一话题长期以来一直是各国政府及其公民关心的问题。各国的外交政策和军事筹备主要基于对武装冲突的起因和性质的理解。这些理解在不同国家之间、甚至在国家内部都有很大差异。对这样一个问题，很容易产生简单化的思考，无论是在东方还是西方，在发达地区还是发展中地区，在左翼还是右翼，都可以找到。

针对武装冲突这一主题，简单的调查基本都关注在国际战争上，即关注国家间的武装冲突，然而这一主题绝不仅限于此种形式。自 1945 年以来，正如我在本文中所讨论的，国际战争的发生率异乎寻常地低。其他形式的战争冲突仍在继续，特别是在后殖民时代的世界。人们关注的是，自 1945 年以来已存在的国际秩序在减少国际战争的发生率方面发挥了作用，而现在却有崩溃的危险；在 21 世纪的未来几十年，我们可能不得不重新考虑国际战争，至少要重新考虑它的程度，并考虑是否可能避免和限制国际战争，以及如何避免和限制这样的战争。

国际秩序改变的方式是什么？这些秩序对战争的可能性有什么影响？本文建立在一个共识之上，即我们正生活在国际关系迅速变化的时代。事实上，许多观察家认为，我们已经进入了一个时代的末期。正在进程之中的变化包括某些新的威胁，例如全球气候暖化、恐怖袭击、移民流动、机器人战争和网络破坏——所有这些都可能为冲突及新型冲突提供新的契机。此外，某些国家正在衰落，另一些则在崛起，这种情况自然加剧了人们对新冲突根源的担忧。所有这些变化都会影响中国，反过来也会受到中国对它们的影响。

① 我很感激罗斯玛丽·福特（Rosemary Foot）教授和张隆溪教授对本章草稿，特别是对中国思想和政策特别有用的评论。

本文重点关注对战争的诠释，分为六个部分：

一、探寻战争起因时简化思索的危险性；

二、战争的三十三个起因；

三、1945 年以来国际战争的减退；

四、后冷战时期的秩序问题；

五、中国与战争的起因；

六、总结。

一、探寻战争起因时简化思索的危险性

在关于战争起因的著作中，简化思索有很强的历史惯性。用单个因素解释战争有巨大的吸引力，列宁主义理论在 20 世纪的成功以及某些伊斯兰教观点在本世纪的传播都可以证明这一点。学术研究理所当然地倾向于避免那些特殊的简化思考。正如 1700 年以来对战争起因做精细研究的作者杰弗里·布雷尼所写的：

> 对战争进行分析，就像是进入一个竞技场，场内挤满了关于国家为何战斗的根深蒂固的假设。在这一竞技场里，矛盾的想法似乎也能和平相处。数以百计的书籍和文章提出自己的解释，却忽略其他解释。在历史学家之中——他们写的关于战争的文章比政治科学家、人类学者或任何其他学科的成员都多——多数争论的重点在于具体战争的具体原因，而不是更广泛的假设。①

当然，历史学家在探索特定战争的起因方面发挥了最大的作用。一些人已经大胆地对这个问题进行了更广泛的调查。在 1981 年的一次简短的关于战争起因的演讲中，杰出的军事史学家迈克尔·霍华德强调，战争通常是由双方领导人在冲突中作出的理性决定造成的：

> 总的来说，在过去的 200 年里人们都在战斗，这既不是因为他们好斗，也不是因为他们是贪得无厌的动物，而是因为他们是理性的；因为在即时的危险与可能

① Geoffrey Blainey, *The Causes of War*, 3rd edn. (Basingstoke: Macmillan, 1988), p. ix.

的威胁面前，他们能做出辨别，或相信他们可以去辨别。[①]

所有人，包括历史学家，都对和平与战争有着根深蒂固的假设，这关系到他们如何看待战争的起因。牛津大学政治与国际关系专家马丁·席德尔在其著作中做了开创性工作，将和平与战争假设的范围划分为五大类：军国主义（Militarism）、讨伐肃清（Crusading）、防御主义（Defencism）、反战主义（Pacificism）与和平主义（Pacifism）。他严格定义了这些类别，然后成功地拟合了马基雅维利、霍布斯、列宁、希特勒、丘吉尔、甘地、杜勒斯和格瓦拉等形形色色的人物。有时，研究个体会跨越这些类别，或者从一类转移到另一类。虽然每个类别都暗示着对战争起因的探讨，但席德尔并没有说明这一点。他的贡献在于解析了有关那些战争行为体基本思路的框架。[②]

从17世纪到19世纪，在欧洲启蒙运动期间，几位思想家谈到过战争的起因。他们强调，出于个人虚荣心、王朝竞争以及对普通士兵与公民遭受痛苦的同感缺失，君主制和专制类的政府特别倾向于发动战争。然而，一些启蒙思想家以一种轻率的方式解决了这些问题，无视战争起因的纯粹范围、复杂性和持续性。边沁（1748—1832）是许多启蒙思想家之中将战争思路简化的典例。作为“国际”这个词的发明者，他的确承认了相当多各种各样的战争起因。实际上，他列出了十二种主要类别。然而，这份清单涵盖的十二个战争起因中，他声称有不下十个是“由主权的利益或伪装造成的”。他没有考虑到政府突然垮台、国家内部种族分裂或教条式革命热情等战争原因。他一再断言，许多战争都是政府出于恶意而采取的侵略行为的结果。在描述自己的十二个原因，以及在针对“防御手段”提建议时，他特别能说会道。例如，在他所声称的那些原因中，第九条是由于“主权的利益或自命”：

9. 因宗教原因造成的伤害。宗教和没有宗教之间的区别争执，无论多么不中听，都不如宗教与宗教之间的争执那样令人不快。预防手段：相忍相让。[③]

① Michael Howard, “The Causes of Wars: The Creighton Trust Lecture 1981” at the University of London, 9 November 1981, published text, p. 8.

② Martin Ceadel, *Thinking about Peace and War* (Oxfoes: Oxford University Press, 1984).

③ Jeremy Bentham, Principles of International Law, Essay III, “On War, Considered in Respect of Its Causes and Consequences,” in John Bowring (ed.), *The Works of Jeremy Bentham*, vol.II (Edinburgh: William Tait, 1843), p. 545.

所以一劳永逸解决了问题！然而，事实上，据边沁推定，宗教在战争中的地位被证明是更加复杂和多方面的。例如，用边沁的话来讲，在许多现代冲突的斗争中，有一个“有宗教和无宗教之间”的维度。这一维度远远不止是“令人不快”。事实上，它很深沉、很苦涩，也很持久。它一直处于几个长期战争的核心。在1979—1989年苏联进军阿富汗期间以及之后，都存在这种真实情况。21世纪的几个穆斯林原教旨主义运动，包括基地组织和“伊斯兰国”，也同样如此。此外，宗教内部的分歧持续在战争的因果关系和进程中发挥作用，正如伊拉克、叙利亚和也门正在进行的逊尼派—什叶派战争层面一样。当然，不同宗教之间的差异仍然是当代冲突的一个关键因素。1992—1995和1999的前南斯拉夫战争即可证明此说法。当今的一个悲惨例子是罗兴亚穆斯林少数派和缅甸的佛教徒多数派之间的敌对，这导致了“种族清洗”，但之所以还没有达到战争的水平，也仅仅是因为罗兴亚人未能缔造一个全面的军队。

这表明了研究战争起因的先天性困难——至少需要两方面来发动战争。1990年，伊拉克对科威特的占领和吞并当然是使用武力，但当联合国授权的联军在1991年初采取军事行动驱逐伊拉克部队时，才真正成为一场战争。从这类案件中得出的一个肤浅而自相矛盾的结论是，防御动作最终导致战争，或至少导致危机向战争的转化。更为全面合理的结论是，调查任何特定战争的起因，都必然涉及对双方之间相互行动的审查。令人信服的解释可能在这种互动中才能找到，而不是寻找单一原因。

二、战争的三十三个起因

许多不同的方法都被用来探索战争的起因，包括人类学家、人口学家、经济学家、气象学者、哲学家、心理医生、社会科学家和策略分析师的方法。每一个都在揭示这个问题，但针对什么导致战争这个宽泛的问题，没有一个能给出一个令人满意的答案。总起来看，他们的各种解释令人眼花缭乱，仿佛让人类不会永久处于战争状态这一论述变成了惊人之论。

我自己列出的战争起因包括以下三十三条。其中每一条都可被视为对战争起因的解释，无论内战还是国际战争都适用。一些作家和少数政治领导人已经确定了其中的某些解释，认为这些情形不可避免地导致战争；其他人则认为这些都是可能造成战争的因素，但不见得总会导致战争。这份清单肯定是不完整的。更重要的是，它有一个良性警示（在下面将会进一步探讨），即用列“清单”的方法了解战争起因，可能会起限制的作用。这些起因列在四个粗略概括的标题之下，而标题间的分隔并非滴水不漏。

（一）人性

1. 人类的本性，包括对“他人”的恐惧，从众心理，服从权威的意愿，无意识的欲望走向毁灭等。

（二）信仰体系

2. 宗教教义与教派对立，特别是涉及对领土的古老主张、对现代国家边界的排斥或对所有敌对信仰体系的谴责。

3. 侵略性的国家意识形态，如纳粹和法西斯学说。

4. 社会达尔文主义的信念，认为无论在国家、族裔群体还是社会阶级之间，斗争都无可避免。

5. 改革国际秩序的愿景（包括基于列宁主义和自由主义意识形态的愿景），特别是在这种愿景意味着需要对所有国家或人民强加某种特定的社会和政治制度的情况下。

6. 当人们认为，有一种国际阴谋（有时被认为是犹太复国主义、自由主义、独裁等）正在积极破坏独立国家，挫败普通人民的意愿，而且只能通过武力来制止这一阴谋时。

（三）国家及其他机构在国际体系中的行动

7. 国家的性质，包括它们参与竞争和扩张主义的倾向。

8. 争夺资源，包括土地、水、石油、黄金、矿产、鱼类、不冻港。若这些竞争伴随着重商主义的措施，即有竞争力的一方声称一个国家在另一国家境内拥有专属的贸易权时，这种对抗就会加剧。

9. 要求恢复“失去的领土”或保护居住在另一国家的本国同胞。

10. 大国权力竞争，包括崛起大国和衰落大国之间的权力关系，以及受其支持的代理战争。

11. 秘密条约，特别是当事方秘密缔约对第三国采取军事行动，或在未经有关人民同意的情况下建立势力范围。

12. 安全窘境，即一个国家或联盟的防卫措施被其他国家视为威胁，导致相互行动和越来越强的不安全感。

13. 军备竞赛，即国家间在发展、测试和积累储备主要武器系统方面的竞争。如果军备竞赛中一方为防止敌方实施军事计划方案而先发制人，攻击敌方，情形就可能变得特别危险。

14. 军事动员的刻板计划，有可能把局部冲突变成更广泛的战争，或将一个国家内部的事件转化为国际战争。

15. 帝国主义和殖民主义，包括资本主义者之间的竞争。

16. 在殖民主义的余波中，建立新的边界认可、宪政制度稳定且管理有效的国家存在困难。

17. 革命，特别是那些寻求为整个世界创造新政治秩序的革命。

18. 要求偿还合同债务，或其他到期未履行的服务。

19. 政府试图分散公众对国内问题的注意力。

20. 独裁政权的性质。独裁政权成员可能会认为，他们个人将免受战争影响，实际战斗是由他们的臣民而非领导人执行。

21. 误解，往往是由于历史上的无知或决策制定的审议不够充分而变得更糟。

22. 对某一国家的特定族裔或政治团体的严厉镇压，导致这些团体寻求武装支持，包括来自其他国家的支持。

23. “人道主义干预”，其宣称目的是保护可能受到本国政府攻击威胁的人民，但这种干预可能引起该国政府或其盟友的军事反对。

24. 针对战争罪或危害人类罪而采取的其他军事行动。

25. 国家和非国家集团的贪婪和怨愤，包括对特定领土的自决和分裂的要求。

26. 恐怖主义，以及随后对被认为产生恐怖主义的国家实施军事干预。

27. 小的原因，如误解、误译、智库失误等。这些可以导致连锁反应的事件类型，在某些情况下可能引发意外或无意的战争。

（四）未能在国家内捍卫、威慑和维持秩序

28. 一个大国为能承担起在一个地区或全球范围内建立和维持有效安全系统的责任。

29. 国际机构的软弱，包括联合国安理会因使用否决权而出现的失败。

30. 国家的军事弱势，导致其领土内发生外部干预和争论。

31. 国家内部秩序崩溃（即权力真空，所谓“失败国家”或“脆弱国家”），为外部和内部武装集团提供了控制和相互冲突的机会。

32. 主要权力的姑息行为，特别是在这种绥靖措施涉及给予敌方某些领土或其他实

质上加强其军事地位的让步的情况下。

33. 各国未能充分明确地表达并承诺某些威慑性威胁，例如，如果另一国入侵，它们将为保卫某一国家而战斗。

这些推定的原因中有些过于笼统，不见得对分析有用。以“人类的本性”为例，很显然这一观念有一定道理：战争是一种人类活动，有些人甚至声称它为人类所独有。然而这种简单的解释未能说明不同人类社会中战争经验的显著差异。如果人类的本性导致战争，那么在过去的两个世纪里，瑞典和瑞士等一些国家社会是如何摆脱战争的呢？将战争归咎于人性，等同于将所有交通事故归咎于道路的存在。然而，在研究战争爆发时，领导人和他们的追随者的个性是至关重要的因素，这仍然是事实。①

归纳战争起因的这一清单不应该被视为完全不同的理论。一些知识分子和政治博弈者对个中某种起因的拥护很正常，也未见得不合适，然而事实上，就像沉船这类许多其他的社会灾害一样，战争也显然有许多复杂交织的起因。战争的爆发通常涉及许多不同层面的问题。每场战争都是独一无二的，它包含了自己独特的因缘。这是战争研究的持久吸引力的一部分。

因此，确定战争的各种可能原因，比对战争发生的原因提出一个令人信服的统一理论要容易得多。尽管许多作者尝试将观察到的问题一并理论化，这一领域的诸多努力只是“导致了理论的泛滥，但没有就战争或其他形式的社会暴力的起因达成共识”。②

目前还缺乏统一的关于战争因果关系概括的理论，承认并接受这一事实并不是什么坏事情。对这一事实的接受或许能起到积极作用，有助于理解理论是否有助于我们认识到人类社会不同寻常的多样性、情况的独特性以及人的复杂动机。它减少了狭隘思维对安全问题理解错误的危险，因为这样的思维会陷入一种单一类型的因果关系或威胁模式。虽然战争的一些原因将永远存在，但它们并不总是真正导致战争。这种想法与前面的说法并不矛盾。它让人们对现代社会中的战争发生率打开更多思考，其中包括证据显示的国际战争发生率下降，以及国际秩序在促成这种发生率下降时的作用。

三、1945年以来国际战争的减退

① John Stoessinger, *Why Nations Go to War*, 5th edn. (New York: St. Martin’s Press, 1990), p. 209.

② Jack S. Levy and William R. Thompson, *Causes of War* (Chichester: Wiley-Blackwell, 2010), p. 2.

许多证据指出，与之前的时代相比，自 1945 年以来，战争发生率较低，总体死亡人数也有所下降。[①] 对乌普萨拉冲突数据项目（Uppsala Conflict Data Program）中 1945 年后冲突的分析，证实了我们生活在一个国际战争这类武装冲突的发生率特别低的时代。这是他们最新版本的“各类型武装冲突”年度表格。

表1：基于国家的各类型武装冲突，1946—2015年[②]

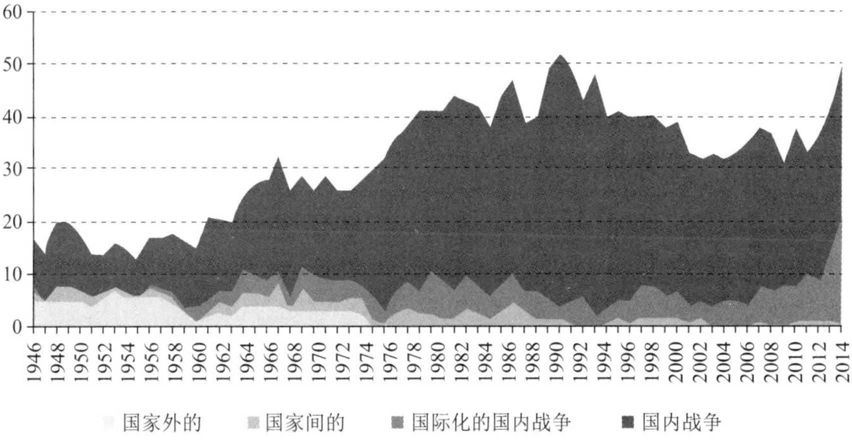

这个表格包含的内容有限，它仅说明了某些类型战争的数量，并没有关于战争对人类或物质的破坏以及战争的长期影响的内容。乌普萨拉数据的编纂者对从中得出的结论持谨慎态度。但是这个表格依据的数据确实说明了自 1945 年以来发生的一些令人瞩目的变化：

• 国家外部战争的减少。这主要是指欧洲的海外帝国与反殖民运动间的战争。

• 大型国家间战争的减少。这一类型的战争已大幅下降——不论是战争数量还是死亡人数。这标志着国际关系的重大变化。

• 国际化内战数量的增加（尤其是从 2013 年开始）。这一类型指的是有一个或多个外部力量直接参与（包括通过外国军队参与战争）的国内战争。

• 国内战争（也就是内战）高发，尤其是 1960 年左右以后。

① 关于 1400 至 2000 年间冲突造成的全球死亡的表格，见 Max Roser, “War and Peace”, 在线发表 https://ourworldindata.org/war-and-peace/。

② 表格来自 Erik Melander, Therése Pettersson & Lotta Themnér, “Organized Violence, 1989–2015”, *Journal of Peace* Research, vol. 53, no. 5 (September 2016): 729。这一表格的彩色版及 1945—2015 年的其他表格见于 http://www.pcr.uu.se/research/ucdp/charts_and_graphs。

自1945年以来，不仅国家间战争的发生率有了大幅下降，战争伤亡人数也有明显减少（从乌普萨拉项目的其他表格可知）。到2015年为止，长期和平已经持续了70年。

在《人性中的善良天使》一书中，作者斯蒂芬·平克在更广阔的背景下，将1945年以来战争的减少看作人类社会暴力总体及长期减少的一部分。[①]尤其是他汇集了一系列统计数据，表明几个世纪以来杀人率和战争率一直在下降，在许多不同政府类型的国家中都是如此。他认为战争减少的原因包括对过去战争的记忆、威慑、民主形式政府的崛起、国际制度、价值观的改变、同情心的增加等。他从未声明长期和平是全面的或永久的。和平与各种持续的战争共存，如果某种残酷的可能性变坏，和平局面就可能会崩溃。平克认识到，当代世界的主要暴力来源是草率的去殖民化。他强调，建立新的政治、社会和领土秩序，在本质上是一项艰巨的任务。将民主强加于缺乏基本先决条件（包括社会凝聚力、有效的行政管理、公正的制度以及暴力习惯的减少）的社会上，对于这一改变的可能性，他深表怀疑。然而，平克对长期和平的具体时段的划分——从1945年开始——很容易遭到批评，批评者认为他低估了武力因素在政府计算和行动中的长期作用。他提供的武力下降情况有时是夸张的。[②]

对于暴力的减少，除了平克的解释，我们还可以补充一点：现代强调，防御是国家使用武力的主要、其实可能是唯一可接受的理由。《联合国宪章》特别强调了这一原则，这与前几个世纪对使用武力少有法律制度限制的情况截然不同。这种对防御的强调证明了思想在战争的起因和局限性方面的重要作用。理查德·内德·勒博在他的《国家为何而战》一书的结论中指出，“战争在减少，因为它不再赋予（国家）地位”；他继续说明，应该把对引发战争的“有效原因”的研究“看作因果分析的开端，而不是结尾”。[③]

2017年出版的两本重要书籍阐明了为什么战争的发生减少了。第一本书是

① Steven Pinker, *The Better Angels of our Nature: The Decline of Violence in History and its Causes* (London: Allen Lane, 2011).

② 为了更全面地评价与批评平克的《人性中的善良天使》，请参阅我的评论文章“The Long Peace Getting Longer,” *Survival,* London, vol. 54, no. 1 (February-March 2012): 175–83。一个普遍的论点，即暴力是“政治的动力，”出自本杰明·金斯伯格《暴力的价值》, Benjamin Ginsberg, *The Value of Violence*, New York: Prometheus Books, 2013)。

③ Richard Ned Lebow, *Why Nations Fight: Past and Future Motives for War* (Cambridge: Cambridge University Press, 2010), pp. 225–226.

阿扎·盖特的《战争的原因与和平的传播》(*The Causes of War and the Spread of Peace*)。他的分析丰富而细致，从对研究战争原因所使用的“细目清单”方法的怀疑开始说起。他继续强调现代化这一特定因素的重要性——它可能抵消战争倾向。他暗示，许多经常被视为战争起因的因素仍然存在，但可能被其他因素抵消掉，因此不会出现战争：

> 总之，就由工业技术革命引发的现代化来说，最显著的是其自由主义道路，它从根本上降低了战争的流行——实际上，在世界最发达的地区，战争已完全消失。这一改变的原因是，对于满足人类欲望来说，竞争合作的和平选择比暴力选择更有前途。①

在一本充满挑战的新书《国际主义者》中，两位美国的国际律师乌娜·海瑟薇和斯科特·夏皮罗也关注了在当代国际社会中使用武力的合法性。他们将“武力的使用是非法的”相关的法规追溯到了1928年的《凯洛格-白里安非战公约》(后称《公约》)，这是有史以来最短的公约之一。《公约》宣布放弃以战争作为国家政策的手段，并规定以和平方法解决国际争端。该公约被广泛批评为是无效的：当然，它对停止20世纪30年代轴心国在亚非欧的扩张主义没有任何作用。但是，第二次世界大战后，在纽伦堡和东京的战争犯罪法庭中，这个受到很多嘲讽的公约为起诉主要轴心国战争罪犯的侵略罪行提供了基础。这一协议的影响，更重要的是对第二次世界大战结果的影响，是取缔了通过征服获得领土的做法——这种做法在20世纪之前被认为是正常的。不论是在1945年还是在之后，这个禁令都没有完全阻止所有的扩张主义行为。但是，自1945年以来，通过武力获得外国领土的情况急剧下降。这表明了国际规范和实践的重大变化。②

国际战争发生率的下降如此引人注意，甚至国际关系现实主义学派的学者也认识到有什么事情发生了。美国著名的国际关系专家罗伯特·杰维斯曾用大写字母“R”将自己描述为现实主义者，他2011年在《我们时代的力量》一篇深度反思的文章中是以这样谨慎的言辞开场的：

---

① Azar Gat, *The Causes of War and the Spread of Peace: But Will War Rebound?* (Oxford: Oxford University Press, 2017), p. 250.

② Oona Hathaway & Scott J. Shapiro, *The Internationalists: And Their Plan to Outlaw War* (London: Allen Lane, 2017).

对过去的回溯应该使得任何人都不愿意讨论未来的武力。1811 年，一个明智的人会预测，即将到来的世纪是充满血腥的；1911 年，一个有见识而善观察的人会是十分乐观的。也许是这样的知识让我在 2011 年看到了一幅混杂（但以光明为主）的图景。

在末尾，杰维斯禁不住表达了其乐观的程度：

很多现实主义者认为——或者假定——国际体系的无政府结构导致了很多涉及暴力的循环模式，并在缺乏明显威慑的情况下排除了长期和平。这类观点有很多，但成本—效益计算、规范和价值……会随时间而改变。①

战争的减少表明，在 1945 年以后的时期已经取得了一些宝贵的成果，需要对它们加以保护。这不是说我们正在创造许多哲学家一直梦寐以求的“永久和平”。从 2011 年起，包括叙利亚、利比亚、也门和乌克兰在内的一些事态发展已经提醒我们，战争依然存在，且仍具有国际性，国际上限制或终止这些事态的努力或许几乎或根本没有成功。虽然这些事态发展无法否认国际战争减退的结论，但它们提醒我们，人类社会的任何进步都不是稳定的，也无法保证会继续下去。

四、后冷战时期的秩序问题

普遍观点认为，无论是区域性还是全球性的国际秩序，都对战争爆发具有深远的影响。大体而言，国际秩序都是有利于遏制冲突的。尽管 1945 年以来由国际规则、国际程序、国际机构和国际关系编织而成的国际秩序网络并不完美，既未能阻止冷战，也没能防止硝烟弥漫，但是它确实通过一些机制和激励措施，限制了国际关系中公然使用暴力的现象。

许多人都希望甚至认为，一旦苏美冷战结束，人类就将迎来和平的新时代。这种看法源于一系列错误的设想，其中之一就是以为 1945—1991 年间之所以会有危机和战争，只有一个重要原因，那就是美苏竞争。由这个假设出发，自然会不假思索地得出

① Robert Jervis, “Force in Our Times,” *International Relations*, vol. 25, no. 4 (December 2011): 403, 420.

乐观的结论：既然冷战结束了，那么人们再也没有必要发动战争了。

我批评后冷战时期这种乐观主义观点，并不是事后诸葛亮。1991年我第一次访问中国时，就用一篇论文做了报告，在此引用一小段旧文，还望海涵。我在那篇文章中写到：

> 面对国际关系，人们似乎很容易感受到新时代的降临。历史上人类不止一次地以为新的时代即将到来。1815年的维也纳会议洋溢着一种拉开新时代序幕的氛围，那个“新时代”不仅符合欧洲人民、符合统治阶级的诉求，甚至从更广义的角度而言，也标志着人权事业的进步。[①] 第一次世界大战结束时，许多事件的走向也得益于一种类似的新时代感。本世纪诸多革命的核心特征亦是如此。

我在那份报告的结尾处做了警示：

> 如果20世纪见证了太多虚假的弥赛亚，那么我们没有理由认为千禧年之后人类会迎来真正的新时代。我们确实处于国际关系的新时代，但我们仍需以史为鉴，而不是自欺欺人地认为此后的时代将与以往截然不同。[②]

人们相信后冷战时期是一个全新的时代，这种看法导致了严重的后果，许多人因此没能认识到我们的时代与既往时代的相似之处。其实早在20世纪90年代，前南斯拉夫的战争就已是一个可怕的暗示：冷战的结束可能预示着一些古老问题的复苏。即便如此，在西方，人们还是不愿意承认历史也许会重演。“911事件”后美国随即展开“反恐战争”，彼时人们的健忘表现得尤为明显。为了制止恐怖主义活动而发动战争，古已有之。经典案例当属1914年奥地利发动战争，试图铲除源自塞尔维亚的恐怖主义活动。正是奥地利发出的最后通牒（其中两次提及恐怖主义），引发了第一次世界大

① 参见1815年2月8日在维也纳达成的奥地利、法国、大不列颠、葡萄牙、普鲁士、俄罗斯、西班牙和瑞典全面废除奴隶贸易宣言，这也是1815年6月9日维也纳大会最终决议的一部分。见 Clive Parry (ed.), *Consolidated Treaty Series*, vol. 63, pp. 474–475。

② 亚当·罗伯茨《国际关系的新时代》，“直面21世纪挑战：中国的国际关系研究”会议，北京大学国际关系学院，1991年6月17—19日。重印于袁明主编的《跨世纪的挑战：中国国际关系学科的发展》（北京：北京大学出版社，2007），第21—46页。英文版为“A New Age in International Relations?”, *International Affairs, London*, vol. 67, no. 3 (July 1991)。

战。而令人咋舌的是，一战最终以哈布斯堡王朝和整个奥匈帝国的坍塌而告终。另一例跑偏的反恐战争则是 1982 年以色列对黎巴嫩的干涉。彼时以色列政府明确表示反恐行动是正当的，但最终却未能成功占领黎巴嫩南部，反而带去长期混乱。这些例子表明，决策者如能虚心以史为鉴，就会发现 2001 年以来美国所领导的联盟对阿富汗的失败干预，并非没有先例。这当然不是说军事行动在反恐一事上毫无用武之地，但是行动前显然应当更加充分地思考，更虚心地反思历史，更清醒地评估以西方民主模式改造非西方社会究竟前景如何。

2003 年，美国领导的联合部队入侵并占领伊拉克，导致了这场战争的一连串事件，尤其是英国在其中所扮演的角色，背后部分原因亦是如此。伊拉克战争之所以引发了尖锐争议，主要是因为发动战争的所谓“合理”证据难以令人信服。当时许多人指责伊拉克拥有核武器，布什政府更是声称伊拉克深度参与了国际恐怖主义，但是最终事实证明这些说法完全站不住脚。2003 年 4 月，联合部队初步完成了武力攻克伊拉克的任务，但没有迹象表明伊拉克拥有核武器。彼时我正好在华盛顿，一位前国会议员问了我一个特别好的问题：“战争结束了，但是战争的起因却没有找到，这是前无古人的‘事迹’吗?”

在英国，伊拉克战争起因不明、占领阶段缺乏规划引发了民众争议，争议持续了数年之久，而随后伊拉克战俘待遇等事件又引发了新的争议。2009 年，英国首相戈登·布朗宣布组建伊拉克专项调查组，调查英国 2001 年至 2009 年在伊拉克的作为。调查组由前高官约翰·齐尔考特爵士担任组长，并于 2016 年 7 月 6 日发布了一份长达 12 卷的报告，就伊拉克战争等事件给出了官方评估。报告包含了战争发动过程的方方面面，堪称有史以来对战争发动过程最为详尽的官方报告之一。英国当时在没有充分情报、内阁亦未进行严肃讨论的情况下，对伊拉克使用了武力，且缺乏战后占领规划，齐尔考特报告对此作出了强烈的批评。同时，报告也指出，英国本应继续实施战前所采取的遏制策略，而非发动战争，且英国政府确定出兵合法性的过程也乏善可陈。齐尔考特报告的结论在英国得到了包括政府在内的广泛认可。①

早在齐尔考特报告发布之前，许多英国民众就对英国的其他军事参与，特别是在中东地区的军事行动，提出了质疑。公众情绪转变的结局之一，便是英国拒绝参与

① Sir John Chilcot (chair), *The Report of the Iraq Inquiry*, 12 vols., July 2016 (HC 264), available at http://www.iraqinquiry.org.uk/the-report/.

2011 年的叙利亚战争。2013 年 8 月 30 日，尽管有证据显示，8 月 21 日阿萨德政府在大马士革郊区使用化学武器，越过了美国划定的“红线”，下议院依然以 285 票对 272 票反对英国针对叙利亚政府和武装分子采取军事行动。然而，仅仅两年多的时间过去，下议院又以 174 票的多数批准英国出动空军，打击叙利亚“伊斯兰国”部队。相比 2013 年，这一次英国对拟议的军事行动有了更为清晰的目标。

美国和英国在建立二战后国际秩序方面发挥了关键作用，但也对伊拉克战争负有主要责任。2016 年，这两个历史悠久的英语民主国家，又给自己和整个世界制造了麻烦。英国脱欧公投不仅扭转了英国历届政府的欧洲政策，而且对不同国家所组成的联盟能否持久提出了质疑，而那恰恰是大英帝国所以存在的基础。如果英国最终脱欧，那么尽管希求独立的原因不同，北爱尔兰和苏格兰可能都难以继续心甘情愿地留在一个不太团结的大英帝国里。与此同时，在美国，唐纳德·特朗普以“美国优先”为口号吸引了众多选票，这暗示着对美国长期以来国际参与模式的否定。民粹主义运动、反移民以及逆经济全球化构成了这两大转变的基础。这两个转变的主要推动力都缺乏理智基础，而当轻率的政治口号不得不转化为实际政策时，我们必将遭遇麻烦。美国和英国可能做了“坏榜样”：它们向全世界展示的，也许是如何避免应对我们所面临的真正挑战。

由于特朗普当选、英国脱欧等事件，人们倾向于带着怀旧的目光去回望过去的七十年，甚或称之为即将逝去的“自由国际秩序”时代。同那些意图用单一的短语去抓住时代特征的做法一样，这个标签本质上是有问题的，它似乎在粉饰二战后时期的许多消极方面：许多国家依然奉行专制统治；有些国家彼此对国际关系的看法截然不同，分歧从未消失；人类制造、维持了巨大的核武器库。我们无法对许多实际或潜在的战争导火索视而不见。此外，这种标签也遗漏了一个关键的事实，即某些自由主义的假设在 2016 年之前就已经遇到了麻烦。西方对越南、阿富汗、伊拉克和利比亚的军事干预，一直未能在当地确立稳定的政治制度。所谓“自由的国际秩序”并不总是自由，而这些证据不过是冰山一角。这些失败的历史也许可以解释我们何以落得英国脱欧、特朗普当选的地步。

人们很容易就会把后冷战时期的这些不幸归咎于西方强国，责备他们发动了战争。持这种观点的人认为，1991 年苏联解体后，这些国家再无对手，渐渐狂妄自大，想当然地以为苏联解体意味着自由民主依然是人类的必由之路，而且再也无可取代。

但是我们还可以从另一个角度去看待 1989 年以来的这些不幸。在弗拉基米尔·普京的统治下，俄罗斯恢复了老式的强权政治。普京基本上拒绝了西方模式与安全体系：因为怀疑西方强国意图扩大在东欧及其他地区的影响力，他拒绝接受“西方的双重标准。”普京在一系列问题上特立独行，采取了与西方不同的路线。他特别关注格鲁吉亚和乌克兰，这两个国家有许多相同点：其国内都有少数派意图向俄罗斯寻求保护；都是前苏联的共和国；都经历过令普京不安的“颜色革命”（2003 年格鲁吉亚“玫瑰革命”；2004 年乌克兰“橙色革命”）；都希望在 2008 年 4 月布加勒斯特北约峰会前后加入北约“成员国行动计划”；随后又都面临俄罗斯的军事干预，格鲁吉亚是在 2008 年 8 月，而乌克兰则是 2014 年以降。这些战争以及 2014 年克里米亚并入俄罗斯的行动都是很有特点的。但是俄罗斯制造这些冲突的目标，以及确立这些目标的原因，对于几个世纪前的政治家们来说再熟悉不过了。那些古老、为人们所公认的战争起因，仍然驱动着 21 世纪的政治领导人和公民。

然而，无论是责备急于重建阿富汗和伊拉克的西方领导人，还是指摘干预格鲁吉亚和乌克兰的普京，将后冷战时期的国际秩序问题归咎于个人，也许只会蒙蔽我们的思维，使我们无法看到问题的本质。1989 年以来的大多数冲突，其实与二战以来的诸多冲突并没有什么不同，其根本原因只有一个：结束外国殖民统治后，新秩序的建立困难重重。

过去的七十年见证了欧洲海外殖民帝国、苏联以及随后前南斯拉夫的相继分裂。在旧秩序的废墟上建立新的政治实体困难重重，我们必须要去思考那些亘古的治国难题，并找到对策：

• 确立合法的根本秩序，其中包括个体或政党间的权力转移方式，而且必须为大众所接纳。

• 建设高效的行政机构，执行国民议会和政府决策。

• 寻找不同社会团体和民族和谐相处的共同基础，不仅包括由殖民政权引入的少数派，也包括声称拥有民族自决权的团体。

• 赋予控制国内特定地区的武装团体恰当、可行的地位。

• 解决国内及国际边界问题。

第二次世界大战结束后至今，大多数冲突和战争的核心都是由这些挑战所引发的问题，这是不言自明的。联合国官方认可的 70 支维和部队中，除一支不太清楚以外，另外 69 支都是为应对后殖民时代的挑战而建立的，联合国实施的绝大多数制裁也是出于同样的目的。北约国家所参与的战争大部分也都带有后殖民时代的特征，比如 2001 年的阿富汗战争和 2011 年的利比亚战争。2011 年以来，“阿拉伯之春”的命运进一步证明建立新秩序本身就是一项艰巨的任务。

后殖民主义冲突绝不是不可避免的：无论是非洲、美洲、亚洲还是欧洲，都有一些既往帝国内部的新兴（或复兴）政权幸免于暴力冲突或独裁统治，甚或二者俱免。但是，后殖民时期的形势无疑倾向于导致冲突和悲剧，而且事实往往也是如此。这进一步证明，各种形式的殖民统治本质上都是有问题的，不过这一点也许并不需要证明。

后殖民问题本质上是难以解决的，而且也是导致二战后许多战争（不论是内战还是国际战争）的重要原因之一，但是这一点并没有得到官方和大众的广泛认可。因为它既不符合大国的话语习惯，也不符合后殖民国家的话语体系。大国之间倾向于就国际关系导致的罪恶和灾难相互指责（有时也并非没有道理），而后殖民国家往往侧重于不结盟运动，共同反对超级大国的统治。

后殖民问题并不能完全解释后冷战时期世界所面临的困境，但是理解后殖民问题的影响至少可以帮助我们理解 1989 年以降一些战争和冲突的成因，也许还能为后冷战时期人类所面临的长期困难提供一种解决方案：

- 为什么当今世界依然冲突不断？
- 为什么大国之间总是相互对立？
- 为什么相比国家间的战争，“内战”更为常见？
- 为什么内战经常导致外部军事干涉，甚至是国际战争？
- 为什么很多外国军事干预都会陷入困境？
- 当今的世界本质上还是分裂的，但是否有可能降低战争的频率和伤亡？

内战和国际战争的原因也许是重叠的，但是内战的起因可能也有一些特别之处。至少自 1918 年以来，西方对战争的思考往往低估了内战的意义，时至今日，低估内战的重要性显然是错误的。相比之下，中国出于某些众所周知的原因，更深刻地认识到了内战相关问题的重要性及其对国际关系的影响。

五、中国与战争的起因

虽然这篇文章并非专门关于中国，但它旨在探讨中国学者、政策制定者以及广大中国公民对冲突起因的看法，既包括现在已出现的冲突，也包含将来可能出现的冲突。中国有着悠久而令人印象深刻的传统战争观。我很好奇中国人对世界战争可能起因的看法与这里列出的这些有何异同。从我有限的经验来看，中国人倾向于关注引发战争的行为意图，而没有强调整个战争或其中某些个别事件是由意外、混乱或翻译错误造成的。这里我需要解释一下，当我在牛津大学读书的时候，历史学家艾伦·约翰·珀西瓦尔·泰勒是我的老师，他曾将历史定义为“事情一件接一件发生的学科”，还有一个著名的理论：重大事件有时会有微小甚至意外的起因。虽然泰勒的很多著作已经出版了中译本，但我不能确定中国人在多大程度上接受这种偶然甚至意外的起因解释。无论如何，强调事故和误解都容易受到国际关系学者的批评，菅波英美写道：

> 在某些情况下，背景情况本身就已经很具战争倾向，因而实际上战争爆发的特定不过是众多可能形式中的一种罢了[①]。

即使中国的辩论并没有广泛反映泰勒关于偶然作用的观点，但我相信，当他们讨论“时势造英雄”还是“英雄造时势”时，会普遍认为两者都为缔造历史发挥了作用。大多数中国人都不难同意，像战争这样的重大历史事件不能简单地归结为某一特定原因，不管这一原因有多么重要。

中国崛起的基本事实简单明了：中国已成为重要经济、军事大国，具有重大的地区乃至世界影响力。正如张勇进所言，自 1949 年以来，中华人民共和国在国际关系中的角色是一个“从孤立—异化到社会化—融合的传奇”。[②] 国际长期和平无疑促成了中国的这种转变。然而，和平和发展间的联系并不简单。从 1945 年起，中国卷入了很多战争或其他武力形式，尤其是对朝鲜、印度。1979 年的中越战争是该地区最近的一场国家间战争，正值邓小平改革中国共产党的头几个月。然而，总的来说，有证据表明

---

① Hidemi Suganami, *On the Causes of War* (Oxford: Oxford University Press, 1996), p. 1. 另请参阅他的结论：战争是一种多因素现象。

② Yongjin Zhang, *China in International Society since* 1949: *Alienation and Beyond* (London: Macmillan, 1998), p. 244.

对这场战争的看法从充满争议变成了为和平而战。[①]中国已从稳定中获益，并且有志于维护它。中国在联合国，特别是联合国安理会发挥了越来越重要的作用。[②]中国现在显然证明自己是《联合国宪章》的捍卫者，并认为这同实现稳定、支持发展及解决战争起因的任务密切相关。中国政策一个显著的方面是：不同于其他以某种方式限定国家主权的设想，它强调国家主权原则。

然而我们有理由为亚洲安全，尤其是中国的国际角色感到担忧，其中很多理由由来已久，一些最近才出现。20 世纪 80 年代以来，中国经济取得了令人印象深刻的发展，这引发了公众和学界广泛的争论：中国的崛起将有益于和平，还是像过去其他某些大国崛起一样，有引发冲突和战争的风险。包括其亚洲邻国在内的很多国家都表示担心，随着其海外军事行动能力不断加强，中国可能会利用这一能力以达成军事、政治或经济的目标。

从 2003 年 12 月起，中国领导人采取了“中国和平崛起的发展道路”。“和平崛起”指的是从 20 世纪 70 年代末期到 21 世纪中期的这段时期。这一说法提出后，“和平崛起”一词一度成为党派标语。其目的是给出中国不会谋求霸权、中国的崛起不涉及战争风险的承诺和保证。从 2004 年 4 月开始，在中国官方话语中，这一词语逐渐被它的近义词“和平发展”所替代。[③]鉴于人民解放军的能力在迅速增长，“和平发展”一词似乎作为一种必要的安抚形式被频繁使用。举例来说，《2010 年中国的国防》白皮书确认中国“坚定不移地走和平发展道路”。它重复了一句熟悉的话：“不论现在还是将来，不论发展到什么程度，中国都永远不称霸，永远不搞军事扩张。”[④]2016 年，一份“国防政策”的官方纲要开始声明“中国始终奉行防御性国防政策”，接着提出了“实行积极防御”的战略。它没有重申——至少不是那句确切的话——2010 年作出的和平发展承诺。[⑤]实际上，积极防御的想法并不是新鲜事。早在 1957 年，中国的国防部长彭德

① 关于中国武力使用道义和实践的详细且反思性调查，参见 Rosemary Foot & Andrew Walter, *China, the United States and Global Order* (Cambridge: Cambridge University Press, 2011), pp. 42–61。

② Suzanne Xiao Yang, *China in UN Security Council Decision-making in Relation to Iraq: Conflicting Understanding, Competing Preferences*, 1990–2002 (Abingdon: Routledge, 2012).

③ Bonnie S. Glaser and Evan S. Medeiros, “The Changing Ecology of Foreign Policy-making in China: The Ascension and Demise of the Theory of ‘Peaceful Rise’”, *China Quarterly* 190 (June 2007): 291–310.

④《2010 年中国的国防》，中华人民共和国国务院新闻办公室，2011 年 3 月 31 日。http://www.china.org.cn/government/whitepaper/node_7114675.htm.

⑤ 据 2019 年《新时代的中国国防》白皮书，中国“坚持防御、自卫、后发制人原则，实行积极防御，坚持‘人不犯我、我不犯人，人若犯我、我必犯人’，强调遏制战争与打赢战争相统一，强调战略上防御与战役战斗上进攻相统一。”（编者注）

怀就表明，如果中国预计即将会被大规模袭击，可能允许“先行动，对地方领土发动进攻性打击”。[①]

应该如何解释这种理念的发展？在过去的10年里，中国一直倾向于将美国看作一股正在衰落的力量，并强调中国的经济和军事发展，将其作为基本权力转移的证据。在关于“中国的崛起是否是和平的”这类争论中，常常会提到古希腊历史学家修昔底德的学说。在他的杰出著作《伯罗奔尼撒战争史》中，对于那场间断持续了27年、对雅典来说是灾难性的战争的原因，修昔底德给出了自己的解释，这可能是该书最有名的一段。他列举了各种不满和争议，但是接着补充道：“我认为促使战争出现的真正原因，真正但没有被承认的原因，是雅典力量的日益壮大，以及这种力量对斯巴达造成的恐惧……”[②]引用修昔底德来证明只能被称为“格言的现实主义”的观点并不新鲜，这种传统至少可以追溯到十六七世纪的欧洲。在我们这个时代，这段话促使了现实主义的一个分支——“权力转型”理论的发展，这个理论把两个强国之间的相对能力变化视为冲突与战争的主要来源。

中国的外交政策精英已经强烈意识到了“修昔底德陷阱”——崛起与衰落的超级力量之间爆发战争的风险。

“修昔底德陷阱”的整个理念可以从几个方面进行批评。2003年，加拿大学者大卫·韦尔奇在一篇题为《为什么国际关系学家应该停止解读修昔底德》的文章中指出了这一观点的核心问题，就是修昔底德本人并不热衷于单因素解释。修昔底德关于某些事件的一些言论不知为何已经被转换成单因素的解读，并且在他那些更加狂热的现代解读者眼中，可能一直都是这种单因素的解释。韦尔奇教授指出，对此有这样的反应：

> 近年来，辨别对修昔底德的现实主义“误读”已经成为了一种“手工产业”。一些批评者明显同情现实主义，其他人则公然敌对。但是，他们都同意现实主义者普遍忽略了修昔底德某些方面的重要性，诸如激情、道德、正义、合法、虔诚、个性、修辞、规范、制度、机会等。为了平衡现代社会科学的现实主义者对修昔底德的过度结构化解读，我们现在要密切关注国内的政治结构、国民性格、

① Foot & Walter, *China, the US and Global Order*, pp. 54–55, footnote 39.

② Thucydides, *Peloponnesian War,* book 1, chap. 23, trans. Martin Hammond (Oxford: Oxford University Press, 2009), p. 13.

意识形态和个人动机。[1]

在关于“必然性与战争”的一章中，约瑟夫·奈举了一个强有力的案例反对权利交替必然引发战争的观点。他深入研究了关于伯罗奔尼撒战争、第一次世界大战以及现在美中关系背后原因的各种争议，得出了这三个案例必须要做选择的令人信服的结论。虽然前两个案例作出了灾难性的错误选择，但这些都是可选择，绝非不可避免的。基于中美关系的案例，约瑟夫·奈得出结论：

> 换句话说，与一个世纪前的英国相比，美国有更多时间处理与新兴国家的关系，而且中国也鼓励克制。太多的恐惧反而会促成矛盾发生。至于美国和中国能否很好地处理彼此的关系，那是另一个问题。总会出现人为失误和错误判断。然而，这是人类能动性和选择的问题。学者和政策制定者应该从一个世纪前的历史中学到，当心希腊人、欧洲人还有具有类推天赋的分析家，特别是如果他们持必然性观点。[2]

在关于中国崛起的辩论中，人们常常忽略一个与修昔底德陷阱截然不同的风险：中国逐渐成为重要的军事、经济大国，却不愿意行使大国应承担的职责。20 世纪二三十年代美国施行的孤立主义对国际安全造成了可怕的后果，是很有教育意义的反面模式。约瑟夫·奈根据一位美国经济学家的名字称之为“金德尔伯格陷阱”，该经济学家认为 20 世纪 30 年代的灾难是由于美国成为了世界最强大国，但却没有承担提供全球公共产品的责任。[3]

中国接受并积极支持不断进化的现有国际秩序，可能在相应程度上减轻这种风险。经过独特的深刻评估，王缉思教授指出了中国人指向接受现有国际秩序的思想和实践存在多种流派，而中国也帮助建立国际秩序，并在其中发挥了巨大作用。他还指

---

① David A. Welch, “Why International Relations Theorists Should Stop Reading Thucydides,” *Review of International Studies*, vol. 29, no. 3 (July 2003): 307–8.

② Joseph Nye, “Inevitability and War”, in Richard N. Rosecrance & Steven E. Miller (eds.), *The Next Great War? The Roots of World War I and the Risk of US–China Conflict* (Cambridge: MIT Press, 2014), p. 192.

③ Charles Kindleberger, *The World in Depression*: 1929–1939 (London: Allen Lane, 1973); and Joseph S. Nye, “The Kindleberger Trap”, posted on 9 January 2017 at https://www.project-syndicate.org/commentary/trump-china-kindleberger-trap-by-joseph-s--nye-2017-01?barrier=accessreg.

出中国希望在国际秩序的四个方面作出四点改变。

- 提高中国、其他金砖国家和发展中国家在国际体系中的地位；
- 加强中国在国际经济事务中的地位；
- 降低美国领导的亚太安全同盟及其军事安排的影响；
- 抵制西方国家煽动的“民主化浪潮”，反对其干涉别国内政，倡导民主的国际关系。①

虽然中国已经发表了一些令人印象深刻的声明，表达了愿意支持正面临日益增长的威胁的国际秩序，但这四个拟议变革的领域存在引发冲突的可能。尤其是在政策分歧背后，关于哪些规则适用，还有不同的观点，尤其是中国南海和东海卷入的领土争端。正如王缉思对前者所言：

> 近年来，中美关系由于南海争端而有些冲突，两国政府采用不同的规则。对中国来说，争议的核心是国家主权和领土完整，宣称南海的所有岛屿、岩石、岛礁、浅滩及其附近水域都属于中国，因此基本准则事关主权。对美国来说，威胁的是国际法所赋予的航行自由。中美间真正的问题是以施用何种规则为表现的战略竞争。②

包括南海在内，影响中国的领土争端可以追溯到几个世纪以前，并且是相当复杂的。③不可思议的是，中国与某些其他国家（包括美国）关于南海问题的争论，关系到17世纪荷兰律师胡果·格劳秀斯（Hugo Grotius）和与他同时代的英国人约翰·赛尔登（John Selolen）关于海洋的辩论。格劳秀斯捍卫荷兰东印度公司在亚洲水域发动战争的权利，以应对荷兰人在那里遭受的不公正，为此他提出了一个原则性的论点——所有国家的船只都享有的海洋自由；而约翰·塞尔登则认为，不论根据自然法还是国际

① Wang Jisi, “China in the International Order: A Contributor or a Challenger?”, *China International Strategy Review* 2015 (Beijing: Foreign Languages Press, 2016), p. 17.

② 王缉思，同上，第 16 页。

③ M. Taylor Fravel, *Strong Borders: Secure Nation: Cooperation and Conflict in China's Territorial Disputes* (Princeton: Princeton University Press, 2008); and Bill Hayton, *The South China Sea: The Struggle for Power in Asia* (New Haven: Yale University Press, 2014).

法，海洋和陆地一样，都可被国家统治或所有。在这个问题上，中国显然更喜欢塞尔登的学说，而美国则更多地倾向于格劳秀斯的观点。

这种原则冲突发生在涉及的利益特别高的情况下。1982年的《联合国海洋法公约》授予专属经济区开发权，这在很大程度上增加了岛屿、岩石、礁石与浅滩的财产价值。有时法律会产生激化冲突的效果，这可能就是一个例子。另外，考虑的不止是航行自由和对海域的主张，还提出了中国是否会像2013年在中国东海建立防空识别区（ADIZ）那样，在南海也建立ADIZ的问题——在东海建立的ADIZ遭到了包括澳大利亚、日本、韩国和美国等国家的反对。

中国的政策中不寻常的一方面是海岸警卫队的迅速扩张，据报道现在是世界上规模最大的海岸警卫队。它不仅用于执法，还是支持中国主权主张的工具。兰德公司的莱尔·莫里斯曾提出，由于海岸警卫维护领土主张的这种用途有危害，他主张在该区域开展信任建立措施。他提出了一种可能的模式，就是2000年在美国倡议下建立的北太平洋地区海岸警备论坛——将加拿大、中国、日本、俄罗斯、韩国和美国的海岸警卫队聚集在一起举行年度会议等。他建议“在东南亚和中国的海岸警卫队中”建立类似的区域论坛。①

在南海长期的领土争端中，中国的立场被有些国家认为缺乏灵活性。从2016年7月之后，中国和菲律宾建立了针对南海的双边磋商机制。②这表明中国在这类纠纷上偏好双边协商。但是，中国仍然愿意做出一些支持多边主义的姿态，包括东盟（ASEAN）国家与中国的外交部长于2017年8月6号在马尼拉签署的“南海行为准则”框架，这是一份不具约束力的协定。③尽管取得了这样的进展，但利益和理论方面的强烈冲突都不太可能消失，并且会引发对可能出现的武装冲突的严重担忧。

可以认为南海和东海的领土争端涉及一个更大的问题，一个包括荷兰、法国和英国在内的许多势力在过去面对过的问题：在一个国家经济快速发展的时候，它是应该通过征服和控制国际公认的国家范围之外的领土来获得原材料，还是应该从国际市场

① Lyle J. Morris, “Blunt Defenders of Sovereignty: The Rise of Coast Guards in East and Southeast Asia,” *Naval War College Review* (Newport, Rhode Island), vol. 70, no. 2 (Spring 2017): 104.

② “China, Philippines confirm twice-yearly bilateral consultation mechanism on South China Sea,” Beijing, Xinhuanet (19 May 2017).

③ 一篇重要的评论，请参阅 Ian Storey, “Anatomy of the Code of Conduct Framework for the South China Sea,” posted 24 August 2017 at http://maritimeawarenessproject.org/2017/08/24/anatomy-of-the-code-of-conduct-framework-for-the-south-china-sea/。

上获得资源？这样的国家还面临另一个选择，是要促进多边基础的区域稳定，还是寻求独家势力范围。

在亚洲，最有可能引起大规模战争的导火索就是存在已久的朝鲜半岛问题，这也反应了制定多边外交政策响应的意义和困难。朝鲜的核武器计划，蓄意挑衅的导弹试验，实际和潜在可能的移民等是许多国家密切关注的问题，这些都可以对中国产生直接或间接的影响。在本文列出的三十三个战争原因中，朝鲜半岛可能会因为其中的某几个而发生新的战争。朝鲜的这一事件有两个典型特征，这与其他拥有核武器的国家没有直接的相似之处。第一，金正恩和唐纳德·特朗普所使用的言辞都极具攻击性；第二，导弹试验也非常具有威胁性和攻击性，二者都明显在试图威吓对方。朝鲜政府似乎有潜在的遏制目的——即意图削弱美国与其亚洲盟国间的关系，防止西方列强发动攻击，像结束萨达姆和卡扎菲的政权那样结束金正恩的政权。西方世界最有效的应对措施就是继续实行明确的威慑政策，抵制住参与跨国或更大规模攻击的诱惑。在这样的政策环境下，中国和美国很难进行合作，尤其在涉及美国在韩国部署先进武器的问题时。由于美国的所作所为，中国并没有在朝鲜问题上对其予以协助，尤其是在对朝鲜实行经济制裁的问题上。然而迄今为止，中国的政策被广泛认为是优柔寡断。广义上来讲，中国、韩国和美国亟需一定程度上的相互理解。①

中国作为一个强国，有 14 个陆地邻国和许多海上边界，位于非常复杂的地域，附近有许多主要国家，其中一些还与美国联盟，一系列区域问题和全球问题在所难免，因此必须要有多维外交政策。这里讨论的所有问题都涉及到了更偏向单边外交还是更偏向多边外交的选择。有许多迹象表明，中国在追求其自身利益的过程中，是不会武断拒绝多边外交框架的。在联合国维和行动中，中国扮演了重要角色，并致力于强化这一角色。②

① 一位中美关系方面的中国专家认识到了理解的必要性：贾庆国："是时候为朝鲜的最坏结果做准备了"。Jia Qingguo, "Time to Prepare for the Worst in North Korea", *posted on East Asia Forum*, 11 September 2017. http://www.eastasiaforum.org/2017/09/11/time-to-prepare-for-the-worst-in-north-korea/

② 在 2017 年 6 月 30 日，中国向联合国维和行动输送了 2515 人，比联合国安理会其他四个常任理事国的总和还要多。但是这只是所有联合国维和行动总人数（96853）中的一小部分。联合国官方数据：http://www.un.org/en/peacekeeping/contributors/2017/jun17_1.pdf。如果您想知道概观的话，可以参见 Marc Lanteigne & Miwa Hirono (eds.), *China's Evolving Approach to UN Peacekeeping* (Abingdon: Routledge, 2013)。

六、总结

（一）本文确定了 33 种战争起因。清单是主观、不完整的，类别有所重叠。

（二）无论是一般战争还是特定战争，战争起因的单一因素论都有着巨大的吸引力，但是在解释事件方面它们往往是不足的。像战争这样的巨大灾难往往有多重原因。

（三）没有统一的战争起因理论不是灾难。这有助于我们认清三个现实：人类社会的多样性，形势的独特性以及人类动机的复杂性。这与以下这个观点相一致，即尽管战争的起因总是存在的，但是它们并不总是引起战争。

（四）有大量证据支持以下观点：自 1945 年以来，国际战争的发生率和总死亡人数较以往相比有所降低。也有明显证据表明，人类社会的暴力事件长期以来普遍下降。但是这些趋势都不是一个平稳的直线，我们也不能确定这是否还会继续。此外，内战数量的上升也给我们对这些数据的乐观解释蒙上了阴影。

（五）认为冷战后国际秩序会带来和平的新时代这种想法是基于美苏对抗是导致 1945 年至 1991 年间战争发生的唯一重要原因这个未被阐明的错误假设上的。

（六）导致 1945 年以来冲突发生的一个被低估的因素就是在旧帝国、多民族国家和专制制度下建立一个新国家的固有困难。大多数当代冲突基本上都是“后殖民”的产物，也就是说，其根源在于制定合理的宪政安排和语言政策、商定内外边界、维护不同民族和宗教团体之间的和谐以及维持与邻国良好关系的困难。今天，与大国实际所做的或人们所想象的阴谋相比，这些“后殖民”问题在催化冲突方面往往占据着更为重要的作用。

（七）在中国，人们对战争起因有着相当大的兴趣，在此方面也有足够的能力采取行动。由于其过去的经历，中国长期以来都十分关注国内和国际战争。随着中国开始扩大联合国维和行动的规模，它会越来越多地面对和应对与内战有关的冲突。与此同时，人们也对中国快速发展所带来的风险感到担忧。尤其是，中国领导人一直被“修昔底德陷阱”所困扰，即新兴大国与老牌强国之间的具有破坏性的紧张关系。“金德尔伯格陷阱”是一种经常被忽视的、十分不同的危险：中国成为主要的军事大国和经济大国后，可能不愿行使大国需要承担的责任。中国面临着倾向于多边外交还是单边外交这个重要的选择。全面了解战争的起因，尤其是在诸多原因中值得被特别关注的国家间的误解，或许可以让人们认识到，中国过去一直强调和平崛起的价值及其在当下的意义。

（李梦冉译，黄舫溪校）

作者简介

亚当·罗伯茨（Adam Roberts），英国牛津大学政治和国际关系高级研究员。2009—2013年任英国不列颠学院（British Academy）院长。他毕业于牛津大学，曾任教伦敦政治经济学院，后担任牛津大学国际关系讲座教授。他曾为英国和一些外国的国会委员会、政府和非政府机构等提供专家意见。2002年，因他在国际关系研究和实践中作出的贡献而获授爵位。他在国际上最具影响的相关刊物上发表了多篇重要论文。

中华文化：遗产与未来[①]

罗多弼

自封建主义秩序崩溃以来，重新定义中国文化遗产、为现代社会定义新型中华文化，成为中国核心的关注点。本文试图探讨与这些举措密切相关的两个主题：一是了解中华文化的不同方式，二是认识中华文化在现代全球化世界中扮演的角色。

一、文化是什么？

首先谈谈文化。文化是什么，这个词是什么意思？[②]2024 年 3 月，当我们在谷歌上搜索“culture”（文化），我们获得了 58.5 亿个匹配结果，这无疑体现了这个词的高频率使用。一些可与之相比的词与对应搜索结果分别是：“society”（社会），61.8 亿次；“economy”（经济），38.3 亿次；“democracy”（民主），7.1 亿次。“文化”不仅是学术著作中最常用的词之一，也拥有不可胜数的含义。世界上有中华文化、西方文化、欧洲文化、法国文化、妇女文化、青少年文化甚至“ice cream culture”（冰激淩文化，24100 个谷歌搜索项），这些纷繁混乱的含义使一些文化专家得出结论——“文化”一词已经失去了作用。[③]

虽然不难理解“文化”一词的概念混乱让人们感到沮丧，但我并不认同应该停止使用这个词的观点。在众多的用法中，我们可以确定两个主要含义是对分析人类现状

① 作者对此文略加修改，用英文发表。参见 Torbjörn Lodén, “Chinese Culture: Legacy and the Road Ahead”, in Torbjörn Lodén (ed.), *What is China? Observations and Perspectives, Stockholm*: The Royal Swedish Academy of Letters, History and Antiquities, 2023, pp. 11–34。

② 关于文化的含义，详见 Ulf Hannerz,“When Culture is Everywhere: Reflections on a Favorite Concept”, *Ethnos* 58:1–2 (1993): 95–111。

③ 详见 Terry Eagleton, *The Idea of Culture* (Oxford: Blackwell, 2000)。

有价值的：广义的文化指的是一种集体的生活方式，狭义的文化指知识和美学成就。[①]沿用前者的广泛含义，我用“中华文化”来指代中国人过去的生活和思想，以及他们今天生活和思考的方式，例如汉语、家庭和社会的形成和作用、祖先崇拜、使用筷子的传统、历史的叙事方式等。在后者的狭义上，“中华文化”包括了几个世纪以来积累的知识和美学成果，形成的文字、绘画、雕塑、音乐等形式的丰富遗产，以及中国学者、作家、艺术家、音乐家的工作成果。

在这篇文章中，我将使用这两种含义范围内的“文化”概念，分别包括广义和狭义两部分。在问题可能引起歧义的时候，我将尽量明确表达自己对此的观点。但我还是主要侧重于讨论后者，即狭义的中华文化。

二、六个观点

我想基于六个观点展开对中华文化的论述。

（一）中华文化的历史远长于中国国家的形成。即使今天不再存在中国，中华文化仍然是世界主要的文化传统之一。当秦朝作为第一个统一的国家在公元前221年成立时，我们今天所认为的中国传统文化的核心要素已经存在了好几个世纪。汉字作为历史、文学、哲学等书写的媒介在公元前1世纪早期已经得到充分发展，而现存的考古发现甚至可以追溯到已有甲骨文存在的公元前2世纪。[②]

对于何为封建国家存在基础的这个核心问题的回答，至少可以追溯到公元前2世纪末至前1世纪初，甚至可能更早：“最高统治者——天子——君权神授”这一概念意味着统治者如果按照天命统治国家，便能长治久安，反之则会失去统治的权力。我们从封建社会时期了解到的中华文化的核心特征，例如家庭在社会中的结构、祖先崇拜、礼仪等，在先秦时期便已出现。诸子百家中的儒家、道家、法家、名家等主要学派，都出现在公元前1世纪。[③]

早在封建国家形成之前，这种文化已经成为东亚地区，即今天的中国农业社会的

① 关于文化的两个含义，详见 Ulf Hannerz, “Reflections on Varieties of Culture Speak”, *European Journal of Cultural Studies* 2–3 (1999): 393–407。

② 中国古代史优秀文集，参见 Michael Loewe & Edward L. Shaughnessy (eds.), *The Cambridge History of China: From the Origins of Civilization to 221 B.C.* (Cambridge: Cambridge University Press, 1999)。另见李学勤《走出疑古时代》（沈阳：辽宁大学出版社，1994）和李学勤《中国古代文明十讲》（上海：复旦大学出版社，2003）。

③ 见葛兆光《中国思想史》（上海：复旦大学出版社，2014）。

上层建筑。例如在南方不同区域的农业社会，在今天的四川省到北方的黄河流域，是夏、商两个国家的发源地，后来被承认为中国史上早期的“朝代”。

在古代，水利对农业至关重要，开发水利需要大量的人力物力投入。大禹治水这一古代神话是对水利意义的一种文化反映。毫无疑问，这是我们试图了解中华文化的产生时必须考虑的重要因素之一。其含义确实很难确定，而围绕这个问题所存在的争议吸引了许多学者。①

此外，我们有理由相信，与邻近游牧民族的联系对于这个农业社会的上层建筑演变至关重要——尤其是在定义中原文化与周边的“蛮夷”文化的时候。②

（二）中国的文化传统是发展了数千年的思想、文学、艺术的宝库，是人类集体记忆的重要组成部分。这种传统的内容不是一成不变的，而是处于持续的变化中并被不断地定义，其本质意义通过后人的解释逐渐产生。③当然这并不意味着所有的解释都是有效的。文本可能被误读，思想观点可能被曲解，文学和绘画作品可能被误解，但更多的是有不同的解释，即对于哲学、文学、艺术作品不同的理解方式。旁观者和转述者的背景不可避免地会影响他们对于传统的观察和解释方式，但历史显示了中国的文化遗产是如何被不同时代、不同民族、不同文化、不同社会群体的人所解释。

（三）中华文化的特征是丰富多样的。与其他主要文化传统相比，中华文化的许多表征可能会带给我们不同的印象。从全球化的角度看，中华文化的形象特征增加了世界文化的丰富性。在中华文化研究中，许多学者认为中国传统文化与西方文化之间存在着“本质区别”。在欧洲，这一想法源于“东方专制”这一概念，这一概念发轫于古希腊时期，通过孟德斯鸠（1689—1755）等人的著作，在中国引起了极大的反响。④20世纪初，马克斯·韦伯（1864—1920）提出了对中国思想与社会的分析，这一论断与欧洲传统主流观点有着本质区别，同时产生了广泛的影响。⑤当韦伯在描写中国时，他已经提出了

① 卡尔·奥古斯特·魏特佛格的“水利社会”理论，尤其关注中国。见 Karl August Wittfogel, *Oriental Despotism: a Comparative Study of Total Power* (New Haven: Yale University Press, 1957)。

② 近几十年来了解中华文化的形成已经取得了令人瞩目的进展。其中一个突出的例子是葛兆光教授在上海的研究。参见葛兆光《宅兹中国》（北京：中华书局，2011）和《中国思想史》（2014）。

③ 关于中华文化传统意义的讨论，见钱穆《中国文化史导论》（北京：生活·读书·新知三联书店，1988），余英时《中国文化史通释》（香港：牛津大学出版社，2010）。

④ 东方专制的概念，见“Oriental Despotism,” http://ieg-ego.eu/en/threads/backgrounds/european-encounters/rolando-minuti-oriental-despotism。

⑤ 关于马克斯·韦伯和他对这些问题的观点的文献相当广泛。要了解我在这里提到的问题，请参见 Max Weber, *The Religion of China: Confucianism and Taoism,* trans. Hans H. Gerth (New York: Free Press, 1968); Max Weber,

他的著名论断，即欧洲资本主义的出现与新教伦理密切相关，尤其是对法国神学家加尔文（Jean Calvin，1509—1564）观点的发扬。[①] 韦伯发现，加尔文强调的伦理需求与人类本性之间的矛盾是作为自我改进的必要条件，已经成为促使资本主义出现的一个杠杆。让韦伯与其他学者感兴趣的问题是，为什么这种演变发生在欧洲而不是其他地方，而他认为强调伦理需求与人类本性之间有一种紧张关系的新教伦理，已经给出了答案。当他转向中国和印度时，则发现了伦理的缺乏。他得出的结论是，中国的思想文化中缺乏欧洲社会固定伦理价值的超验维度。韦伯的想法在文化和社会研究方面是非常有影响力的，尤其是在中国研究中，然而他的观点也是有争议的。"中国传统文化缺乏价值取向的超验维度"这个概念是可信的吗？那伦理价值究竟应如何固定？例如，新儒家中"天道"的内涵该如何理解？我们是否对中国传统的伦理需求与人类本性之间的矛盾没有足够思考？[②] 在我看来，韦伯把中国和欧洲思想作二元对立是具有误导性的。[③] 当然，与欧洲文化相比，我们可能会发现中华文化不同的方面，但是在通常情况下，我们认为中华文化的具体特征可能也存在于欧洲传统文化中，尽管并不是处于一个中心地位，反之亦然。此外，在其他文化的不同表现和差异之下，我们往往可以看出统一的共同主题，这一点尤为重要。文化差异往往可以被理解为共同主题的变化。

（四）纯粹的中华文化是不存在的。它最初的特征就是融合而不是单一。如果我们回顾世界历史，似乎纯粹文化的概念经常出现在一个国家或者一种信仰的领导者想要专注于自己的文化来区分与其他国家或信仰的差异，并抑制跨文化交流和相互影响的情况下。毫无疑问最可怕的例子就是欧洲的纳粹主义。不幸的是，在当下的世界中，尤其在欧洲，我们发现了强调国家文化的纯粹性，摆脱"异文化威胁"影响的倾向。

The Protestant Ethic and the Spirit of Capitalism, with Other Writings on the Rise of the West, trans. Stephen Kalberg (Oxford: Oxford University Press, 2009), 和 S.N. Eisenstadt, "This-Worldly Transcendentalism and the Structuring of the World. Weber's 'Religion of China' and the Format of Chinese History and Civilization", in S.N. Eisenstadt, *Comparative Civilizations and Multiple Modernities*, Part 1 (Leiden: Brill, 2003), pp. 281–306。对韦伯思想一个很好的介绍，见 Reinhard Bendix, *Max Weber: An Intellectual Portrait* (London: Heinemann, 1960)。对于韦伯关于新教伦理和资本主义的观点的有趣分析，尚未得到国际上应有的重视，可参见 Kurt Samuelsson, *Religion and Economic Action*, (ed.) D. C. Coleman (Stockholm: Bonnier, 1961)。

① 关于加尔文，见 Bernard Cottret, *Calvin: A Biography*, trans. M. Wallace McDonald (Grand Rapids, Michigan: Eerdmans, 2000); Herman J. Selderhuis (ed.), *The Calvin Handbook* (Grand Rapids, Michigan: Eerdmans, 2009)。

② 参见 Thomas Metzger, *Escape From Predicament: Neo-Confucianism and China's Evolving Political Culture* (New York: Columbia University Press, 1977)。

③ 参见 Torbjörn Lodén, "Chinese and Western Culture: The Myth of Essential Difference", *Orientaliska Studier* 121 (2007): 61–73。

据我所知，“纯粹文化”的想法实际上是错误的。现实世界中的文化并不纯粹，在我的祖国瑞典便是这样。我国最伟大的诗人之一埃塞阿斯·泰格奈尔（1782—1846）曾经写到瑞典，认为野蛮才是本土的文化。[①] 然而，寻求文化纯粹的问题不仅是注定失败的，而且也反映了夸大文化差异的孤独心态，无视了统一的共同性，拒绝承认跨文化交流和融合内在的活力。

（五）第四个观点是关于价值观领域，第五个观点是价值判断。正如我前文所说，定义中华文化不应为划定中华民族所在的范围服务。超越文化界限能够积极地促进相互了解和激发创造力和发展。

（六）随着全球化进程的加速，中华文化在世界范围内变得越来越突出且具有影响力，同时也越来越受到与其他文化交流的影响。

三、中华传统文化是什么？

是否可以用几个词来描述中华传统文化或者现代化前中华文化的特点?

鉴于中华传统文化包含了无数的文本，如果我们用现代的分类学，可以把它归到思想、哲学、历史、文学（散文、诗歌、戏剧）等各种类别之中。 18 世纪下半叶在乾隆时期汇编的《四库全书》这一规模巨大的丛书，旨在囊括所有当时留存下来的有价值的文本，共有 8 亿多字。[②]

传统文化还包括处理家庭组织、性别角色、国家管理、祖先崇拜，食物和饮食习惯等方面的实践和仪式。

在这些中华传统文化表现的背后，我们发现汉语已经演变了四千多年。汉语是中华传统文化和现代文化的核心，反映了中华文化的演变。仔细观察其词语和用法中所传达的思想观念和方式，为理解中华文化提供了卓有成效的途径。中国语言也是中华文化演变的核心决定因素。中国独特的汉字允许不同的使用者用不同的发音方式，甚至都不需要相似，按照本尼迪克特·安德森的理论，这无疑在使用者中孕育了社会意

① “All bildning står på ofri grund till slutet, blott *barbariet var en gång fosterländskt*.”（最终所有的文化都站在不自由的土地上，只有野蛮人才是原住民。）引用来自 1868 年 4 月 5 日 Tegnér 写给庆祝瑞典学院成立五十周年的长诗 “Sång”, 见 Esaias Tegnér, “Sång den 5 april 1836” (Song April 5, 1836). *Samlade skrifter, Ny kritisk upplaga, kronologiskt ordnad*. 8. 1836-1839. http://runeberg.org/tegnersam/8/0009.html。

② 关于《四库全书》，可参见 Jeremy Norman, “The Siku Quanshu: Probably the Most Ambitious Editorial Enterprise before the Wikipedia (1773 – 1782),” *HistoryofInformation.com* (2017). http://www.historyofinformation.com/expanded.php?id=2762。

识，促使人们去构建“理想社会。”[①]此外，也存在中华文化使用其他语言而不仅是汉语的表现。定义这里涉及的边界——中华文化到什么情况下不再是中国的——这是一个微妙的问题。正如我会回到的讨论，我们有理由认为事实上没有这样的情况，一个明确的边界是不存在的。

四、现代中华文化的出现

到19世纪末20世纪初，中华文化发生了根本性的变化。在这些变化中出现的新特征与以往的文化有很大不同，我们有充分的理由将其定性为文化的革命。这是从传统的，或是前现代到现代中华文化的过渡。我们可能会想到1920年前后的五四新文化运动是一条分界线，但过渡却早已开始，直到1920年才完成。[②]这一过渡持续了一段时间，但其确切时间节点是无法定义的。这个过渡的主要目的是众所周知的：拒绝儒家思想和中华传统文化，采用白话而不是文言作为主要的语言媒介，因为文言被认为既不能传达现代观念，也不能成为主体文化人口的语言媒介。

这场从传统到现代文化转型发生的一个重要因素是中国，或者说中国政体受到了威胁。中国具有话语权的“精英”阶层意识到封建君主用天命维持统治是违逆时代潮流的。既然中华文化早于中国国家的形成，因此可视为比国家更为根本的存在，然而现在主次却出现了颠倒。早些时候，国家被认为是维护中华文明的唯一载体，但从那时起，文化的剧烈变革被认为是实现民族独立，更准确地说，是在为建立一个文艺复兴的新国家铺路。陈独秀（1879—1942）、胡适（1891—1962）、李大钊（1889—1927）和钱玄同（1887—1939）这些典型激进派和现代派认为，为了挽救中国，有必要摒弃中华文化，或者至少应学习西方。

这种紧迫威胁的背景与1840年至1842年鸦片战争和1894年至1895年中日战争中中国的失败密切相关。因此我们可以看到，借用费正清的话，在20世纪中国现代化的尝试是出于“对西方的反应”。但我们也可能找出改造传统文化、实现现代化这一尝

① Benedict Anderson, *Imagined Communities: Reflections on the Origin and Spread of Nationalism* (London: Verso, 2006).

② 关于五四新文化运动，见周策纵Tse-tsung Chow, *The May Fourth Movement: Intellectual Revolution in Modern China* (Cambridge, Mass.: Harvard University Press, 1960);舒衡哲Vera Schwarcz, *The Chinese Enlightenment: Intellectuals and the Legacy of the May Fourth Movement of 1919*. Berkeley: University of California Press, 1986);林毓生Yü-sheng Lin, *The Crisis of Chinese Consciousness: Radical Antitraditionalism in the May Fourth Era* (Madison: University of Wisconsin Press, 1979)。

试的根源。类似太平天国运动抑或先前的文化改革，都旨在于看到社会的变革。其中一些知识分子的社会或政治影响非常有限，就像龚自珍（1792—1841）的“现代”思想一样。[①] 在另一个案例中，新的想法恰恰成为政治运动的基础，如18世纪末期开始的今文经学派的复兴，在康有为（1858—1927）的带领下达到顶峰，并成为1898年戊戌变法的思想基础。[②]

封建帝制思想基础的支柱之一，就是国家应实行儒家经典中所揭示的“天道”。经典的有效性和真实性作为绝对真理并不让步于人智的质疑。天子既是世俗的皇帝，也是精神和道德上的领袖，他们代表着神圣的儒家道义。然而，至少从18世纪起，有人开始质疑经典的绝对真理和有效性。章学诚（1738—1801）就是其中一个很好的例子。他认为“六经皆史”。[③]这意味着儒家经典的真实性和有效性必须通过学术讨论来确定，而不是理所当然的。暗示人们应对经典的先验有效性进行质疑，标志着进入了不同的意识形态和信条可以公平竞争的阶段；封建帝制的结束和中华民国的建立，标志着中国作为一个现代国家的诞生。不再将儒家思想作为绝对真理，认为所有的真理和价值观都可以自由辩论，在我看来，是传统与现代中国思想的分界线。

当我们谈论一个世俗的国家时，通常指的是一个政府不对宗教采取立场，但允许其公民自由选择宗教信仰权利。在这里，我扩大这个含义，它不仅保障公民选择宗教的自由和权利，也包括选择任何哲学的信仰和精神信仰。当然，任何国家都需要以一些原则为基础，我们可以将其称为哲学思想。例如，西欧世俗国家采取民主的政府制度，这也可以说构成了一个信仰系统。联合国《世界人权宣言》所定义的人权也是大多数国家赞同的观点。因此，我这里给出这个词的意义都是基于一些基本的信仰和价值观。这样的信念，也是一种价值，是所有公民都应该自由选择自己的信仰的自由。在中国，这个过程开始于19世纪末到20世纪初期发展起来的对经典文本先验有效性的谨慎质疑，直至发展为对整个文化传统的批评。

在1911年封建帝制结束至1949年中华人民共和国成立之间，不仅中国思想，中

① 关于龚自珍，见朱维铮Zhu Weizheng, “A Gentleman’s Dream: the Idea of ‘Self-Reform’ in the Late Qing Dynasty,” trans. Chen Maiping and Torbjörn Lodén, *The Stockholm Journal of Asian Studies* vol. 5 (1994): 53–79。

② 参见 Benjamin A. Elman, *Classicism, Politics, and Kingship: the Chang-chou School of New Text Confucianism in Late Imperial China* (Berkeley: University of California Press, 1990)。

③ 关于章学诚，参见 David S. Nivison, *The Life and Thought of Chang Hsüeh-Ch’eng, 1738-1801* (Stanford: Stanford University Press, 1966) 和余英时《论戴震与章学诚：清代中期学术思想史研究》（台北：三民书局，修订第二版，2016）。

华文化整体也发生了巨大变化。[1]在语言表达方面，不仅白话文取代了文言文，更重要的是，传统的学术和文化话语分类被从日本引进的西方概念所取代。

新形式的艺术和文学，按照西方大学模式建立的现代大学，以及西方的报纸和期刊都在这时期大量产生。这是文化和智力多元化的时代，尽管对言论自由仍有很多限制：国民政府限制左派，日本侵略者不允许对日本的批评，延安共产党人要求作家和知识分子遵循党的路线，但这仍然是百花齐放的时期。

在狭义上的“文化”方面，这个时代的文化和学术催生了“现代中华文化”的概念。而在广义上的文化方面，这一时期也发生了重要的文化变革。例如，包办婚姻下，妇女不得不服从他们的丈夫甚至儿子这样的传统家长制家庭开始崩溃，可怕的缠足陋习也被废止；帝制被取而代之，转而寻求宪政的建立；工业化越来越重要，这从阶级上意味着越来越多的资本家和资产阶级开始出现。

在中国历史上，这是国家第一次被认为是“世俗”的，这是我在这里使用的一个广义的概念。原则上，国家的作用是维护公民选择宗教和哲学信仰的权利。但是，孙中山的“三民主义”作为中华民国的一种官方哲学和支柱被学校列为教育内容，甚至被列入国歌。然而，即使我们认为“三民主义”与世俗国家的概念无法共存，但与儒家思想及其经典的作用相比，中华民国的人民显然有更多选择自己信仰的自由。

关于中华传统文化，我们从帝制被取代到中华人民共和国成立期间，就可以在中国的意识形态中找到不同的观点。其中最激进的观点与五四新文化运动有关，从一开始就和一些更务实的途径共存着。认为本土传统需要全部否定的想法几乎不存在任何信徒。影响较为广泛的一派一方面认为如果不符合现代化的要求就应对儒家遗产采取批判态度，另一方面又要大量接纳西方文化。关于本土传统，排斥儒家思想与寻求更加渐进的思想、文学和艺术形式始终相辅相成。例如在文学中，古典小说和戏剧被认为属于现代化前时期最好的文学作品。关于西方文化，各种政治意识形态、不同的文学艺术流派被引入。一个非常重要的趋势是采用西方学者的方法来分析本土传统。这方面的例子就是无数中国思想哲学的产生以及这段时期所产生的文学作品，无疑在理

[1] 这一时期中华文化转型的学术文献占绝对压倒性。更详细的介绍请参见史景迁 Jonahan D. Spence, *The Search for Modern China* (New York: W.W. Norton, 1990); 费正清 John K. Fairbank (ed.), *The Cambridge History of China*. Vol 12: *Republican China 1912-1949*, Part 1 (Cambridge: Cambridge University Press, 1983); 和费正清与福伊尔沃克 John K. Fairbank & Albert Feuerwerker (eds.), *The Cambridge History of China*. Vol 13: *Republican China* 1912-1949, Part 2. (Cambridge: Cambridge University Press, 1986)。

解这些中国传统遗产方面，取得了巨大的进步。[①]

在帝国衰落之后，许多现代派人士很快得出结论，儒家思想与现代化是不相容的。但也有温和派认为，儒家思想在封建社会中被当作统治思想是一种误用，这种儒家思想是对孔子及其追随者原始真实的教导的扭曲。相反，他们发现经济技术方面的现代化提供了可以实现儒家核心价值观的手段，儒家与民主之间没有矛盾。这些想法与五四新文化运动、这种思想的支持者之间的差异，以及在1923年关于“科学与人生观”[②]的著名讨论中对中国传统更激进的评论有关。这些想法已经存在了很多年。在中华人民共和国成立后的头十年直到20世纪70年代末，它们在大陆以外地区，特别是在香港和台湾地区得以保存下来。1958年，张君劢、唐君毅、牟宗三、徐复观撰写的一则重要宣言概述了这些观点并在台湾发表。[③]70年代末中国改革开放以后，这又很快成为中国大陆的重要思想潮流。

人们可能会认为，新儒家没有明确地阐明哪些基本的儒家价值观可以通过现代化和民主化实现。这个倾向是儒家认为他们的价值观是与极端主义相对的中庸（与马克思列宁主义意识形态中矛盾和斗争是促进社会发展的动力因素这一观点相反），强调义务是实现自由的必然前提（和“西方极端自由主义”的概念相对），认为家庭是社会的基石，重视教育和学习。这些观点和价值确实是儒家思想的特征，但肯定不是全部的儒家思想。这是20世纪初反对激进分子的新儒家也意识到的。很难认为他们真的相信，如果激进分子的方式和中华文化比他们所希望的西方化更彻底，那么所有这些价值观必然会消失。对于那些反对西方化的新儒家来说，可能根本动力就在于他们认识到了过分激进的传统本身就是消极的，且会导致广泛的无归属感，甚至中华文化、中国人也不如西方文化和西方人。对于他们而言，保持与过去的连续性，让中国在降低自尊心和心理创伤方面不付出太高的代价进入现代化，是至关重要的。

拒绝本土传统的呼吁不仅使新儒家如临大敌，包括不认为自己是儒家思想的信徒

---

① 关于撰写中国思想史，参见罗多弼 Torbjörn Lodén, “Some Thoughts about Writing the History of Chinese Thought,” in Qian Suoqiao (ed.), *Cross-cultural Studies: China and the World. A Festschrift in Honor of Professor Zhang Longxi* (Leiden: Brill, 2015)。

② 参见Gad C. Isay, *The Philosophy of the View of Life in Modern Chinese Thought* (Wiesbaden: Harrassowitz Verlag, 2013)。有网络电子版: https://www.harrassowitz-verlag.de/dzo/artikel/201/004/4405_201.pdf?t=1364974220。

③ 对于本宣言的英文翻译，请参见Tsung-san Mou et al., “Manifesto For A Reappraisal of Sinology and the Reconstruction of Chinese Culture”, in William Theodore de Bary and Richard Lufrano (eds.), *Sources of Chinese Tradition*, vol. 2 (New York: Columbia University Press, 2000), pp. 550–555。

的普通人，也都开始倾向于文化保守的立场，担心过分激进是与传统的彻底割裂。其中一个重要的例子是编写《学衡》杂志的一些学者，特别是胡先骕（1894—1968）、梅光迪（1890—1945）、吴宓（1894 —1978）。但我们在这里也要提到吴宓的好朋友，历史学家陈寅恪（1890—1969），近年来引起了中国知识分子的高度关注。①

这些学者从西方的文化保守思想家中吸取灵感，对中国的学术和文学传统比激进派有更积极的看法。他们与西方学者的接触，也激发了西方学者如欧文·白璧德（Irving Babbitt，1865—1933）对中华文化的兴趣。②在他们看来，现代中国的文化必须以本土传统为基础，同时吸收国外的影响力。③

一些中国学生在19世纪后期获得了在日本和西方学习的可能性，这对中华文化的发展来说是非常重要的。④《学衡》周围的学者只是其中的一个例子。五四新文化运动的领军人物都曾在国外学习并受到思想上的巨大冲击，除了周恩来（1898—1976）、邓小平（1904—1997）等共产党未来的领导人外，还有鲁迅（1881—1936）和老舍（1899—1966）以及许多在新中国历史上留下深刻印迹的学者。

五、中国的马克思主义

中国的马克思主义从一开始就试图为现代中华文化奠定基础，为中国的革命和中国社会主义社会的转型服务。中国的马克思主义，特别是中国共产党领导人宣传的新中华文化伴随着新的正统观念与主张。这些基本思想不仅对中国来说是正确和有利的，党员的政治义务也是认同并宣传这些思想。这一特点在1942年毛泽东在延安文艺座谈会上的讲话这一背景下开始变得特别突出。

随着中国共产党执政力量的不断增强，1949年中华人民共和国成立，新意识形态的地位如同旧中国时期的儒家正统观念，占据了主导地位。国家再一次确定了基本的文化和知识真理，以及中国作为一个世俗国家的结束。执政党不是保证对意识形态、

① 余英时《陈寅恪晚年诗文释证》（台北：东大图书公司，1998）。

② 关于欧文·白璧德和中国，见段怀清《白璧德与中国文化》（北京：首都师范大学出版社，2006）。

③ 关于《学衡》派学者，包括其他一些学者，认为避免与中华文化过往产生冲突十分重要，可参见 Charlotte Furth, "Culture and Politics in Modern Chinese Conservatism," in Charlotte Furth (ed.), *The Limits of Change: Essays on Conservative Alternatives in Republican China* (Cambridge, MA: Harvard University Press, 1976), pp. 22-53。

④ 关于中国留学生，见 Y.C. Wang, *Chinese Intellectuals and the West, 1872-1949* (Chapel Hill: University of North Carolina Press, 1966)。除了这个标题所阐述的内容，这项作品还包含了日本中国学生的信息。另见 Akira Iriye (ed.), *The Chinese and the Japanese: Essays in Political and Cultural Interactions* (Princeton: Princeton University Press, 1980)。

宗教、文学艺术进行自由公开讨论的中立方，而是这些领域的最高权威。

将1949年至20世纪70年代末这段时间视为文化上完全同质化是不恰当的。这些年来确实发生了变化，多样性程度也有所不同。然而从历史的角度来看，这一时期政治上的正统观念对文化生活的管理以及对多样性的限制是比较明显的。

在此之前，我想提请大家注意这时期中华文化的两大特色。第一是功利主义：文化的首要作用是为社会主义建设服务，这是一种结束的手段，是服从于政治的。作家和艺术家不得在主流的政治正统的领域之外寻求新的见解。这可以看作政治激进主义的表现，但也反映了回归于传统的文化思考方式。在古代中国文学中，应该“传道”，现在应该促进社会主义价值观和社会主义改造。文化自治的价值观在社会主义的新中国遭到拒绝，正如在旧中国时期一样。

我想提请注意的第二个特色是中国共产党鼓励本土传统。当然有人可以对此持有异议，“文化大革命”时期便可作为对中国主要高等文化遗产盲目否定的一个例证。但是，保持不变的一个突出特点是区分文化遗产“反动”和“进步”方面的努力。毛泽东个人在这方面发挥了非常重要的作用，将传统民俗文化的许多方面定义为“进步的”，敦促作家和艺术家在自己的工作中使用传统的文学和艺术形式。在许多情况下，政党宣布文学作品或其他艺术形式的内容是反动的，但这些形式可以用来建立新的文化。在这方面我们可以想到，赵树理（1906—1970）到浩然（1932—2008）的农民作家的文学作品，还有“文化大革命”时期的样板戏，以传统京剧形式来宣传革命理想和目标。毛泽东区分传统文化进步特征的另一个例子是，他认为反动儒家与进步法家之间的斗争就像中国历史上的红线，法家是进步的，而儒家是反动的。

区分中国传统文化中“进步”和“反动”方面的尝试在本文所使用的文化的狭义和广义上都会有所体现。在“文化大革命”期间，一个著名的口号是“破四旧立四新”，其中提到了思想、文化、习俗和习惯，宗法制的家庭制度被批判的程度令人惊讶。从共产党的角度来看，家庭忠诚和父权制价值观被认为是对党忠诚和中国社会革命转型的障碍，但我们发现这仅是发生在狭义的文化领域关于进步与反动因素区别的讨论。

六、后毛泽东时代的中华文化

在改革开放现代化建设近四十年后，中国社会文化发生了巨大变化：工业化、贸易、计划生育、文化教育交流等不仅改善了中国人的生活水平，也影响了他们的行为模式和思维方式。快速的城市化进程意味着人们以史无前例的速度前进着，这不可避免地会影响到家庭的角色。与外界交流的迅速扩大，使中国从未有过如此的开放局面，继而对世界其他地区产生了极大的影响，也使中华文化在中国以外更加突出和有影响力。

事实上，从广义的文化看，假设当时的中国比以往历史上任何时候都发生了更为根本的变化是合理的。今天，中国消费者在宜家购买家具，可以买到所有知名的非中国制造商的汽车，优衣库和 H & M 的衣服。在中国境外，我们可以在世界各地找到中国餐馆。20 世纪 60 年代末，当我从瑞典北部搬到斯德哥尔摩时，斯德哥尔摩只有几家中国餐馆，而现在有二百多个。一个新的中产阶级正在快速增长，这是一个具有深远文化影响的社会经济现象。就像其他国家的中产阶级一样，中国的中产阶级喜欢消费商品和服务。他们攒钱来购买房子和汽车，喜欢在节假日去国内外旅行，希望孩子学习外语、有机会去留学。

数以百万计的中国人采取的态度和生活方式与生活在中国以外工业化地区的人们的态度极为相似，但仍有许多中国人仍然希望回归和振兴中华传统文化。许多人认为中华文化与西方文化和其他文化是不同的，甚至优于世界上某些西方文化。

在中国的主流话语体系中，中西文化二分法是处于中心地位的。在这个话语体系中，以美国为中心的“西方”的含义一般比较模糊。语言上“英语”通常代表西方。例如，罗马字母被称为“英文字母”；在填写海关表格或其他情况下，外国人不管来自哪里，都被要求填写“英文名字”。

中西文化二分法中的“中国”主要指中华传统文化（现代中华文化通常并不算作中华文化），以及它是否被当代中国人使用，是用来定义是什么使中国人与西方人不同的中华传统文化中的重点要素。关于中华文化如何与非洲、阿拉伯或印度文化有关的问题在中国话语体系中更为外围，我们可以在大多数中国人的意识中顺畅地加入中西文化二分法。

伴随着传统文化回归的是中华文化西化速度的加快，更中立和平的表达与加速的中西文化趋同是一个有趣的悖论。试图了解回归本土传统背后的动力，两个因素似乎尤为重要。首先，正如我在前文所论述的那样，一个世纪以来中华文化史上对本土遗产主要部分的激烈反对，对于许多人来说是一个痛苦的牺牲，但随着中国的经济崛起，这种牺牲似乎不再必要。其次，我们可以跟随约瑟夫·列文森晚期的步伐，并假设晚清时期存在的儒家思想是压迫性的并成为了现代化的障碍，而这种儒家文化现在已被消灭了。①

将中西文化日益增长的相似之处作为“趋同”的一个例子，指出了一个几无争议的事实：将其标注为“西化”的例子是有争议的，并欢迎进一步的分析。我们可能会问，文化变迁在多大程度上是由外部影响决定的，以及在什么程度上又由社会经济因素决定？中国的文化变迁在多大程度上取决于本土文化遗产？这些关于中国现代化的问题或笼统或具体都被讨论过，但依旧复杂且具有争议性。②在我看来，这种情况和许多搜寻单一原因来解释的情况一样具有误导性。第一，西方的影响无疑在中国近代史的演变中发挥了重要作用；第二，工业化和城镇化也为“中产阶级价值观”铺平了道路，虽然不尽相同，但于整个世界而言确实具有相似的特点；第三，中国的文化传统在塑造现代中华文化方面也起着并将持续扮演重要作用。

中国在改革开放时期的文化有一个主要特征，即官方意识形态的变化。早些时候所有的文化活动，不能说一切人类的行为，都落在了马克思列宁主义、毛泽东思想的完全覆盖之下，而改革开放后，这种现象已经不存在了。意识形态控制的领域已经缩小，除了意识形态领域之外，组成社会生活的各个方面也越来越多。意识形态的内容也发生了变化，所以我们可以说这是以前的正统思想解放的开始。

中国可能朝着成为世俗国家和开放社会的方向前进。但这个过程并不明确，特别是近年来出现了强化意识形态控制的反转趋势。

七、文化融合

就狭义上的中华文化而言，自20世纪70年代末以来的这个时期整体上都以活力和复兴为特征。经过长时间的文化隔离，人们对各种外来特别是西方文化表现出极大的胃口。这导致了西方学术、文学、电影、音乐等前所未有的传入和翻译。毫无疑问，中国的书籍爱好者认为这种“开放”是从早先的制约中解放出来的自由。

此外，中国电影和文学从未如此引起国际关注。陈凯歌（1952—）、张艺谋（1950—）、李安（1954—）、侯孝贤（1947—）、王家卫（1958—）等电影导演在世界

① 见Joseph Levenson, *Confucian China and Its Modern Fate*, 3 vols. (Berkeley: University of California Press, 1965 [1958])。我用“真正存在的儒家思想”这一观点，来理解鲁道夫·巴罗如何使用“真正存在的社会主义”(“真正存在的社会主义”或“现代社会主义”)这个术语。见Rudolf Bahro, *The Alternative in Eastern Europe* (London: Verso, 1978)。

② 见 S.N. Eisenstadt, “This-Worldly Transcendentalism and the Structuring of the World. Weber’s ‘Religion of China’ and the Format of Chinese History and Civilization”, pp. 281–306。

各地的电影界享有极大的尊重。中国文学也在全球获得了越来越多的关注和声望，其中可以以获得文学奖的中国作家，特别是获得诺贝尔文学奖的高行健（1940—）和莫言（1955—）为例。

高行健在20世纪80年代离开中国，之后一直居住在法国，是法国公民。他主要用中文写作，但偶尔也用法语写作。在某种程度上，这代表了后毛泽东时代中华文化和世界文化的一个重要特征，即不同文化的元素在作家的生活和作品中融合。例如作家奈保尔（1932—2018）在加勒比长大，文化根源在印度，但文化上却很英国；萨尔曼·鲁西迪（1947—）生于孟买，来自克什米尔一个穆斯林家庭，却在印度、巴基斯坦和英国受过教育；哈金（1956—）在中国长大受教育，但现在住在美国，用英语作为他的文学媒介。无论我们用哪个国籍标示这些作家的文化身份，都可以说他们代表了文化的融合。[①]

今天，这种融合已经不是一个罕见的例外，而是文学、电影等艺术的一个主要特征。如果我们认为文化融合本质上是文化产品而不是创造者的特征，我们便能发现融合不仅限于作者身体上往返于不同文化之间，例如高行建、奈保尔、萨尔曼·鲁西迪或是哈金。例如日本作家大江健三郎（1935—2023），他在日本度过了大部分时间，只写日文，但当他熟悉了拉伯雷（1494—1553）的著作后，便了解了描写自己家乡的关键。[②] 同样的道理，中国当代主要作家的作品也体现在不同程度上的融合。以莫言为例，他的叙事风格明显植根于山东故事的叙述，但他也受到加西亚·马尔克斯（1927—2014）的魔幻现实主义的影响。

显然，文化融合往往丰富了具有文化创意的作品。因此，人们认为这必将受到欢迎和鼓励。但令人惊讶的是，一些评论家和学者对鼓励融合的兴趣似乎并不比试图界定中国文学的界限高：是否可以被认为是中国人的文学作品？是不是文学只要是用中文写的，作者是不是中国人并不重要？对于这些问题的兴趣可能反映了对中国的关注和中国在世界上的地位，而不是文学的地位。这种对中国的关注反映在文献中，被已故的夏志清视为一种有害的“中国狂热”，从历史的角度来看，这是可以理解的，这与

① “文化融合”是一种高度重视意识形态的观念。在这里，我将它简单地用于指来自不同文化传统的元素。关于这个概念，可参见Marwan Krady, *Hybridity: Or the Cultural Logic of Globalization* (Philadelphia: Temple University Press, 2005); Jan Nederveen Pieterse, *Globalization and Culture: Global Mélange* (Oxford: Rowman & Littlefield, 2004)。

② 详见《大江健三郎口述自传》“Kenzaburo Oe – Biographical” (1994), http://www.nobelprize.org/nobel_prizes/literature/laureates/1994/oe-bio.html。

寻求国际认可密切相关，这也是中国当代文化和文学场景的突出特征。①作为一个瑞典人，我经常认为中国对诺贝尔文学奖的执着有些强烈，可能是有害的。我们可能会理解，人们认为中国文学如此丰富，理应得到更多国际上的认可。但是，如果对认可的追求变得太过分，那么模仿就优先于原创性和创造性，从而扼杀了自我。

八、寻根和国家研究

开放世界，引进国外的思想、文学、电影、音乐等流派确实是过去几十年来的一大文化潮流。但在同一时期，也有回归本土文化传统的学者、作家和艺术家。至少在一开始，这是经历了几十年的严格约束和拒绝本土遗产后迎来的解放。

但是，如果对西方文化有兴趣，如果你愿意的话，西方化也是这个时期的一个主要趋势，也有一种趋势，就像早些时候认为是被曲解的本土传统一样，逐渐回归和恢复。在文学领域，出现了 20 世纪 80 年代以“寻根”为特征的作品。一些可以说是代表这个趋势的中国著名作家，如阿城、韩少功、郑义、贾平凹、王安忆、李锐和莫言。对于这些作家来说，中国传统的追求与其对非中国文学的兴趣密切相关。换句话说，转向本土中国传统与接纳西方文化并不矛盾，在这种情况下经常不是单一现象，且主要集中在非儒家传统。

从后毛泽东时代的一开始，许多人也重拾对儒家思想和其他中国古代思想学术的流行兴趣。这种趋势越来越大，逐渐将对中国传统文化的兴趣从哲学、文学、艺术转移到学术流派，成为一个主要的文化潮流。国学研究席卷全国。②当中国政府决定投资对外汉语时，他们呼吁这些机构能履行“孔子学院”的职能。

这个受到政党和国家领导鼓励的回归本土传统的趋势，反映出对中华文化的新自豪感，滋养了中国经济的快速增长和现代化建设。这一趋势对于学者们在中华传统文化的各个方面发表的许多有价值的作品发挥了积极作用，尤其是早期没有被标明作者、更不用说出版的作品。这种趋势的践行者都是开放的，结合了他们对中华传统文化与非中华文化的兴趣。不仅通过几个常见且充满意识形态的表达方式强调“中华文

① 关于夏志清“中国狂热”的概念，见 C.T. Hsia, “Obsession with China: The Moral Burden of Modern Chinese Literature,” in C.T. Hsia, *A History of Modern Chinese Fiction*, 3 ed. (Bloomington: Indiana University Press, 1999), pp. 533–554。

② 关于“国学”，详见 Wang Xiaolin “National studies in China and Japan”, in *International Communication of Chinese Studies* 3:3, 2016：413–42。

化的特殊性”逐渐变得越来越普遍，而且还要在各方面突出中华文化的优越性。[①]

越来越强调“中华文化的特色”，往往强调中西文化本质上不同，然而淡化中西传统的多样性，这似乎是具有误导性的。正如我们看到的，本质差异的想法在欧洲有悠久的历史，并且经常与欧洲文化在某种程度上优于中华文化的概念相联系。在中国的马克思主义中，中国历史发展的概念与西方国家截然不同，长期以来被谴责为事实上的错误和意识形态的异端邪教。这些态度植根于意识形态而不是互相理解。今天的本质区别的概念往往与中华文化在某种程度上优越的观念有关。这种文化民族主义的味道，在历史观上可能是可以理解的，但依旧令人遗憾。

九、结论

在文化史方面，中国可与整个欧洲相比，而不是欧洲的个别国家。中华文化的根源可以追溯到今天中国的不同地理位置，从一开始，多样性就是中华文化的特征。在中国悠久的封建社会历史中，内部地区、种族和社会差异加强了这种多样性，与邻国的交流持续不断地丰富着多样性。历史上的统治者看到了在威胁中国政治凝聚力的离心力方面的文化多样性。文化多样性与统治者关注统一这一矛盾，就像中国历史上的红线。

这也是中国和欧洲之间的一个重要区别。在中国，自秦朝以来，维护一个统一的帝国，实现“普天之下”的统一，被认为是理所当然且重要的。而在欧洲，当罗马帝国垮台之后，除了希特勒对他第三帝国的疯狂梦想，从未有过认真尝试建立一个欧洲帝国，并维持一个由欧洲文化统治的完整国家的尝试。中世纪的欧洲包括了众多的公国，这些都是一个更大的文化社区的一部分，在宗教上团结一致，教皇是最高的精神领袖，这一切都被认为是自然的。复杂的历史进程逐渐导致这个封建的中世纪秩序走向结束，并被由几个独立和主权国家组成的国际秩序所取代。正如我们所知，这个新秩序最终出现在 1648 年，并在标志三十年战争结束的《威斯特伐利亚和约》诞生时达到顶峰，国家主权是这一新秩序的基本价值和特征。此后，世界在国家时代中形成了。今天或许有人会质疑当这个历史时代结束时是否会被某种全球秩序所取代。

中国和欧洲历史差异的一个重要方面是，虽然多样性一直是中国和欧洲历史的一

① 关于“中国特色”，详见 Fredrik Fällman, “China with Chinese characteristics?” in Torbjörn Lodén (ed.), *What is China? Observations and Perspectives*, Stockholm: The Royal Swedish Academy of Letters, History and Antiquities, 2023, pp. 167–187。

个特征，但这个想法在中国已经有了比在欧洲更多的负面声音，包括导致分散、混乱等，而在欧洲，这往往意味着丰富和活力。

总而言之，过去一个世纪中华文化发生了巨大变化。在封建帝制崩溃之后，文化遗产经历了彻底的重新评估。有影响力的改革家和革命家拒绝了这一遗产，并转向西方文化来“拯救中国”以免受外国势力的威胁。随之而来的文化变革是革命性的。1911 年至 1949 年间是政治动荡和社会问题丛生的时期，也是代表知识和艺术创造力的时期。1949—1976 年，强大的新中央政府力图增强中国的主权，建设强大的现代社会主义国家。文化上，新的国家再次规定了文化和学术工作的指导思想——马克思列宁主义、毛泽东思想。

从 20 世纪 70 年代末开始，中华文化进一步呈现出在学术、电影、文学、音乐等领域的创造力和多元化。文化复兴背后的一个重要原因是中央给予学者、作家、艺术家等更宽松的环境和更多的自由。展望未来，中华文化可能往不同的方向发展。尽管全球化和中国现代化建立了持续演进的框架，未来仍无法预判。总而言之，我想指出未来可能作为中华文化发展道路的两个重要选择。

第一个选择涉及政府在文化发展中的角色。政府应否规定“好文化”？是否定义正统思想，为学者、作家、艺术家等提供工作的基本价值观和任务？还是应该用权力来维护和保障自由和不受限制地运用创造力和表达力？

第二个选择涉及未来本土和非本土文化传统对中华文化的作用。我坚信中国和中华文化在继续走向世界的道路上将受益匪浅，促进跨文化交流，吸收国外的影响力，就像世界其他地区的文化，开放的中国将有更多交流的机会。

全球化的强大力量使世界各地的人们比以往任何时候都更加频繁地跨文化、跨国界地接触。这当中并不是没有问题的。我们可以看到全球化如何反映了财富和权力的不平等分配，以及如何引起文化间的冲突。我们可以将塞缪尔·亨廷顿的文明冲突论看作冷战后时代的特征，并担心这个概念可能会成为一个自我实现的预言。[①]但是很难否认今天世界上的许多冲突是关于文化或文明的。这使我们如何选择看待各种文化传统显得尤为重要。

关于中西文化，我们应坚定地认为，这两个悠久的传统并不一定相互矛盾，而是有相互充实和丰富世界文化的潜力。帮助我们的子孙后代实现这一愿景，而不是让

① 参见 Samuel P. Huntington, *The Clash of Civilizations and Remaking of World Order* (New York: Simon and Schuster, 2011)。

存在的文化差异加剧紧张局势和冲突，是我们的责任。重要的是要认识到，在丰富的多样性之下，尽管表达方式不同，尊严、自由、责任、义务等基本的人类价值观都存在于两种传统中。联合国《世界人权宣言》的起草者之一，中国学者和外交官张彭春（1892—1957）始终坚持认为，这一重要文本不但应该固定在西方基督教的传统中，还可以在其他传统中被固定下来，当然他还特别指出要把它作为中国传统的基础。① 这些普遍存在于不同传统中的基本价值观，为孔汉思教授和其他人为制定全球化世界的全球伦理所做的努力增添了意义和信誉。② 达成全球伦理的跨文化共识，是当今世界最重要的智力和外交挑战之一。

（徐淑瑜译，刘若曦校）

作者简介

罗多弼（Torbjörn Lodén），生于1947年，瑞典著名汉学家，斯德哥尔摩大学中国文学与文化荣休教授。他是瑞典皇家人文、历史及考古学院院士，国际哲学与人文科学理事会（CIPSH）执行委员会会员。曾任瑞典驻华大使馆文化专员，斯德哥尔摩大学东方语言系主任和亚太地区研究所主任，香港城市大学和北京师范大学客座教授。著有多种书籍和论文，其中包括 *Rediscovering Confucianism*（《重新发现儒家》，英文版，2006）、*Kinas vägval*（《中国面临的选择》，瑞典文版，2012）和 *Samtalen med Konfucius*（《论语》，瑞典文版，2016）等。

① 关于张彭春，详见罗特《当孔子来到联合国》：Hans Ingvar Roth, *När Konfucius kom till FN* (*When Confucius came to the UN*) (Stockholm: Dialogos, 2016)。

② 关于孔汉思及全球伦理工作，见 Global Ethic Foundation: http://www.weltethos.org/。

多种学术语境下的“深度对话”

邓小南

进入21世纪以来，产生自不同背景的学术观念，日益频繁地在同一平台上进行对话，学者们有了更多相互交流的机会。正是在这种情形之下，深度对话的意义愈益凸显出来。

所谓“深度对话”，重要前提之一在于对彼此学术语境的关注、追溯与了解。只有在这一基础上，不同文化之间、不同学科之间、不同时代学者之间的“对话”才有可能切实有益，而且真正促进深入理解。

一、“对话”与“相知”

在中外历史上，早期的知识、哲理往往是通过对话得以深化、得以传布的。无论是孔子与学生对话的记录《论语》、屈原对问体的《卜居》《渔父》，还是柏拉图对话录之《斐多》《理想国》，都凝聚着那一时代的精神菁华。直至12世纪，南宋理学家的代表人物朱熹，也留下了语录体的《朱子语类》，与他的著述文字一起，成为重要的经典。从古至今，对话答问体著述都是阐释意旨、传布思想的重要方式。

我们翻阅唐宋文集时，会注意到一个有意思的现象：讲到相互交谈，唐人作品中常会径称为“话”，像孟浩然《过故人庄》说：“开轩面场圃，把酒话桑麻”；白居易《喜陈兄至》表示：“勿轻一盏酒，可以话平生。”[①]“对谈”“对话”之类表述，则相对少见。元稹《答姨兄胡灵之见寄五十韵》称：“对谈衣趔趄，送客步盈盈。”刘长卿诗作《题冤句宋少府厅留别》中，有“对话堪息机，披文欲忘味”之说。“对话”一词，宋代之后开始比较频繁地出现，其中不少见于诗词篇什或往来信函。两宋之交郑刚中《与凌

① 苏轼的七言绝句《别南北山诸道人》有“衰发只今无可白，故应相对话来生”的说法，亦是类似用法。

季文》书札，说："比得书来，辞意委曲，恍若半夜长廊，纸窗孤灯对话之时也"；南宋后期王同祖《与月船周君话别》，称"明日须知子远行，一灯对话过三更"。而当时人笔下、口中的"对话"，大多是相知者的深谈。

《伊洛渊源录》卷五引《吕氏家塾记》，称北宋中期的大儒邵雍：

> 尝自言："若至大病，自不能支；其遇小疾，得有客对话，不自觉疾之去体也。"学者来，从之问经义，精深浩博，应对不穷，思致幽远，妙极道数。间与相知之深者，开口论天下事，虽久存心世务者，不能及也。①

短短数语，让我们感觉到"对话"与"相知"的融通。深度对话不仅是"深相知"者的交往方式，也是"相知之深"的重要原因。

如今所说的"对话"，在相对交谈的层面上，延续着原有的含义；不同的是，使用面更宽，具备了更为丰富深刻的内涵。就对话者而言，不再局限于友朋之间；就适用范围而言，也不再局限于小圈子内的款款叙谈。目前习见的沟通交流、信息传布，许多都是通过不同方式的对话进行。与此同时，不容忽视的现象是，在今天的文化环境中，短平快的对话方式日趋盛行，语言的使用及内涵的准确都不再讲究；这在某种程度上，也影响到学术叙述与论证的表达。之所以需要讨论日用而不知的"对话"方式，也是基于浅表式对话带来的隐忧。

"相知"可能是对话的前提；对话也是"相知"的途径，是理解对方、传布知识、碰撞思想的重要形式和载体。从延展的意义上说，对话不仅指时人的当面交谈，也包括研究者通过文献材料、物质遗存与前人的"对话"，包括历史学家与历史事实的"对话"。如英国史学家卡尔所说："历史是历史学家与历史事实之间连续不断的、互为作用的过程，是现在与过去之间永无休止的对话。"②对于对话方式的关注，事实上也是对于学术进程的关注。

二、"词汇"与"概念"

《周易·乾·文言》曰："修辞立其诚，所以居业也。"遣词行文中，词语的诚意，

① （宋）朱熹《伊洛渊源录》卷五，戴扬本点校，见朱杰人、尹佐之、刘永翔主编《朱子全书》（合肥：安徽教育出版社，2002），第12册，第990页。

② E. H. 卡尔著，陈恒译，《历史是什么?》（北京：商务印书馆，2007），第115页。

关系到事业保障、守而勿失。意念的表达从言语开始，对话首先借助于词汇。著名社会学家费孝通先生在其《乡土中国》中，明确地指出，概念“是我们认识事物的工具”[①]，而“概念必然是用词来表现的”；在人的生活与时间的关联中，“词是最主要的桥梁”[②]。费先生多年之前的说法，不仅适用于“乡土中国”，适用于“生活与时间的关联”，事实上也适用于多方面的文化交流。

从这样一个思路出发，我们可以说，词汇是表达概念的语言形式，词汇与概念是文化交流的基础与出发点，承载着文化的差异和沟通的可能。词汇形成于特定语境下，不同时代、不同民族可能有不同的逻辑思维方式、话语体系和用词习惯；不同语言间的翻译，不仅是语言的转换工作，更是异质文化间的交流活动。

在与海外朋友交谈的过程中，我们经常会感觉到不同文化背景对于语汇概念丰富度的影响。当我们在日常闲谈中提及诸如伯父舅父、姑母姨母等亲属关系时，往往意识到汉语世界与英语世界中有关家族结构与概念复杂程度的差异。当我们在学术研究中讨论“问题”时，也难免遇到解释中的纷扰：“问题”是指“疑难”“困惑”“麻烦”“错误”，还是指“题目”、“议题”或“关键”？这种笼而统之、分殊不明的状况，和西方语境中对于“question”“problem”“trouble”“mistake”与“topic”“issue”“point”等词语的细致区分，迥然有别；这正体现出，在我们传统的思维方式中，对于这样一组相关范畴的分际和认识并非周密充分。

词汇与概念的翻译总是面临选择，不同词汇的使用，体现着对于概念理解的不同。一方面关系到概念引进（或转引）的路径，另一方面也反映出文化理解的差异和不断深化的过程。季羡林先生曾经通过“Buddha”译作“浮屠”、“佛陀”与“佛”的不同，探求佛教进入中国的路径及其接受史。有关“中国”概念的翻译，则引发出更多的纷纭。20 世纪 80 年代，美国加州大学学者组织的一次研讨会，讨论 10 至 14 世纪“中国”面临的挑战与回应，形成了一部论文集，[③]副标题中“the Middle Kingdom”正是对于“中国”一词的习惯性翻译。2008 年，哈佛大学包弼德（Peter Bol）教授在其“Geography and Culture: The Middle-Period Discourse on the Zhong Guo—the Central

① 费孝通《重刊序言》，见《乡土中国》（上海：上海人民出版社，2013），第 4 页。

② 在《乡土中国》的英文版本中，这句话被译作“This connection rests upon the ability to use words”，意思十分明确。见《乡土中国》，第 19 页。

③ 即Morris Rossabi (ed.), *China Among Equals: The Middle Kingdom and Its Neighbors,10th–14th Centuries* (Berkeley: University of California Press, 1983)。

Country”[1]一文中，基于中叶史阶段（middle period）[2]对于“中国”的认识，对这一翻译方式提出了质疑，将“中国”翻译为“the Central Country”。两种不同译法，明显反映出译者的不同理解。

值得顺便提及的是，即便是同操汉语的学者，也对何谓“中国”有不同的体认。在 2016 年 11 月北京大学人文社会科学研究院组织的题为“最中国”的对话中，中国社会科学院考古研究所的何努、许宏研究员，对于陶寺遗址为“最初中国”抑或二里头遗址为“最早中国”，有开放的辩论；认识差距主要涉及“中国”概念的最初缘起和演化，涉及如今对于早期中国的理解。这也就使我们联想到，葛兆光教授《宅兹中国》一书，其副标题为“重建有关‘中国’的历史论述”；许倬云先生的大著《说中国：一个不断变化的复杂共同体》亦意在说明，诸如“华夏”“中国”这类概念，是在历史与文化进程中演变的。

类似的例子还有许多。讲中国古代史，经常用到“帝国”一词，但对于何谓“帝国”，显然存在不同的联想。近些年来国学大热，何谓“国学”，却是言人人殊。又如“封建”“专制”等，讨论一时搁置，理解仍然不同。

学术词汇的选择、概念范畴的理解，适用于特定学术语境，往往没有绝对的正确与谬误；但这并不意味着混沌杂陈、无是无非，也不应该导致甄别与评判的缺席。我们不能满足于自说自话。通过有针对性的对话，可以厘清某些概念，至少可能认清彼此执持的观点与意念，便于寻求讨论的共同基础，梳理困惑的缘由。

三、“语境”与“深度对话”

尽管受到各种后现代思潮的影响，总体上看，历史学者还是试图追寻逝去的真相。广泛阅读与文本细读，一直是人文学科训练学生时所强调的。阅读——读书、读画、读作品、读作家，是后来人与书写者、绘画者“对话”的方式，也是我们得以进入特定语境的方式。侧重于“史”——诸如历史学、文学史、艺术史、哲学史——的学者更是如此。

就个人的浅薄了解而言，会感觉文学史、艺术史、哲学史家的阅读方式，重在作家作品，擅长将特定作家的特定作品“拉”出来，细致研读；对于周围世界的理解，

① 黄应贵主编《空间与文化场域：空间之意象、实践与社会的生产》（台北：汉学研究中心，2009），第 61—106 页。

② 大体上指中国 8 至 16 世纪的历史时期。

旨在加深对于该作家该作品的认识。历史学者则不很相同，惯常于将不同类型的材料“推”回到特定历史现场，希望能够拼接组合出一幅“全貌”式的图景。无论涉及某一地域，或者针对某类问题，都是如此。专业特质的不同、分析术语的差异，会让来自多学科的学者彼此有新鲜感、刺激感；相关积累的丰厚，旨趣道术的相近，也使大家得以发展出深度对话的可能。

在研究实践中我们经常感到，即便同属汉语世界的学人，与古人、与前辈、与其他专业的同侪对话，仍然会有言语上的隔膜以及理解上的参差。同一篇文章，同样的材料，不同的读者会体悟出不同的内容；即便就同一读者来说，不同的阶段或心境中也会读出不同的意涵。今人与古人、与朋辈甚至与自身，都需要放下身段，不断追问，往复对话。引导其间的问题意识和反思精神，正是对话深入的前提。

今天中外学者之间的对话，通常认为是在“全球化”的背景下进行，有着统一的平台；事实上，种种制约因素会使这平台并非坦平。能否有效对话，当然首先取决于语言能力高低；但即便语言流畅，对话仍然可能存在滞碍。对话者经历的背景脉络或许相当不同，需要深入了解彼此所处的具体阶段，以及相应的词汇、语言、思想、情感的复杂状态。

曾经有海外汉学家提问：本土的语言和概念能够被转译为另一种文化吗？这种转译方法能够使其在另一种文化环境里被理解甚至实践，而同时保持它的本土性吗？也就是说，他们被翻译之后能否保持其原始质感和意义？①

罗柏松教授在其学术报告《回光偏向：西方对〈道德经〉的挪用及翻译过程中所表现出来的文化交流与多重误解》中，也表现出相应的警惕与关注。②

2003 年，研究中国思想史的美国学者田浩（Hoyt Tillman）主编的《宋代思想史论》一书被译成中文。翻译者之一杨立华教授就此撰写了《在母语的防线上》一文，围绕文化主体性，提出了他对于“真正的内在理路”略显沉重的一些思考：

> 对于汉语言说者而言，我们与汉语传统的关联绝非任何表象的结果。汉语构成了我们被抛的境遇，作为它的回声，我们总是在一种最鲜活的直接性中关联着

① 胜雅律（Harro von Senger）《谋略：关于在中西方文化交流语境下翻译本土词汇及其概念的理解问题》，见常向群主编《中国比较研究》第 1 辑（伦敦：全球中国出版社，2016），第 69 页。

② James Robson, “Distorted Reflections: Cultural Exchange and Mutual-Misunderstanding in the Western Appropriations and Translations of the *Daodejing*”，2016 年 12 月 18 日，北京大学人文社会科学研究院“文研讲座”。

它。……从真正的内在立场看，我们对汉语文化的注目根于内心深处不容或已的冲动。这冲动超越了所有的计度和衡量，也超越了所有的价值考虑。……要求仅仅以阅读中国为目标的外国人对我们的文化有切肤之痛，显然有苛求之嫌。在这里，批评的目的不是要改变对方，而是要唤起我们自己的警觉。[①]

针对这番议论，田浩教授在《我的思想史研究》一文中有直截了当的反应：

老外有一个好处，可以从外面的角度来看一个传统。一个在传统中长大的人，研究这个传统，很容易觉得这样子的演变、发展是自然的，不必解释。……从外面看，可以看出一些新的立场或是问题。好像这样子发展并没有什么道理，是需要解释的，这样就把传统里面的一些发展或是演变问题化了。这是外部立场的一个好处。[②]

2016 年，《哈佛中国史》（*History of Imperial China*）中文版面世，在该书总序中，主编卜正民教授深情回忆起多年前他与朱维铮教授的一番对话。针对卜教授提出的困惑“既然我不是中国人，那当一名中国历史学家到底有什么意义?”“到底怎样我才能像理解自己的母文化那般，更真切地理解中国呢?”朱老师回答说：

你想象中国是一个仅有一扇窗户的房间。我坐在房间里面，屋里的一切都在我目光之中。而你在房间外头，只能透过窗户看见屋里的景象。我可以告诉你屋内的每一个细节，但无法告诉你房间所处的位置。这一点只有你才能告诉我。这就是为什么中国历史研究需要外国学者。

卜教授继而说：

他（按指朱老师）相信，我们的确能带来什么，而且我们拥有一种中国人无法依靠自身开辟出的观察视角，因为我们对中国的观察受世界其它地方的政治、

① 杨立华《在母语的防线上》，《二十一世纪（网络版）》，2005 年第 87 期。

② 田浩《我的思想史研究》，《中国思想史研究通讯》，2004 年第 3 辑。

社会、文化生活经验影响，而这些经验是中国人所没有的。[①]

“内在理路”与“外部立场”、“屋里的景象”与“外部的窗户”无疑体现出认识中国古代思想史的出发点不同，必然有其观察视角与面向的差异；但与此同时，来自不同角度的思考，也有效地丰富着学界的整体认识。立足点差异带来的认识差异，无疑是我们面对“整体”时无可回避的要素，这正是我们主动寻求“对话”的原因。在内者要警惕习焉不察造成的局限，在外者要提防自身文化背景带来的潜在意识。通过深度对话，我们希望能够建立“共通”而非“共同”的话语，使叙事更加“立体”，更加贴近历史的现实。

有学者指出，中国与西方在社会形态上的巨大差异深刻影响了二者的发展路径和文化心理。著名汉学家、英国学术院院士罗森（Jessica Rawson）教授曾经批评说，她来中国访问期间，缺少“专业深入的交流”。这或许不是一个人的意见。从西方学者的视角来看，缺乏敏锐犀利的交锋，可能就是“另一种的不尊重”[②]。这也提醒我们，应该更加重视沟通的意义，既要直面对方，严肃质疑延伸讨论，优势互补；也要突破“待客”的心理习俗，真正通过坦诚透彻的对话登上国际学术舞台。

这些年来，伴随着经济发展的压力与期冀，一个原本使用于赛车、速滑等体育竞技项目的词语——“弯道超车”，成为加快建设速度的关键词，频频见诸媒体报端，引起了社会各界的关注。经济上如何“超车”是另一问题，但至少在文化上，“弯道超车”遇到的问题需要充分注意。

数年前，我曾经从事社会性别历史的教学与研究。当时就感觉到，中国学者与欧美史家的对话，尽管堪称友善，却非在同一层面上进行。其中原因之一或许在于，性别研究本身也是现代社会的产物；社会发展阶段不同，对于性别差异的体悟与关注重点也不同。2016 年我参与了有关全民阅读以及实体书店境况的调查，也注意到在现实生活中，社会发展状态的不同，明显影响到阅读习惯的养成和阅读方式的选择。就发展中国家和地区而言，许多方面的“启蒙”过程事实上并没有完成，“现代化”仍是全社会面临的挑战；一步跨入“后现代”，其间的文化缺环便显露出来，制约着所谓的

① 卜正民《〈哈佛中国史〉中文版总序》，见陆威仪著，王兴亮译《早期中华帝国：秦与汉》（北京：中信出版社，2016），第 15 页。

② 朱可人《除了兵马俑，中国如何向世界展示自己？——专访著名汉学家、英国学术院院士杰西卡·罗森》，《三联生活周刊》，2017 年第 26 期。

“弯道超车”。对此，参与对话者应该有充分的认识。

过去一二十年中，各类学术讲座琳琅满目；近段时间，不同类型的学术对话也是精彩纷呈。这些积累，正是“深度对话”的基础。说到“深度”，首先要求有意见的交集、交锋，交谈要有针对性，不能满足于在同一场合下各说各话、自说自话。而有效交集、交锋的前提，是对于彼此的文化背景及学术语境有所理解，有共同的学术追求。

“深度对话”要求对话各方了解彼此的学术积累与学术认识，在此起点上形成对话的平台。许多时候，观点的相左与意见的错位来自文化的差异。就宋代历史而言，国内学者痛惜其疆域的狭小、国势战力的不振，关注王朝灭亡的悲剧；而欧美学者则更多赞誉宋代的文化繁盛，关注王朝持续的原因。这背后存在着不同的心境情结与思考参照系。

对话是激活学术思想的必由路径。我们追求的“一流学科”，在多学科互动互逼的驱动下才能建设出来。不同学科、不同领域的比较研究，通常是学者认识事物的基础，是辨析事物异同关系时常用的思维方式。比较，立足于对差异的观察；而着眼于比较的对话，则需要寻求对于基本出发点与核心概念“共通”的理解，以便建立深度交流的基础。学术脉络、学术规范反映着学术意识、学术境界，有助于寻找特定领域的学术前沿。对于彼此学术脉络的了解与梳理、跨越畛域的学术规范，是深度对话的保证。这样的对话才有针对性，才有可能抓住实质问题，将研究推向深入。

“深度对话”也需要技术层面的保证，要求对话的组织者“沉下去”，下足功夫：有牵动性的核心议题，有集体性的研读考察；参与对话者有备而来而非临时凑数，议题逐渐深化而非平行散在；不仅是讲座，不仅有会议；对话方式“深耕细作”而非浅尝辄止，讨论持续跟进而非曲终人散……此外，参与共同的田野实践，融通书本材料与社会观察，也是深化对话内容的有效方式。

“深度对话”，要求同，也要存异。如葛兆光教授所说，我们所处的，是一个需要多面镜子的时代。个人观察与研究往往需要聚焦，而难以多“点”并存通亮。这就更需要往复式的对话。我们不能期待通过对话解决所有问题，但深度有效的对话会使我们开阔视野，减少误会，增进彼此理解。不同文化要互通互鉴，特色鲜明，繁荣多样，今日世界才能健康多元而丰富多彩。

作者简介

邓小南，国家级高等学校教学名师，北京大学博雅荣休教授、人文社会科学研究院原院长。曾任国务院参事室参事，中国史学会副会长，中国宋史研究会会长。曾在哈佛大学、耶鲁大学、图宾根大学、法国社会科学高等研究院、台湾大学、香港科技大学、高丽大学等学府讲学。著有《祖宗之法：北宋前期政治述略》《宋代文官选任制度诸层面》《宋代历史探求》《长路》等，并在国内外学术刊物发表论文百余篇。

孔子与美国：治国方略的道德体制

阿尔弗雷德·霍依

在这篇文章中，我探讨了孔子这位中国哲人在美国政治和诗学文化的形成方面所起的作用。首先，我论述了美国诗人艾兹拉·庞德（Ezra Pound）与中国语言的接触以及他对孔子思想的复原；其次，孔子思想也对美利坚合众国早期共和国时期的开国元勋们颇有影响。庞德以诗的形式展示了孔子对全人类的重要意义，尤其是对美国18世纪治国方略建构道德体制的重要性；这一诗的演绎既表现出现代诗以互文的方式吸取经典资源的特征，也是对历史悠久的中国传统和美国这个年轻国度之间跨文化关系的认可。最后，我将通过庞德对两国文化的结合以及他对政治权利道德基础的诗学叙述，来看当代中美两国文化间的相互关系以及21世纪孔子学院的创建。

一、艾兹拉·庞德和孔子

艾兹拉·庞德对中国的研究从一定程度上体现了“日日新”（Make It New）纲领性格言中的现代主义信条。对庞德来说，这一求新的工程无疑将在诗歌的跨文化基础领域得以实现。毕竟，诗歌是从拉丁词 poein 演变而来，而 poein 的意思便是“创造”。庞德通晓多种语言，他知道诗歌是创造和表达“新”的主要媒介。他终其一生都在实践并且证明以诗来创新。令人诧异的，或许也并不那么令人诧异的是，他最初研习的专业方向是罗曼斯语言和古典教育，而他却离开这一方向，转而到美国和欧洲之外世界其他地方去寻求新的东西。他离开欧美传统而在别的地方去求新，最终促成了他对中国传统多方面的重现。[①]

庞德出生于美国西北部的爱达荷州，在美国东海岸的宾夕法尼亚大学没有完成

① 参见 Michael North, *Novelty: A History of the New* (Chicago: University of Chicago Press, 2013)。

他的学业，又在欧洲多次逗留，他的生命之旅在探讨东西方文明传统的语言和文化之旅中得到了提升。文学研究者们都熟知，庞德通过中国诗歌来探索纷繁复杂的中国语言，由此，我想通过他的诗歌来看他如何思考儒家思想和美国政治。庞德一生对中国语言和儒家思想的迷恋，于20世纪10年代在伦敦就开始了。他首次阅读儒学经典恰巧也是他第一次接触中国诗歌。1913年，在哈佛受过教育的艺术史家、哲学家和社会学家欧内斯特·费诺罗萨（Ernest Fenollosa）的遗孀请求庞德编辑并出版她已故丈夫的手稿——《作为诗歌媒介的中国文字》（*The Chinese Written Character as a Medium for Poetry*），那时庞德已经开始阅读19世纪（1841）吉尧姆·波蒂埃（Guillaume Pauthier）用法语翻译的四部儒家经典了。这些编辑工作和儒家思想同时影响了庞德对于当代诗歌的创新理念以及他的政治生涯。从1878年开始，费诺罗萨在东京帝国大学讲授欧陆哲学和社会学，其手稿就是在此期间与日本同事森槐南（Kainan Mori）合作的成果。在森槐南的支持下，通晓日语的费诺罗萨虽然对汉语不甚了解，却也研究了中国的传统诗歌。在他书稿的行与行之间，每个中文汉字下面他都提供了相对应的英语单词，这些词之间没有任何连接词。诗人们赞扬了这位学者的观点和他对中文诗歌的英语翻译，但是汉学家们却指出了其中在语文知识方面明显的缺失。通过全面的语言学分析，汉学家乔治·亚历山大·肯尼迪称费诺罗萨的文章“是一小团的混乱。在44页的篇幅里，他抱定决心向不同的方向冲来冲去，对一些并没有冒犯他的风车发起攻击”①。费诺罗萨的书稿出版后，东西方学者们的评论锋芒所指，都从费诺罗萨的语文错误转向了庞德，指责他误读了中国的书写文字。R. 约翰·威廉斯认为“庞德和费诺罗萨完全误读了中国书写体系的本质，他们不无盲目地将注意力集中在那些次要的、更具有异域风情的元素上。庞德甚至认为中文的象形文字（和语音文字相比较而言）完全是图画式的，清澈透明，甚至无需了解中文，也可以懂得那些文字的意义”②。为了支撑其观点，威廉斯援引了张隆溪的专业见解，认为我们不能把中文看作图画式的象形文字，“因为中文字是概念的语言学符号，代表的是单词的音和意，而非事物本身的形象展现”③。然而，尽管有其语言学缺陷，庞德在其编辑作品中与中文诗歌的互

① George A. Kennedy, “Fenollosa, Pound and the Chinese Character”, *Yale Literary Magazine* 126.5 (1958): 25.

② R. John Williams, “Modernist Scandals: Ezra Pound’s Translations of ‘the’ Chinese Poem”, in Sabine Sielke and Christian Kloeckner (eds.), *Orient and Orientalism in US-American Poetry and Poetics* (Frankfurt a.M.: Peter Lang, 2009), p. 150.

③ Zhang Longxi, *Mighty Opposites: From Dichotomies to Differences in the Comparative Study of China* (Stanford: Stanford University Press, 1998), p. 44.

动，尤其是他对儒家经典的即兴阅读，成为中西方跨文化关系的一个转折点。

受费诺罗萨手稿的启发，庞德致力于一种新的翻译理念，他本人称之为“再创造”（recreation），评论家们则称之为“创造性翻译”（creative translation）或“半透明翻译”（translucences）。[①] 在1916年给艾丽斯·巴里的信中，庞德甚至吹嘘道：“人们确实无需了解一门语言。人们需要，真的只需要的，就是认得几首真正好的诗里的几百个字就够了，这对任何语言都行得通。”[②] 因此，他对中国诗歌的“再创造”，即1915年出版的被威廉斯称为“现代主义丑闻”之一的《国泰集》（*Cathay*），从跨文化交换的视角看来，却呈现出一层新的含义。这个新现代诗歌处女作的完整标题是“艾兹拉·庞德的翻译，大部分翻译自李白的古诗，翻译自已故欧内斯特·费诺罗萨的笔记以及森槐南和有贺长雄（Ariga）的解释”，在此庞德详细列举了中国、日本以及美国诗人、评论家在发起一项将几种不同语言、文化系统关联起来的新的诗歌运动方面所做的共同努力。在一定程度上，这呼应了张隆溪关于翻译中西方文化时要超越“过度重视文化差异和文化特殊性”或者“种族中心主义偏见”的观点。[③] 引用多个诗人和评论家的观点，玛丽·奇德尔提出庞德“对中国诗歌奇特的理解方式……使他能够明晰诗歌的精髓，虽然这与他有限的汉学训练不相称”[④]。T. S. 艾略特把庞德看作“为我们这个时代创造中国诗歌的人”[⑤]。西方作家对亚洲文学截然不同的创作方法表现出与日俱增的兴趣，庞德向中国诗歌的转向便是其中一部分，并且为意象派运动和现代主义诗歌增加了重要的内容。

庞德对儒家经典的阅读与他的翻译理念对他向中国的诗学转向有着同等重要的作用。庞德阅读的并不是20世纪10年代在伦敦就可以找到的理雅各（James Legge）的英文译本，而是波蒂埃（Pauthier）的法文译本。他着迷于中华文明悠久传统所提炼而出的儒家思想，这体现了一种政治和文化上的双重革命性。在中国，1912年中华民国的建立者们，在结束了中国四千年的封建王朝后，急于摆脱中国的王朝历史，其中就

① 见 Kennedy, “Fenollosa, Pound and the Chinese Character”, p. 24。

② Ezra Pound, “Pound to Iris Barry” (24 August 1916), in D. D. Paige (ed.), *The Selected Letters of Ezra Pound, 1907–1941* (New York: New Directions Publishing Co., 1950), p. 93.

③ Zhang Longxi, “Translating Cultures: China and the West,” in Karl-Heinz Pohl (ed.), *Chinese Thought in a Global Context: A Dialogue Between Chinese and Western Philosophical Approaches* (Leiden: Brill, 1999), p. 46.

④ Mary Paterson Cheadle, *Ezra Pound's Confucian Translations* (Ann Arbor: The University of Michigan Press, 1997), p. 46.

⑤ 见Achilles Fang, “Introduction” to Ezra Pound, *The Confucian Odes: The Classic Anthology Defined by Confucius* (New York: New Directions, 1959), p. xv。

包括儒家传统。同一时期，知识分子和政治家们，比如在美国或英国留过学的民国第一位总统孙中山和民国官员之一宋发祥，把西方思想中的政治和文化观点引入中国。1914 年，庞德在伦敦认识了宋发祥并安排他在《自我主义者》（*The Egoist*）杂志上发表题为《中国贫困的原因和解决办法》的文章，文章中宋表达了他“对儒家思想的抨击”[①]。与此同时，西方知识分子和作家们发现了丰富的东方哲学和知识领域。因此，庞德通过中国诗歌和文明进行创新的现代主义立场挑战了中国知识分子的反儒立场，倡导了西方对中国文化的青睐。钱兆明引用了庞德在导言中对宋的一些立场的反对意见和他的跨文化声明：“在中国取代希腊进入到众多西方人的知识生涯中时，了解一下西方思想会以一种什么样的方式渗透到东方将会很有趣。”[②]

庞德在西方经典到中国经典的文化转向方面的主导作用与他后期以“日日新”为题出版的论文集相吻合。在这些论文中，庞德重新发现了来自不同文化和时代的诗人和传统。他对过去的诗歌形式，对普罗旺斯语中行吟诗人的中世纪诗歌，以及对英语文学的各种翻译和传统英语文学尤为着迷。看上去，庞德对中国表意文字和悠久帝国传统的理解对他的这些论文也有影响。[③] 在《艾兹拉·庞德的儒学经典翻译》（*Ezra Pound's Confucian Translations*）一书中，玛丽·奇德尔追溯了这位诗人兼评论家接触中国哲学和中国语言的几个不同阶段。20 世纪 10 年代，庞德第一次阅读儒家经典时就不赞同中国知识分子对儒家的批判，之后他意识到传统文化对创新的重要作用，这使他在 20 世纪 20 年代再次对孔子表示认可，并开始尝试翻译这位哲学家的著作。据玛丽·奇德尔记载，1928 年，庞德“仅创作了一部儒家经典——《大学》，在并不熟悉中文的情况下，……他仅仅是将波蒂埃（Pauthier）的法文版《大学》（La Grande Etude）转译了一遍”[④]。但是，在 20 世纪 30 年代中期，庞德开始认真学习中文，这一方面使他写出了一系列中国诗章（《诗章》52—61），另一方面促使他之后翻译了多部中国的儒家经典。1954 年，当他出版他的《诗经》英译本（*The Classic Anthology*

① 见 Zhaoming Qian, “Against Anti-Confucianism: Ezra Pound's Encounter / Collision with a Chinese Modernist”, in Sabine Sielke and Christian Kloeckner (eds.), *Orient and Orientalism in US-American Poetry and Poetics* (Frankfurt a.M.: Peter Lang, 2009), pp. 131–132. Zhaoming Qian (ed.), *Ezra Pound and China* (Ann Arbor: University of Michigan Press, 2003)。

② Zhaoming Qian, “Against Anti-Confucianism: Ezra Pound's Encounter / Collision with a Chinese Modernist,” p. 132.

③ Ezra Pound, *Make It New* (New Haven: Yale University Press, 1935), p. 7f; Julian Symons, *Makers of the New: The Revolution in Literature*, 1912–1939 (New York: Random House, 1987).

④ Cheadle, *Ezra Pound's Confucian Translations*, p. 23.

Defined by Confucius）时，他被理查德·威尔伯（Richard Wilbur）和I. A. 理查兹（I. A. Richards）分别称赞为“我们时代的第一翻译家”和“鼎盛时期的庞德”。[①] 庞德的语言学顾问之一——哈佛汉学家方志彤，在庞德英译《诗经》的导语中声称：“如今，庞德以一名儒家诗人的身份崭露头角。”[②]20 世纪 70 年代，评论家们甚至认为庞德的这些创新对 20 世纪整体文学的发展有着重要作用。唐纳德·戴维展开说明了这一观点：

> 中国诗歌的特征正是我们这个世纪诗歌努力转变想要获取的。具体来说，20 世纪英语诗歌形式之一的意象派自由体诗（vers libre）或许（部分）是特意为中文诗歌译者而设计的，以提供其正确理解所想和所需。[③]

根据庞德“日日新”的纲领性观点，这种跨文化互动从本质上推动了 20 世纪 10 年代现代主义和意象派运动的兴起。作为他 20 世纪 30 年代回归儒学和中国传统的一部分，庞德在公元前 2 世纪商王成汤的浴缸上发现了这个现代主义信条的源头，这在他的中国诗章中有显著体现。这个信条是《诗章 53》（发表于 1940 年）的中心思想。[④]

KAO-YAO 皋陶

abundance.
Then an Empress fled with Chao Kang in her belly.
Fou-hi by virtue of wood;
Ching-nong, of fire; Hoang Ti ruled by the earth,
Chan by metal.
Tchuen was lord, as is water.
CHUN, govern
YU, cultivate,
The surface is not enough,
from Chang Ti nothing is hidden.
For years no waters came, no rain fell
for the Emperor Tching Tang
grain scarce, prices rising
so that in 1766 Tching Tang opened the copper mine (ante Christum)
made discs with square holes in their middles
and gave these to the people
wherewith they might buy grain
where there was grain
The silos were emptied
7 years of sterility
der im Baluba das Gewitter gemacht hat
Tching prayed on the mountain and

274

wrote MAKE IT NEW

on his bath tub
Day by day make it new
cut underbrush,
pile the logs
keep it growing.
Died Tching aged years an hundred,
in the 13th of his reign.
'We are up, Hia is down.'
Immoderate love of women
Immoderate love of riches,
Cared for parades and huntin'.
Chang Ti above alone rules.
Tang not stinting of praise:
Consider their sweats, the people's
If you wd/ sit calm on throne.

新日日新

夏

Hia! Hia is fallen
for offence to the spirits
For sweats of the people.
Not by your virtue
but by virtue of Tching Tang
Honour to YU, converter of waters
Honour Tching Tang
Honour to YN
seek old men and new tools

275

图1：艾兹拉·庞德的《诗章》（伦敦：Faber, 1957），第274—275页

---

① 见 Kennedy, “Fenollosa, Pound and the Chinese Character”, p. 24。

② Achilles Fang, “Introduction” to Ezra Pound, *The Confucian Odes*, p. xv.

③ Donald Davie, “On Translating Mao’s Poetry”, *The Nation* 200.26 (28 June 1965): 704.

④ Ezra Pound, *The Cantos of Ezra Pound* (London: Faber, 1957), pp. 274–275.

“新日日新”这四个汉字表达了商王成汤规定和践行的日日更新法则；庞德将其翻译为“Make It New”。庞德在两个地方发现了这个英文短语：第一，《中国通史》（Histoire générale de la Chine），作者为法国耶稣会士冯秉正（Jesuit Joseph-Anne-Marie de Moyriac de Mailla），创作于18世纪早期旅居北京期间；第二，英译的孔子的《大学》。[①] 庞德创作十篇中国诗章的目的是要再现中国历史文明，并以此衬托他在接下来的十篇诗章（《诗章62—71》）中对美国早期共和国时期政治的讨论。该讨论主要关注的是美国第二位总统——约翰·亚当斯（John Adams）的政治角色。“新日日新”这个短语成为了联系中国成汤王和美国总统亚当斯之间的纽带。庞德在《诗章53》中涉及了中国从公元前2世纪到孔子生平期间的王朝历史，所以这个美学信条也呈现了商王成汤的行为和孔子思想中的政治色彩。七年干旱之后，粮食颗粒无收，商王成汤无法通过财政措施来解决百姓饥荒。没有钱，但有国王在山上的祈雨以及他与最高神明上天保持一致的日日更新理念，人们便会恢复天地平衡。这个故事与皋陶的传奇著作相关，书中普通老百姓被赋予极大的本领：“天视自我民视，天听自我民听。”[②] 奇德尔也强调了这一政治解读，指向成汤公元前1600年推翻夏朝而建立的商朝。[③] 对该诗歌的这种解读也与庞德在20世纪30年代的政治理念相符：他在1937年的文章《迫切需要孔子》中阐述了他的反资本主义和反金融运作立场，并号召西方进行革新。[④]

---

① 见 Cheadle, *Ezra Pound's Confucian Translations*, p. 226。庞德也可能是在阅读亨利·大卫·梭罗的《瓦尔登湖》（*Walden*）时碰到包含这一短语的段落。梭罗这位超验主义作家在其作品中一共引用了九个儒家经典段落，其中之一提及“日日新”（“Make It New”）这个短语。见 Henry D. Thoreau, *Walden*. Ed. J. Lyndon Shanley (Princeton: Princeton University Press, 1971), p. 88。他没有用拉尔夫·沃尔多·爱默生（Ralph Waldo Emerson）图书馆里已有的英文译文，而是他自己转译的纪尧姆·波蒂埃的法语版儒家经典。莱曼·V. 卡迪在《〈瓦尔登湖〉中的儒家著作引语》一文中，强调了对这一短语的政治解读以及孔子的“天命”思想——若是统治者们乱用他们的权利，那么他们将会被别人取代。见 Lyman V. Cady, “Quotations from the Confucian Books in Walden”, *American Literature* 33.1 (1961): 25. 同样参见谭洪波 Hongbo Tan, “Confucius at the Walden Pond”, in Joel Myerson (ed.), *Studies in the American Renaissance* (Charlottesville: University of Virginia Press, 1993), pp. 275–303。

② 英文译文为北京大学郑春光博士翻译。该译文与詹姆斯·莱格（James Legge）的英文译文不同：“Heaven hears and sees as our people hear and see; Heaven brightly approves and displays its terrors as our people brightly approve and would awe.” 见 Max F. Mueller (ed.) *The Sacred Books of China: The Texts of Confucianism*, trans. James Legge. Vol. 5 of *The Sacred Books of the East* (Oxford: Clarendon Press of Oxford University Press, 1899), p. 56。

③ 见 Cheadle, *Ezra Pound's Confucian Translations*, p. 227。

④ Ezra Pound, “Immediate Need of Confucius,” in William Cookson (ed.), *Selected Prose 1909-1965* (London: Faber and Faber, 1973), pp. 89–94.

二、孔子和美国开国元勋

从20世纪10年代开始，儒家秩序观和统治者在其子民面前要举止得体的观点，贯穿了庞德的文学和政治生涯。20世纪20年代，他将《诗章13》献给这种人与家庭以及君主之间的和谐互动：

子曰，并在箔叶上写道：
人若自身无序，
则无法规范他人；
人若自身无序，
则无法规范其家人；
君主若自身无序，
则无法规范其臣民。①

在一个有秩序的社会中，这种不受任何财政义务束缚的男权等级规则似乎是庞德为他自己所处的时代——20世纪30年代所设想的理想场景。这些都是他基于孔子思想来阅读中华文明和美国建国史的推断。20世纪30年代发表的《诗章53》和1935年发表的论文集均以“日日新”为主题，它的革命性解读将意大利法西斯主义时期与儒家思想和早期美国共和国联系了起来。在庞德的论文“杰弗逊和/或墨索里尼”（“Jefferson and/or Mussolini”）中，这一关联是基于——据奇德尔——“儒家‘仁政’原则……对庞德来说，法西斯主义和儒家思想都认为国家是一种道德、经济、社会和政治的整体——是个人、家庭、社群置身于其中的那个重要背景”②。以刻在商王成汤浴缸上的“新日日新”为主题的《诗章53》，是介于两个美国诗章系列之间的十篇中国诗章中的第二篇。③

1934年发表的《11篇新诗章（31—41）》体现了庞德对美国开国元勋个人和公开资料的互文检查。庞德以其儒学视角节选了乔治·华盛顿、本杰明·富兰克林、托马斯·杰弗逊、约翰·亚当斯、约翰·昆西·亚当斯、安德鲁·杰克逊、马丁·范布

① Pound, *The Cantos of Ezra Pound,* p. 63.

② Cheadle, *Ezra Pound's Confucian Translations*, pp. 83–84.

③ 见 Alfred Hornung, "'MAKE IT NEW:' The Concept of Newness in American Studies," in Gu nther Blaicher (ed.), *Anglistentag 1993 Eichstätt* (Tu bingen: Niemeyer, 1994), p. 308。

伦等人的信件和文章，用来评估与美国革命和政治独立相关的一些想法和价值观。与此同时，他也指出美国政治联盟对土著民族和非洲奴隶的排斥并归咎于货币制度。约翰·亚当斯和托马斯·杰弗逊有幸成为最接近儒家哲学理想的美国总统。庞德引用美国第二任和第三任总统书信中的内容“同孔子学说进行比较”，并表明“在整个通信中”两位总统“均关心各项条款的准确定义，这是儒家伦理的中心所在”。[①] 比较两位总统，约翰·亚当斯似乎更符合庞德所谓的儒家理想君主。《中国诗章（52—61）》系列出版后，庞德紧接着发表了《约翰·亚当斯诗章（62—71）》，将上帝和亚当斯联系起来并把源自上帝的自由观点与国会和亚当斯同等看待：“上帝拯救自由、国会和亚当斯”（“GOD SAVE LIBERTY THE CONGRESS AND ADAMS”）——大写打印成一个半圆。[②] 作为一位强有力的领导者，亚当斯捍卫和平。他的政治理念不同于他的继任者杰弗逊，后者喜欢贵族政治，就像亚当斯在给杰弗逊的信中所写的那样：“你害怕强权的君主，而我害怕的是一群精英领袖。”（“You fear the one，I the few.”）[③] 这些涉及美国建国的政治讨论表明美国开国元勋意图脱离英国殖民者的君权统治模式而采用来自法国和古典资源中的政治知识。选择有参议院的共和政体的这一国家形式很明显具有典型古罗马政府的风格，这在之后具体体现在首都华盛顿的古典建筑上。美国和支持其独立的法国的友好关系，美国对启蒙运动时期哲学家们关于民主国家三权分立政治观点的推崇也成了发现孔子的纽带。庞德了解耶稣会的重要作用，他知道他们在中国和欧洲特别是在法国（他们重要出版物印刷的地方）之间跨文化媒介的角色。在《诗章60》中，庞德将他对17世纪在中国的耶稣会传教士的描写放在《中国诗章》和《亚当斯诗章》中间，这暗示了两国思想观点的传递。然而，第一次让美国人通过法语和英语资料接触到儒家思想的是美国启蒙运动人物——本杰明·富兰克林的著作。

欧洲人通过耶稣会传教士的著作首次接触孔子。这些传教士从16世纪开始就去中国传教并通过学习汉语和翻译儒家著作获得接近中国朝廷和学者的机会。罗明坚（Michele Ruggieri）和利玛窦（Matteo Ricci）认为在中国传福音的最佳途径就是让基督教顺应儒家思想。[④] 此二人的一系列努力最终促成了四位耶稣会传教士的合作，于17

① George Kearns, *Guide to Ezra Pound's Selected Cantos* (New Brunswick: Rutgers University Press, 1980), p. 80.

② Pound, *The Cantos of Ezra Pound*, p. 390.

③ 同上，第429页。

④ Thierry Meynard, S.J. (ed.), *Confucius Sinarum Philosophus* (1687): *The First Translation of the Confucian Classics* (Roma: Institutum Historicum Societatis Jesu, 2011), p. 7.

世纪完成了对《论语》的拉丁文翻译：《中国哲学家孔子：用拉丁文解释中国人的智慧》（*Confucius Sinarum Philosophus: Sive Sciencia Sinensis*）。这部著作并非受教皇支持出版于耶稣会总部罗马，而是受法国国王路易十四的支持于1687年出版于巴黎的皇家出版社——“为的是东方传教事业和文化界的最高利益”。[①]比利时人柏应理（Philippe Couplet）、鲁日满（Francis de Rougement）和奥地利人恩理格（Christian Herdtrich）加起来在中国度过了17世纪的大部分时间，他们在意大利人殷铎泽（Prospero Intorcetta）的指导下，用拉丁文翻译了儒家著作，作为耶稣会传教士使用的手册，为使中国基督教化以接受法国太阳王即路易十四之掌管打好基础。2011年，耶稣会学者梅谦立（Thierry Meynard，SJ）将这首部翻译的儒家著作以中文、拉丁文和英文三种语言的现代版本形式重新出版。在他的长篇介绍中，梅谦立称儒家著作的这一经典翻译为一种“跨文化的诠释学”，他指出东西方历史上的两个重要时刻——明朝向清朝的过渡和现代中国的崛起，新大陆的发现和文艺复兴，认为这个翻译是“耶稣会和中国学者之间的互动”及“新儒学和西方哲学的一种讨论”。[②]并且他也记录了一个态度上的重要转变：

> ……第一代耶稣会传教士认为中国思想缺乏逻辑。与之相反，《中国哲学家》（*Sinarum Philosophicum*）试图展示儒家经典的逻辑特征并用西方逻辑学术语对其进行解释。[③]

这种以跨文化为基础的学习模式似乎启迪了欧洲和美国的启蒙运动。德国启蒙哲学家、数学家和外交家戈特弗里德·威廉·莱布尼茨（Gottfried Wilhelm Leibniz，1646—1716）可作一例。他对《中国哲学家孔子》（*Confucius Sinarum Philosophus*）的阅读激发了他的拉丁语回应——《中国近事》（*Novissima Sinica*，1697）。对莱布尼茨来说，这是对“中国基督化”官方认可的报告，开拓了与中国的跨文化交流。他不仅在其研究中表达了中文作为世界语言的观点以及世界主义（cosmopolitanism）信念，而且坚持向中国学习如何应用基于理性的实践哲学和生活方式。[④]他明确表达了东西方之

① Thierry Meynard, S.J. (ed.), *Confucius Sinarum Philosophus* (1687): *The First Translation of the Confucian Classics* (Roma: Institutum Historicum Societatis Jesu, 2011), p. 7.

② 同上，第3、26页。

③ 同上，第3、54页。

④ Georg Wilhelm Leibniz, *Das Neueste von China* (1697): *Novissima Sinica*. Ed. Heinz Günther Nesselrath and Hermann Reinbothe (Bonn-Oedekoven: Köllen Druck & Verlag, 1979), p. 19.

间的这一跨文化交流观点：

> Certe talis nostrarum rerum mihi videtur esse conditio gliscentibus in immensum corruptelis, ut propemodum necessarium videatur missionarios Sinensium ad nos mitti, qui Theologiae naturalis usum prxinque nos doceant, quemadmodum nos illis mittimus, qui Theologiam eos doceant revelatam.[①]
>
> （鉴于道德的巨大衰退，从我们目前情况的实质看来，我们有必要让中国派传教士过来教我们使用和实践一门自然神学，就像我们派传教士去教他们天启神学那样。）

通过“儒家经典的第一部翻译”，西方由“耶稣会的中国化”进展到“18 世纪哲学家的中国热”，这对唐纳德 · F. 拉克来说，就是默认了东方比西方更加先进。[②] 因此，孔子成为“18 世纪启蒙运动的守护神”，也就并不意外了。[③]

本杰明 · 富兰克林作为“第一位也是最重要的一位美国亲华者”，肯定可以获得儒家著作拉丁文译本的英文翻译。[④] 让 · 德 · 拉 · 布吕纳（Jean de la Brune）和路易斯 · 库森（Louis Cousin）提供了第一部英语译本——《孔子的道德，一位在我们的上帝和救世主耶稣基督降临之前五百多年就活跃于中国的哲学家：那个国度最值得学习的人》（*The Morals of Confucius, A Chinese Philosopher who Flourished Above Five Hundred Years Before the Coming of Our Lord and Savior Jesus Christ: Being One of the Most Choicest Pieces of Learning Remaining of That Nation*），1691 年由蓝达尔 · 泰勒（Randal Taylor）在伦敦出版。有意思的是译者们对拉丁文标题也进行了解读，把儒家哲学定性为一种道德并将其同基督教联系了起来。儒家和基督教观念中关于道德行为的相互联系成为启蒙思想寻找合理解释的一部分。本杰明 · 富兰克林在他自传的第一部分，提及美国

① Georg Wilhelm Leibniz, *Das Neueste von China (1697)*: *Novissima Sinica*. Ed. Heinz Günther Nesselrath and Hermann Reinbothe (Bonn-Oedekoven: Köllen Druck & Verlag, 1979), p. 18.

② Donald F. Lach, *Asia in the Making of Europe*. 2 vols. (Chicago: The University of Chicago Press, 1970 [1965])，I, Bk 2, pp. 801, xiii.

③ Adolf Reichwein, *China and Europe: Intellectual and Artistic Contacts in the Eighteenth Century*, tran. J. C. Powell (London: Kegan Paul, Trench, Trübner, 1925), p. 77.

④ A. Owen Aldridge, *The Dragon and the Eagle: The Presence of China in the American Enlightenment* (Detroit: Wayne State University Press, 1993), p. 25.

的宗教传统并逐渐上升到科学观念和对自然神论理性设计的构建。富兰克林对儒家思想和中国传统的认可，有助于他实现这一转变，因为儒家思想和中国传统并不相信有超验存在。① 早在 1737 年，富兰克林就连续两期在《宾夕法尼亚报》(*The Pennsylvania Gazette*) 中为他的读者再现了儒学经典摘录和摘要。我们不清楚富兰克林用的是什么资料，或许是伦敦手册《中国哲学家孔子的道德》(*The Morals of Confucius, a Chinese Philosopher*，1691) 的一部分，对法文译本的转译，抑或是对拉丁文译本的节译。另外，儒家思想的摘要是富兰克林自己写的还是出自其他资料，这点我们也不得而知。但是，非常重要的一点是这日报上刊登的段落的内容同美国实用哲学家和科学家的自我完善模式是相一致的。1783 年在巴黎和英国签订和平条约时，富兰克林创作了他的自传。该自传第二部分的美德目录是自我完善模式的典范。② 在《宾夕法尼亚报》上的题为"来自孔子的道德"（"From the Morals of Confucius"）的第一篇文章中，富兰克林关注的正是拥有完美道德的重要性，而阅读孔子的著作可以助其实现：

> 这本著作，是通往最高、最完美智慧的必经之路。这位哲学家在书中探讨了三项重要事情。
>
> 1. 我们该怎样陶冶我们的情操、规范我们的行为。
>
> 2. 指导和引领别人所需的方法，以及
>
> 3. 每个人应当有通往至善的意识，并且，恕我直言，在通往至善的路上不断调整自己。……
>
> 孔子说，获取真正的知识，那些最终值得君王和达官显贵学习的知识，其中最大秘密便是培养和改善理性，因为理性是上天对我们的馈赠。③

富兰克林在他文章开头提供的儒家著作的摘要，正是遵循了由个人自我完善到关心他人然后奉献社会的这一过程。这与艾兹拉·庞德在《诗章 13》中所阐述的孔子相信个人、家庭和君主之间存在着有意义的互动的这一理解相一致。富兰克林早年就决

① 见 Max Weber, *Religion in China* (Glencoe, IL: The Free Press, 1964 [1916])。

② Benjamin Franklin, *The Autobiography of Benjamin Franklin*. Ed. Leonard W. Labaree et al. (New Haven: Yale University Press, 1964), pp. 149–150.

③ Benjamin Franklin, "*From the Morals of Confucius*", *The Pennsylvania Gazette* (February 28 to March 7, 1737–1738).

定努力实现道德完善这一目标，为此他总结出“受孔子道德启发”的十三条美德目录。[①] 为了支撑其观点，戴夫·王紧接着列举了富兰克林的十三条美德，并在下面对应列举了其在孔子著作中的出处，以此展示了这位美国开国元勋再现先贤孔子的话语。[②] 只有美德 3 “生活秩序” 和美德 11 “镇静” 出自富兰克林自己，没有对应的孔子话语。根据戴夫·王的论证条理，富兰克林遵循了孔子所设想的“道德完善路径——从修身、齐家到治国平天下”。[③] 在这个道德完善概念中至关重要的，是所有成员的自律：“在一个井然有序的等级体制中，各自扮演好各自的角色。”[④] 孔子认为知识和理性是上天对君王和达官显贵的馈赠，所以他们在生活中需要遵循这些美德，富兰克林也认可这一观点。对孔子来说，帝尧是一位模范君王，如富兰克林叙述的那样，帝尧“履行了孔子所提出的所有职责……用一句话来说，他根据正确的理性规范了自己的爱和激情。帝尧早耶稣基督 2357 年出生于这个帝国并且统治了一百年；他宽厚仁慈，对待臣民非常用心，使他们觉得他们是天底下最幸福的人”[⑤]。

在富兰克林看来，帝尧具备了自律、善良的政治家在一个理性的时代服务美国人民所需要的所有领导品质。此外，正如《独立宣言》中所记载的那样，生命、自由以及追求幸福是上帝赋予所有人的不可剥夺的权利，帝尧的例子也印证了这一点。约翰·亚当斯和托马斯·杰弗逊二人都肯定了孔子所预想的践行仁德和幸福之间的关联。[⑥] 正如孔子思想被载入美国早期共和国时期的政治文件中那样，这些思想也对美国领导者脱离腐败的欧洲君主体制和清教徒殖民者的主要宗教倾向有重要作用。从一定程度上来说，美国的开国元勋和 1912 年中华民国开国元勋被相似的创新精神所激励，遵循庞德从孔子思想中衍生而来的“日日新”格言。美国开国元勋不断提及孔子道德观中预示的一些基督教信仰，这有助于推动一个良性治国方略和人性社会的形成。在启蒙时期的美国，他们从这位代替基督位置的中国圣贤身上发现了一种道德的力量。

① 见Dave Wang, “Benjamin Franklin and Chinese Civilization”, (Wednesday, 5 September 2007). http://www.resetdoc.org/story/00000000503, p. 4.

② 同上，第 2—4 页。

③ 同上，第 2 页。

④ Richard E. Nisbett, *The Geography of Thought: How Asians and Westerners Think Differently ... and Why* (New York: Free Press, 2004), p. 6.

⑤ Franklin, “*From the Morals of Confucius*”, *The Pennsylvania Gazette* (February 28 to March 7, 1737-1738).

⑥ Dave Wang, “Confucius in the American Founding: The Founders’ Efforts to Use Confucian Moral Philosophy in Their Endeavor to Create New Virtue for the New Nation,” *Virginia Review of Asian Studies* 16 (2014): 14, 20.

富兰克林从这一层面在下面这封信中向传教士乔治·怀特菲尔德推荐孔子：

我很高兴听到你有很多向大人物或者国王等传教的机会。如果你能让他们习得一种模范优良的生活方式，那么他们底层民众的举止也会跟着发生良性改变。著名东方改革家孔子就是遵循这样的原则。当他看到自己的国家陷入恶习，各种邪恶洋洋得意的时候，他首先致力于将自己的学说应用于大人物；当他的学说成功使得他们投入道德事业的时候，就会有大量普通民众效仿。这个模式对人类有非常好的作用；或许有许多人比起害怕地狱众生更害怕跟不上潮流。我们西方改革大部分起始于无知的暴民；当达到一定数量的时候，利益和党派—观点就会吸引到智者和要人。两种方法均可以实施的地方，改革通常更迅速。①

托马斯·潘恩在《关于〈旧约〉和〈新约〉》（“Of the Old and New Testament”，1794）这篇文章中进一步将孔子同耶稣基督进行比较：

作为一部道德著作，《新约》中有许多好的部分；但是比不上东方世界中已经在基督出生之前就传播了好几百年的孔子教义。孔子——这位比基督还早五百年的中国哲人说：应该以德报德，而切勿以怨伤人。②

于是作为“18世纪启蒙运动的守护神”，孔子便与新的共和国需要具有美德的领导者相关联。在弗吉尼亚的家里挂了一幅孔子肖像的詹姆斯·麦迪逊（James Madison）参与宪法修订时，对孔子的思想作出了重新表述：

每一项政治宪法的目的是或者应当是，首先为统治者获取拥有最高智慧的人来明辨是非，获取拥有最高美德的人来造福社会；其次，要采取最有效的防范措施使他们在不断获得民众信任的时候仍保持美德。③

① Benjamin Franklin, “To George Whitefield,” in Leonard W. Labaree et al. (eds.), *Papers of Benjamin Franklin: January 1,1745 Through June 30, 1750*, vol. 3 (New Haven: Yale University Press, 1961), p. 383.

② Thomas Paine, *Age of Reason: Miscellaneous Essays for Third and Fourth Parts.* Ed. Daniel Edwin Wheeler (New York: Vincent Parke and Company, 1908). *Writings of Thomas Paine,* vol. 7, pp. 140–141.

③ 参见 Dave Wang, “Confucius in the American Founding”, p. 13。

托马斯·杰弗逊也认可这些儒家观点：他试图摆脱美国的清教徒传统，支持“提倡个人美德的实用宗教，比如儒家思想”。[①] 当他成为美国第三任总统时，杰弗逊在其就职演说中再次强调了将儒家主体思想作为一种道德力量，应用到美国这个新国度以造福美国社会。[②] 此外，科林·威尔斯在杰弗逊赞扬魏王为君王典范的剪贴簿中，发现了一首出自儒家经典《诗经》的中国诗歌。[③] 戴夫·王做了大量儒家思想和美国之间关联的研究，总结道：

> 美国开国元勋们设法寻找优良道德以确保美国民主体制朝着正确的方向发展。他们试图使用儒家道德哲学来捍卫民主体制，建立个人美德，培养具有优良道德的公民来服务于新国家。通过元勋们的一系列努力，儒家道德哲学为美国道德的形成作出了巨大贡献。[④]

对于儒家思想在哲学和政治方面产生的兴趣成为在欧洲，尤其在美国，对中国总体感到兴趣的一部分。正如戴夫·王在一系列文章中展现的那样，中国知识和发明进入了美国大众的生活。[⑤] 托马斯·潘恩基于瑞典水手的旅行报告在《宾夕法尼亚报》上发表了一系列关于中国的文章。[⑥] 本杰明·富兰克林在费城的图书馆中收藏了众多关于中国的书籍，他对这些书籍的大量阅读证实了他的观念：中国是“最古老，并且从长期经验而谈，最智慧的民族”。[⑦] 威尔顿·S. 狄龙概括了戴夫·王关于中国对美国建国影响的研究，发现：

① 参见 Dave Wang, “Confucius in the American Founding”, p. 20。

② 参见Thomas Jefferson, “First Inaugural Address”, *The Papers of Thomas Jefferson*. Vol. 33: 17 February to 30 April 1801 (Princeton: Princeton University Press, 2006), pp. 148–152. Online http://www.princeton.edu/~tjpapers/inaugural/infinal.html。

③ Colin Wells, “Thomas Jefferson’s Scrapbooks: Poems of Nation, Family, and Romantic Love Collected by America’s Third President”, *Early American Literature*. 42.3 (2007): 626. 也参见 Dave Wang, “Confucius in the American Founding,” pp. 21–22。

④ Dave Wang, “Confucius in the American Founding”, p. 23.

⑤ 见Dave Wang, “Benjamin Franklin and Chinese Civilization”, (Wednesday, 5 September 2007). http://www.resetdoc.org/story/00000000503. Wang, “How China Helped to Shape American Culture: The Founding Fathers and Chinese Civilization”, *Virginia Review of Asian Studies* 12 (2010): 148–160.

⑥ 见 Aldridge, *The Dragon and the Eagle*, p. 35。

⑦ Benjamin Franklin, “To Sarah Bache”, 26 Jan. 1784, unpublished. http://www.franklinpapers.org/franklin/framedVolumes.jsp. 参见 Dave Wang, “How China Helped to Shape American Culture”, p. 151。

> 儒家哲学、茶叶、瓷器、糊墙纸、大黄、大豆、房屋取暖、运河和造船、理性思想、火箭技术、中医等都是中国的贡献。富兰克林设计了一个受长城启发的木墙用在法国人和印第安人战争后，保护了费城免受印第安人的侵害。杰弗逊的建筑也显示了一些中国设计的痕迹。[①]

在贸易方面，这个新建立的美国也脱离了英国，开始与中国有贸易往来。1784年，第一艘被巧妙命名为“中国皇后号”的船舶从纽约驶往中国，一年后满载诱人的商品而归。最后，孔子对美国的作用最显著的标识，是他的雕塑被置于首都华盛顿由建筑师卡斯·吉尔伯特（Cass Gilbert）设计、于1935年竣工的美国联邦最高法院东庭的大门上，被尊为三位主要立法始者之一。雕塑家赫蒙·麦克尼尔（Hermon A. MacNeil）选取圣经人物摩西，其左侧是雅典的梭伦，其右侧是中国哲人孔子，代表了影响美国的三大古老文明。与此同时，20世纪30年代，庞德重拾对孔子作品的兴趣并开始学习汉语。他撰写了《中国诗章》和《美国诗章》，并以“日日新”作为创作主题和人生格言，敦促自己在诗歌和政治上不断革新。庞德所青睐的中华文明的悠久传统对第一共和国宪法有着显著影响，这具体体现在美国联邦法院大楼的建筑设计中：三大古老文明相互依存，为年轻的美国不断地提供指引。美国对中国圣人孔子的这种认可，也可以被看作中国当局选取孔子的名字，以孔子学院的形式来推广中国文化的一种动机。

三、21世纪的孔子学院

在《中国哲学家》的“序言”中，耶稣会的译者们对孔子作了简短的介绍。他们写道：“两千多年来，炎黄子孙感激孔子并赋予他莫大的荣耀，对他的著作和学说更是如此。”[②] 除了少数几个例外，中国大部分朝代都尊崇孔子，认为儒家经典是“朝廷的手册，主要为君王而写”[③]。但是，在公共生活中脱离儒家思想，却似乎是中国乃至美国和欧洲现代化和新政治取向的一部分。在中国，孔子生活在奴隶制末期和封建社会初期，那时候的社会和经济条件与20世纪现代政府和政治纲领的立场相矛盾。对孔子生

① Wilton S. Dillon, *Smithsonian Stories: Chronicle of a Golden Age, 1964-1984* (New York: Routledge, 2015), p. 110.

② Meynard (ed.), *Confucius Sinarum Philosophus*, p. 241.

③ 同上，第61页。

平的批判性评价也延伸到由他弟子编撰和补充的他的一系列著作上。因此，中华民国的开国元勋和1919年五四运动的先进共和派领导者们，都认为“在城市—工业社会”中，孔子不可能“还像在传统农业社会的中国那样被推崇”[①]。中华民国建国体制对于西方民主思想的采纳意味着对中国帝国和哲学传统的背离，而这正是艾兹拉·庞德在其诗歌和散文中所谴责和反驳的。政治原因也决定了毛泽东把孔子归类为要为新中国社会所取代的旧社会的一部分。毛泽东在1940年的《新民主主义论》中解释说：“凡属主张尊孔读经、提倡旧礼教旧思想、反对新文化新思想的人们，都是这类文化的代表。帝国主义文化和半封建文化是非常亲热的两兄弟，它们结成文化上的反动同盟，反对中国的新文化。这类反动文化是替帝国主义和封建阶级服务的，是应该被打倒的东西。”在中华人民共和国成立的初始阶段，毛泽东对孔子的全盘否定和他的一些观念发生了变化。毛泽东和共产党在谴责这位哲学家生平历史背景的同时，提出要在中华人民共和国这个国家忠于政治体制，忠于国家领导人，这些都是传统儒家思想的一部分。这种对过去的模棱两可，与孔子背道而驰却又接受儒家思想中实用的部分，体现了“文化大革命”前后政治领导人所采取的“批判性继承”原则。[②]1966年至1976年间对各种形式的中国悠久传统的激进反对，彻底改变了公众生活。直到20世纪80年代，邓小平提出改革开放政策，人们才开始重新以批判性继承的眼光看待孔子，认为孔子是中国的一种精神力量，但同时对他生平所处的社会状况和他思想形成的历史时期持保留态度。张和施瓦茨提到两个对当代中国社会恢复儒家传统非常重要的政治时刻。其一是在曲阜建立的中国孔子研究院：主张杜绝孔子思想中的糟粕，认可其中的美德，以“适应工业、农业、国防与科技的四个现代化”。其二是1989年举办的纪念孔子诞辰2540周年庆典，这是对“儒家传统”的“正式”接纳。[③]这也再次肯定了儒家传统“仍是中国思想的决定性特征”。[④]这两项活动为打造国内外推广中华文化的平台奠定了基础。

在影响力日益增强的西方思想和保留中国传统的文化竞争中，孔子作为跨文化和跨国界人物具有决定性意义。西方化和东方化越来越并驾齐驱，顺应儒家格言“相辅

① Tong Zhang and Barry Schwartz, “Confucius and the Cultural Revolution: A Study in Collective Memory,” *International Journal of Politics, Culture, and Society* 11.2 (1997): 206.

② 参见同上。

③ 同上，第203页。

④ Wei-ming Tu, “The Confucian Tradition in Chinese History”, in Paul S. Ropp (ed.), *Heritage of China: Contemporary Perspectives on Chinese Civilization* (Berkeley: University of California Press, 1991), p. 136.

相成”。中国经济不断发展，与美国经济地位相抗衡，这也体现在文化层面上。鉴于美国众多文化产品如电视剧、电影、音乐以及互联网在线交流和游戏等的普及和可获得性，用爱德华·赛义德的术语来说，展示了文化帝国主义的强大影响力①，中国政府也推出了他们自己的传递文化信息的各种项目。胡锦涛主席提出了提升中国软实力的倡议，开始抵制美国软实力的主导效应。文化外交领域成为公共外交的一个新的组成部分，以促进中国语言和文化的推广以及提升国外对中国的看法。②相当长时间以来，建立文化研究所来促进语言和文化的推广已经成为欧洲国家和美利坚合众国政治纲领的一部分。早在1883年，法国人就创立了法语联盟来推广法语。英国文化协会原名“英国对外关系委员会”，成立于1934年。伴随着第二次世界大战后形势发展的新方向，其他文化机构也纷纷成立。1953年，美国新闻署成为美国国务院主持下的官方公共外交媒体，在塑造公众特别是欧洲公众对美国的看法方面，有着重要影响。当法国、英国和美国纷纷为他们的文化机构选取国家名称时，德国、西班牙和葡萄牙则用他们国家的重要诗人来为他们的文化机构命名。歌德学院（Goethe Institute）继前德意志学院（German Academy）之后，于1952年开始运行，初衷是培养海外的德语教师。西班牙塞万提斯学院（Instituto Cervantes）和葡萄牙卡梅尼学院（Instituto Camões）分别于1991年和1992年加入这一阵营。2007年，欧盟国家文化研究所（European Union National Institutes for Culture）成立，代表了欧洲各国的所有文化机构。

鉴于孔子和儒学的悠久传统和在改革开放时期恢复的卓越地位，以孔子这位跨文化和跨国界人物的名字为中国新的文化机构命名是个明智的决定。张和施瓦茨引用了曾任中华人民共和国国务委员、孔子基金会名誉会长的谷牧的话来记录这位哲学家在公共生活中的官方复出：“在孔子诞辰2545周年国际儒学学会第一次会议上的讲话中，谷牧表达了现在的‘儒学热潮’，宣称孔子不仅在中国有着举足轻重的影响，他也将是中国给世界最好的礼物。”③2004年，中华人民共和国在塔什干启动了孔子学院的试点项目，并紧接着于同一年在首尔成立孔子学院，然后于2005年在斯德哥尔摩成立了另一所孔子学院，由著名汉学家罗多弼（Torbjörn Lodén）任院长。目前有500多所孔子学院，其中大部分在美国，14所在德国。资助这些研究所的中国教育部和国家汉办希望

① 见 Edward Said, *Culture and Imperialism* (New York: Knopf, 1993)。

② 见 Kirsten Bound, Rachel Briggs, John Holden, and Samuel Jones, *Cultural Diplomacy* (London: Demos, 2007)。

③ Zhang and Schwartz, “Confucius and the Cultural Revolution”, p. 207. 另见 Frank Ching, “Confucius, The New Savior”, *Far Eastern Economic Review* 157 (Nov. 10, 1994): 37。

在2020年之前把这个数字增加到1000。这是与中华人民共和国全球角色相称的一个重要目标。它在一定程度上让我们联想到中华帝国时期中国的卓越地位，耶稣会传教士在他们传教的过程中认可这一点，并在17世纪他们对儒家著作的翻译中，向欧洲和美国传递了这一讯息。公元前5世纪孔子提供的针对个人和领袖的美德教育模式，同样适用于18世纪美国开国元勋的公共领导角色和美国共和国的形成，并在20世纪激发和影响了艾兹拉·庞德的诗歌创作和政治生涯。当然这也可以作为孔子学院的使命，成为我们这个时代的指引。孔子学院由中国国家汉语国际推广领导小组办公室管理和资助，他们经常与当地大学合作并增强他们汉学系的实力。中国与孔子学院所设立的国家或合作大学之间偶尔的文化或政治差异是跨文化谈判过程的一部分，这些跨文化谈判也存在于耶稣会孔子翻译的跨文化阐释学中。这种意见分歧伴随着各国文化机构史，甚至会导致文化机构的临时关闭。但与此同时，跨文化关系史也向我们表明，差异总是可以解决的。

通过孔子学院实施的文化外交与习近平主席2013年宣布的“一带一路”倡仪联系在一起。振兴中国陆路和海路贸易路线的经济计划始于汉代（公元前138年），盛于唐朝（7—9世纪），也促进了跨文化交流与沟通。这一政治动机和孔子学院成立的共同特征是对中国传统的创造性运用。庞德对中华文明和孔子思想的研究带来了现代文学的诗学创新，并让他发现了孔子对欧洲启蒙运动和美国开国元勋建立新国家的影响。这种将中国思想观念与各个国家社会和道德革新联系起来的做法，会进一步促进跨文化交流。例如，R.约翰·威廉姆斯提出的“朦胧诗人”——“文化大革命”后的中国诗人，他们视庞德为创造新的跨国文学传统的一种激进模式；他引用了黄洪在《宣言》中的话：“把……庞德对中国文字的想象作为中国新诗的典范。”[①] 玛丽安·乌尔德坎以现存政府缺乏道德根基为出发点，将孔子的《论语》与美国社会学家罗伯特·贝拉（Robert N. Bellah）等人合著的研究成果《心灵的习性：美国人生活中的个人主义和公共责任》（*Habits of the Heart: Individualism and Commitment in American Life*，1985）进行比较分析。她从孔子身上认识到“一个良好社会的发展始于个人美德的培养……通过学习和礼仪实践，个人达到自我和谐。通过与他人的良性互动，个人为社会生活带来和谐”[②]。社会改革和生命的更新，也都需要类似的传统。“《论语》

① Williams, “Modernist Scandals: Ezra Pound’s Translations of ‘the’ Chinese Poem,” pp. 156–157.

② Marion Hourdequin, “Engagement, Withdrawal, and Social Reform: Confucian and Contemporary Perspectives”, *Philosophy East and West*. 60.3 (2010): 371.

和《心的习性》都认为，传统是维系社会道德结构的必要条件。”[①] 孔子以其对人类道德体系和治国方略道德基础的推进，可以作为理想的跨文化桥梁，促进国与国之间以传统为基础的“日日新”。

（河北大学外国语学院副教授　贺秀明译）

作者简介

阿尔弗雷德·霍侬（Alfred Hornung），德国美茵茨大学教授，是德国在美国研究领域最具影响的学者，任德国美国研究学会会长，曾获美国的美国研究学会波德－皮尔逊（Bode-Pearson Award）终生成就奖。他担任古腾堡大学跨文化研究中心主任，曾在欧洲、美国和中国的许多大学任访问教授。他有许多专著和论文发表，最近的著作有 *American Lives* (2013)，*Ecology and Life Writing* (2013) 及 *Medialisierungsformen des (Auto-)Biografischen* (2013)。

① Marion Hourdequin, “Engagement, Withdrawal, and Social Reform: Confucian and Contemporary Perspectives”, *Philosophy East and West*. 60.3 (2010): 383.

韦伯、资本主义和中国：西方的独特性？①

克利杉·库马

东方人无论在心智还是在技艺方面，都曾经优于西方人。但我们接下来又怎样赶超了东方人啊！

——狄德罗（Denis Diderot）与达朗贝尔（Jean Le Rond D'Alembert），《百科全书》（*Encyclopédie*，1751—1780）②

一个在近代欧洲文明中成长起来的人，在研究任何有关世界历史的问题时，都不免会反躬自问：在西方文明中而且仅仅在西方文明中才显现出来的那些文化现象——这些现象（正如我们常爱认为的那样）存在于一系列具有普遍意义和普遍价值的发展中——究竟应归结为哪些事件的合成作用呢？

——马克斯·韦伯，《宗教社会学文集》序言（1920）③

一、韦伯问题：为什么是西方——而不是（如）中国？

在《中国的宗教》一书结尾，韦伯评论道："中国人完全有能力，甚至比日本人更

① 致谢：2016年12月，我首次在燕京学堂研讨会上宣读这篇论文，我感谢此次研讨会参与者们给出的宝贵建议。特别要感谢卜正民，我和他就韦伯展开了很多有趣的讨论，他还提供了自己在韦伯与中国方面的研究成果。还要感谢张隆溪，他对初稿的细致评论对我修改此文提供了很大帮助。

② Gregory Blue, "China and Western Social Thought in the Modern Period", in Timothy Brook and Gregory Blue (eds), *China and Historical Capitalism: Genealogies of Sinological Knowledge* (Cambridge: Cambridge University Press, 1999), p. 73.

③ Max Weber, *The Protestant Ethic and the Spirit of Capitalism, with Other Writings on the Rise of the West*, 4th ed., trans. Stephen Kalberg (Oxford: Oxford University Press, 2009), p. 205.

有能力，吸收在技术和经济方面都在近代文化领域中获得全面发展的资本主义。显然不能想象，中国人天生‘达不到’资本主义的要求。”[①]这段话非常发人深省，因为这触及过去三十年里日本和中国经济的相对命运。在“国家资本主义”的支持下，中国的经济增长速度令人目眩，中国被预言将在未来二十年跃居成为全球经济的主导力量，这与日本似乎无力摆脱深层的经济衰退，形成了鲜明的对比。[②]

更重要的是，韦伯对中国的讨论促使我们关注他对资本主义起源与文化研究的真正落脚点。首先，他并没有说只有西方才有发展资本主义的能力，这显然是荒谬的。韦伯在著作中清楚地表明，使资本主义成为可能的人类动机和实践存在于世界各地，并且已经存在了几个世纪甚至数千年。这些动机发展为他所谓的“政治资本主义”（political capitalism）、“海盗资本主义”（piratical capitalism）、“贱民资本主义”（pariah capitalism）、“殖民资本主义”（colonial capitalism）、“掠夺资本主义”（booty capitalism）、“街市资本主义”（bazaar capitalism）以及“现代资本主义”（modern capitalism）。但是“现代资本主义”与众不同，在韦伯看来，它绝无仅有——部分原因是“现代资本主义”似乎有违其他形式资本主义的心理动机。[③]

韦伯在《新教伦理与资本主义精神》中写道：

> 中国的官吏、古罗马的贵族和现代的农民，都同样地贪婪。任何人都可以由自身的经验体会到，那不勒斯的马车夫或威尼斯运河上的船夫以及他们在亚洲国家的同行，还有南欧或亚洲国家的匠人，这些人攫取黄金的贪欲比一个英国人在同样情况下要来得更强烈，也更不讲道德。[④]

由于这种普遍性的动机，资本主义在世界各地各时以某种形式反复出现，这就不足为怪了。韦伯认为所有形式的资本主义采取的主要态度——对盈利的精确计算，收入与支出的平衡——在“世界所有的文明中都存在”，尽管“资本的精确计算有时只被

---

① Max Weber, *The Religion of China: Confucianism and Taoism*, trans. Hans H. Gerth (Glencoe, IL: The Free Press, 1951), p. 248.

② 有趣的是，继 20 世纪 70 年代出版名为《日本第一》（*Japan as Number One*）的畅销书后，著名学者傅高义（Ezra Vogel）在 21 世纪初改变了之前的想法，在《邓小平时代》（*Deng Xiaoping and the Transformation of China*, 2011）一书中，做出了全然不同的假定。

③ Weber, *The Protestant Ethic and the Spirit of Capitalism*, pp. 208–210.

④ 同上，第 74—75 页。

部分合理化了”。[1] 我们不必对在许多文明中找到资本主义活动的证据感到惊讶。在如此众多的证据面前，我们可以说这些活动具备现代资本主义的诸多要素，但都没有实现资本主义。[2]

同样，韦伯也可以在中国这样的社会中找到惊人的发明和技术成就。他说：“显而易见，中国人并没有技术上和创造性的缺陷。采矿业的落后（是导致货币危机的一个原因）、没有使用焦炭来生产铁（尽管据称已知焦化工艺）以及传统形式、沿传统路线的河流交通受到越来越多运输限制等，都并不是由于中国人缺乏创造力。”[3]

他提到，中国人发明了罗盘、印刷术、纸张和火药，这些发明后来传入西方为其所用。[4] 中国也先于西方建立了很多有利于资本主义的做法：“迁徙自由”，包括在本土以外的地区定居、获得土地的自由；“职业选择自由”；“现代时期”没有“强制携带通行证、受教育和服兵役的义务”；没有限制高利贷的法律，也没有任何类似的法律限制贸易。通常情况下，“在全部正统文献中，都有对经济活动的高度评价”，实际上“没有对商人习气的厌恶”。[5]

韦伯清楚地表明，在传统的儒家伦理中，并没有反对财富本身：“相反，在一个治理得当的国家里，人们耻居贫穷。”儒家所包含的“功利主义伦理”没有任何反对货殖主义的理论。相反，儒家提出了听起来颇为时髦的关于供给与需求、投机与利润的理论。同西方不同的是，货币的获利性是不言而明的，而且这种理论似乎不知道利息的限度。利润在汉语中也和希腊语中一样，是资本之“子”。[6]“物质福利在任何文明国度

---

① Weber, *The Protestant Ethic and the Spirit of Capitalism*, pp. 210–211. 参见伊曼纽尔·沃勒斯坦：“纵观 1500 以前至少两千年的世界历史，不同历史体系的生产者、商人和金融家等众多群体，都表现出趋于资本主义事业的倾向。‘原始资本主义’如此普遍，它可以被看作是所有已知的朝贡或重新分配到世界帝国体系的构成要素。”见 Immanuel Wallerstein, “The West, Capitalism, and the Modern World-system,” in Brook and Blue (eds), *China and Historical Capitalism*, p. 53。

② Weber, *The Protestant Ethic and the Spirit of Capitalism*, p. 211.

③ Max Weber, *The Religion of China: Confucianism and Taoism*, trans. Hans H. Gerth. (Glencoe, IL: The Free Press, 1951), pp. 296–297, no. 4.

④ 同上，第 287 页。弗朗西斯·培根在《新工具论》中提到，“印刷术，火药和指南针”这三大发明对人类社会产生巨大影响，基本上使世界进入了现代。他说这三项发明都“不为古人所知”。见 Francis Bacon, *Novum Organum*, in Joseph Devey (ed.), *The Physical and Metaphysical Works of Lord Bacon* (London: Henry G. Bohn, 1860 [1620]), p. 446。虽然培根没有明说，但他似乎知晓这些发明是由中国人做出来的，与培根同时代的葡萄牙历史学家巴罗斯（João de Barros）和意大利人文主义者佐凡尼·波特罗（Giovanni Botero）则指出三大发明源自中国。见 Blue, “China and Western Social thought in the Modern Period”, pp. 59–60。

⑤ Weber, *The Religion of China*, pp. 99–100, 159, 243.

⑥ 同上，第 158—159 页。

里都没有受到如此强调，被当成终极目标。儒家的经济政策观念比较符合我们这里的'财政学家'们的观念。受儒家思想影响的司马迁就强调要充分利用财富，包括经商取得的财富，他写了《货殖列传》，这是最古老的中国国民经济学文献。”①“对儒家来说，财富是使人能高尚地，亦即合乎尊严地生活，并致力于自身完善的重要手段，对于用什么手段来改善人这个问题的答案是'致富'，因为只有富裕了，人们才能'不失身份、合乎地位'地生活。”②

从韦伯对中国的论述中可以看出，他不认同包括有教养的社会在内的西方一个流行的观点，即认为中国是或曾经是一个停滞不前的实体，它缺乏商业性精神，反对创新。借用爱德华·赛义德流行的术语，韦伯不是一个“东方主义者”（Orientalist）。相反，他试图说明，中国传统社会没有对贸易、商业和财富不宽容，较之其他任何地方（包括西方），中国对此的敌视要弱得多。但是这个说法有一个基本的限制条件，一个中西之间的本质区别：“从这种高度紧张的无止境的经济努力和那往往很可悲的极端'物质主义'（materialism）中，显然并没有发展出至少在经济领域中作为近代资本主义前提的有计划的伟大经营思想。中国人始终不知道有这样的思想。”③他进一步说：“这种看来十分有利于促进资产阶级营利活动自由发展的状况，并没有导致具有西方特点的资产阶级的发展。”④

对于韦伯而言，一个至关重要的事实是，尽管具有大量有利于资本主义产生的条件，“真正的资产阶级资本主义”在中国并没有发展起来，在非西方世界的其他任何地方也没有发展起来。因此我们称之为关键的“韦伯问题”（Weber question）变成了：“为什么非西方国家没有发展出资本主义?”⑤资本主义在世界的不同地区、不同时候以多种形式出现，为什么只有在西方才会以现代的形式出现，而且是“在现代时期”才在

① Weber, *The Religion of China*, p. 237.

② 同上，第 245 页。

③ 同上，第 242 页。

④ 同上，第 99—100 页。参见 Timothy Brook, “Weber, Mencius, and the History of Chinese Capitalism”, *Asian Perspectives* 19:1 (1995): 92。

⑤ 这也被称为“李约瑟问题”，因为李约瑟在多卷本的《中国科学技术史》中，提出过类似的问题。李约瑟观点很好的总结，可参见 Joseph Needham, *The Grand Tradition: Science and Society in East and West* (Toronto: University of Toronto Press, 1969); Joseph Needham, *Science in Traditional China: A Comparative Perspective* (Hong Kong: The Chinese University Press, 1981)。与之相关的讨论，请参阅 Patrick O'Brien, “The Needham Question Updated: a Historiographical Survey and Elaboration”, History of Technology 29 (2009): 7–28; 以及 Joel Mokyr, *A Culture of Growth: The Origins of the Modern Economy* (Princeton: Princeton University Press, 2017), pp. 287–338。

西方出现？韦伯的论述为大量研究所证实：中国似乎包含了资本主义发展所必需的诸多要素。为什么特别是在中国，这些要素没有黏合成一个有组织的体系、一套互相强化、促进资本主义发展的心态与制度？[①] 借用韦伯·桑巴特（Werber Sombart）关于美国缺乏社会主义的著名问题——“为什么中国没有资本主义”？

我们将发现，以那种方式框定的问题，包含了很多本身就值得怀疑的假设。尽管那种提问方式极具说服力，韦伯自己也意识到了这一点。我们首先必须搞清楚韦伯所谓的只起源于西方的现代资本主义是什么。当然，我们也需要讨论资本主义的起源问题，是什么产生了现代资本主义这个“现代生活中最具决定性的力量”。[②]

二、现代性、资本主义与新教伦理

韦伯试图解释的现代资本主义的主要特征是什么？在不同地方，韦伯的叙述有不同的侧重点，但以下特点将现代（西方）资本主义与“冒险”（adventure）以及其他形式的资本主义区分开来。

首先是“（合法）自由劳动之理性的资本主义组织方式。西方之外，偶有自由劳动力存在”。接下来有两个重要的发展：“理性核算”（rational accounting）的出现，和“家庭脱离了主导当今经济生活的工业经济”。所有这些都与“资本主义的劳动组织联系着。精确的核算与筹划（这是其他一切事情的基础），只是在自由劳动的基础上才是可能的”。[③]

① 对 1800 年之前中国经济和社会的研究，请参阅 Mark Elvin, *The Pattern of the Chinese Past: A Social and Economic Interpretation* (Stanford: Stanford University Press, 1973); Roy Bin Wong, *China Transformed: Historical Change and the Limits of European Experience* (Ithaca: Cornell University Press, 1997); Kenneth Pomeranz, *The Great Divergence: China, Europe, and the Making of the Modern World Economy* (Princeton: Princeton University Press, 2000)。这里只举出了韦伯之外的一部分作品，青出于蓝而胜于蓝，这些作品展现了 18 世纪中国经济和技术发展的创新活力。对中国经济和社会研究的回顾，可参见 Jack Goldstone, *Why Europe? The Rise of the West in World History, 1500-1850* (Boston: McGraw Hill, 2009)；在历史与全球视野下考察中国当前的发展，可参见 Andre Gunder Frank, *Re-ORIENT: Global Economy in the Asian Age* (Berkeley: University of California Press, 1998)。

② Weber, *The Protestant Ethic and the Spirit of Capitalism,* p. 208.

③ 同上，第 209—213 页。尽管在其他地方有所强调，这里韦伯没有强调的一点是，资本主义追求无限制的增长，违反这一点则会带来停滞和失败，这事实上隐含在“新教伦理”的内在动力之中。这对马克思和其他人如沃纳·桑巴特（Werner Sombart）的分析至关重要。对资本主义的一般性描绘与韦伯有相似之处，而把这一点讲得很清楚的，可参见 Wallerstein, “The West, capitalism, and the modern world-system”, pp. 14–27；尤其根据韦伯后期的《世界经济通史》（*General Economic History*）来描述韦伯“成熟的资本主义理论”，可参见 Randall Collins, “Weber's Last Theory of Capitalism: A Systematization”, *American Sociological Review* 45:6 (1980): 927–929。

韦伯认为，与其在每一个文明中寻找资本主义的标志（我们很容易找到“冒险”资本主义及其他形式），不如专注于只在西方出现的独特类型。这里有特色的是“具有自由劳动理性组织的中产阶级工业资本主义”。这与西方中产阶级的兴起及其特定要素有关。[①] 针对现代资本主义崛起的这一中心特征，韦伯与马克思观点一致，尽管韦伯对其起源的解释与马克思有很大不同。

韦伯肯定了科学与技术的进步在资本主义的发展中起到的重要作用。“司法与行政的理性结构”（a rational structure of law and administration），受到理性法律专业训练的“司法阶层”（stratum of jurists）的发展，“经济利益”无疑为这个阶层的兴起铺平了道路。但是经济利益本身并不能解释为何这一群司法者或这种理性司法系统得到了发展。“为什么资本主义利益在中国或印度没有产生司法阶层和这种类型的法律呢？那么科学、艺术、经济的发展以及国家的形成，为什么没有把中国和印度引向西方特有的合理化轨道上呢？”[②]

韦伯认为，他的当务之急是从发生学上说明现代西方理性主义（相比于中国或印度的理性主义）的独特性。[③] 他承认经济因素的重要性；但也坚持认为，“虽然经济理性主义的发展部分地依赖技术和理性的法律，但采取某些类型的务实—理性行为却要取决于人的能力和气质”。[④] 韦伯认为这种关于意图的伦理是理解西方资本主义特殊形式的合理性的关键。

韦伯在《宗教社会学文集》（*Collected Essays in the Sociology of Religion*，1920）中试图用一连串文章来回答这个问题（韦伯特别指出，他要探讨的只是这个问题）。其中包括“序言”和《新教伦理与资本主义精神》（简写为《新教伦理》）的修订版（1904—1952 年分为两部分首次出版），还包括韦伯称之为《世界宗教经济伦理》（*Economic*

① Weber, *The Protestant Ethic and the Spirit of Capitalism*, p. 214.

② 同上，第 215 页。

③ 韦伯对“理性的”（rational）、“理性主义”（rationalism）和“合理化”（rationalization）这三个术语的使用有些混乱。例如古希腊的理性主义虽然是西方的，但与现代西方人的理性主义以及现代资本主义的理性主义并不相同。这些例子必须与印度、中国、犹太和伊斯兰社会的各种理性主义区分开来。有关这些术语的说明，参见斯蒂芬·卡尔伯格（Stephen Kalberg）在韦伯《新教伦理》书中的“序言”，见 Weber, *The Protestant Ethic and the Spirit of Capitalism*, pp. 7–58；也参见 Stephen Kalberg, “Max Weber’s Types of Rationality: Cornerstones for the Analysis of Rationalization Processes in History”, *American Journal of Sociology* 85:3 (1980): 1145–1179；以及埃拉·柯恩对韦伯的《世界经济通史》的介绍，见 Max Weber, *General Economic History*, trans. Frank H. Knight, introduced by Ira J. Cohen (New Brunswick, NJ: Transaction Books, 1981), pp. XV–LXXXIII。

④ Weber, *The Protestant Ethic and the Spirit of Capitalism*, p. 216.

Ethics of the World Religions）的研究，包括《中国的宗教》（*The Religion of China*），《印度的宗教》（*The Religion of India*）和《古代犹太教》（*Ancient Judaism*）（他计划为伊斯兰教和其他宗教写的卷章并未付诸实现）。我特别感兴趣的是韦伯在西方与中国、《新教伦理》和其后的《中国的宗教》之间做出的比较与对比。韦伯的中国研究特别有趣，因为这是他生前唯一修订并出版的比较宗教研究（印度和古代犹太教的研究是依据未修改的文本，在他去世以后才出版的）。①

在《新教伦理》一书中，韦伯提出了两个基本观点。首先是马丁·路德提出的“天职”（Beruf）的观念。天职的观念使个人投身于“此世”的生活，而不是中世纪天主教世界理念中的僧侣敛心默祷、“来世的”态度取向。用16世纪德国神秘主义和通俗作家塞巴斯蒂安·弗兰克（Sebastian Franck）的话来说，新路德教派的观点是，“现在每个基督徒必须终生成为僧侣”。② 修行运动的确引入并发展了禁欲主义，但限于修道院的范围。正如韦伯所说：

> 基督教的禁欲主义一开始就远离日常生活，进入超尘脱俗的境界。然而在摈弃世俗的同时，这种禁欲主义通过教会来协助宗教统治世界。但在回到修道院时，禁欲主义将日常生活维持在自然而未受抑制的状态。但是现在，基督教的禁欲主义者将修道院的大门砰然关上，跨入生活的集市，开始把它的规矩条例渗透到生活的常规中去，把它塑造成一种尘世的生活，但这种生活既不是属于尘世的，也不是为尘世的。③

但是，路德在很多方面仍然是一个传统主义和保守主义者，特别是他对经济问题的态度。韦伯因此转向了让·加尔文（Jean Calvin），但他不像加尔文的追随者、17世纪的清教徒如理查德·巴克斯特（Richard Baxter）那样，认同加尔文教的信纲。加尔文的“预定论”（pre-destination）和“选民”（the elect）的概念将新教改革引入到一个

---

① 虽然韦伯并非汉学家，也读不懂中文，但他得到了一些当时在德国有关中国最好的出版物，他还请教过德国很多出色的汉学家。这从他书中大量的注释可以看出来。见 Weber, *The Religion of China*, pp. 250–297. 当代一些汉学家对韦伯的学术以及他对中国社会的理解，也颇为赞许，如 Otto B. van der Sprenkel, “Max Weber on China”, *History and Theory* 3:3 (1964): 340–370; C. K. Yang, “Introduction”, in Max Weber, *The Religion of China*, paperback edition (New York: The Free Press, 1964), pp. xiii–xliii。

② Weber, *The Protestant Ethic and the Spirit of Capitalism*, p. 118.

③ 同上，第140页。我们将在后面的讨论中阐明这个重要的限定。

全新的维度。路德说，上帝按照自己的意志，只有被预定的人类能够得救，其余则被罚入地狱，原则上谁能够得救是未知的。韦伯认为，在一个普通的加尔文教徒看来，这就带来了难以忍受的焦虑感和一种“唯一的确定性”（certitudo salutis）。谨慎而有条理的生活态度、称义的责任感、世俗的成功，都成为救赎的标志，即一个人得到神恩宠的外在彰显。

韦伯表示，这种“新教伦理”是令人钦佩的，它产生了一种有利于有条不紊的、合理的、现代的资本主义精神。[①] 韦伯后来认为，资本主义的精神渐渐脱离开了它的宗教根源，并发展出自我维持的动力，把工业社会的人们拘囚在封闭的、自我肯定的系统中。在《新教伦理》著名的结语中，韦伯这样写道：

> 理查德·巴克斯特认为，对圣徒来说，身外之物只应是“披在他们肩上的一件随时可以甩掉的轻飘飘的外套”，然而命运却注定从这一外套锻造出一件钢铁般坚硬的外壳（或铁笼）（stahlhartes Gehäuse）。一旦禁欲主义着手重新塑造尘世并树立起它在尘世的理想，物质产品对人类的生存就开始获得了一种前所未有的控制力量，这力量不断增长，而且不屈不挠。[②]

我们要认识到禁欲主义精神的深远发展。对于韦伯而言，这意味着宗教（“既不属于这个世界也不为这个世界”）的精神，被一套如此完备且“自然”的体系所继承，尽管宗教给予它最初的活力和含义，但是继承者已不再需要这种精神作为支撑了。这里要强调一个可能是《新教伦理》中最重要的见解：在以宗教为中心的世界（早期现代世界）中，需要用一种宗教取代另一种宗教，只有以宗教为基础的伦理才可能获得成功。与唯物主义者的论述不同的是，在韦伯那里，新教和新教伦理不是资本主义精神的“意识形态”遮羞布，资本主义没有宗教上的正当性则寸步难行（尤其是考虑到传统宗教和伦理对营利的敌视）。[③] 事实上，对于韦伯和其他很多人而言，新教改革并非

---

① 韦伯以 18 世纪美国人本杰明·富兰克林的生活和思想为例，阐述了新教伦理与资本主义精神之间“选择性的亲和力”。富兰克林虽然是自然神论者，但并不是一个特别虔诚的宗教信徒。然而富兰克林对工作和生活的态度，明显有激情的、“宗教的”特质，从而体现了资本主义精神摆脱其宗教根源的过程。见 Weber, *The Protestant Ethic and the Spirit of Capitalism*, pp. 69–88。

② 同上，第 157—158 页；另见第 73，83，84 页。

③ 在标准的马克思主义论述中，新教也与资本主义有关，但二者的关系是颠倒的。对于马克思主义而言，首先有了资本主义（由封建主义转变而来），然后才有新教作为意识形态的“上层建筑”，将资本主义正当化和理

跨向世俗化的第一步，而是宗教的大规模复兴和再生，在西方宗教色彩浓厚的 16 世纪和 17 世纪，叛乱和革命都是打着宗教的旗号进行的。

因此，宗教的控制不但没有减弱，反而随着新教改革（尽管新教主义最终走向世俗化）而增强。正如韦伯所说：

> 我们今天常常忘记了一点：16 世纪的宗教改革不仅解除了天主教会对信徒的控制，还取代了天主教会的这种控制形式：一种流于形式的统治被另一种无限繁重、将信徒生命牢牢拷住的统治所取代。宗教开始全面地渗透到所有的私人和公共领域。①

因此，韦伯坚持认为，将加尔文派和其他新教集团商业上的成功与追求物质财富或世俗赞誉联系起来，是完全错误的。

> 圣徒的生活完全是为了一个超验的结局，即获得拯救。也正是因为这个原因，他在现世的生活是彻底理性化的，完全受增添上帝的荣耀这个目的所支配。“一切都为上帝的荣耀”这句格言从来没有这样被严格地奉行过。②

换言之，韦伯认为现代资本主义是清教徒宗教信仰和行为始料不及的恶果。清教徒关心灵魂的得救，并以行动证明他们是上帝的“选民”。俗世的成功是恩宠（“上帝帮助那些自助的人”，God helps those who help themselves）的外在象征；它提供了救赎的“唯一的确定性”，从而减缓了加尔文教徒（但非加尔文本人）的焦虑。但这不是

智化（布莱希特的“先要吃饱，再讲道德”）。韦伯则认为，欧洲早期现代时期属于宗教时代，不可能出现资本主义这种纯粹的唯物主义制度，他反对马克思主义的论述，即资本主义把新教作为合适的意识形态掩护，甚至发明了新教。唯物主义者的这些努力，与当时基督教精神和信仰背道而驰，若不改宗将会遭到严惩（例如自由思想家布鲁诺被判火刑，另一位“异端”伽利略侥幸逃脱）。资本主义想要产生，就必须充当宗教运动如新教一个意外带来的副产品。关于马克思和韦伯就资本主义起源的分歧，请参阅 Norman Birnbaum, “Conflicting Interpretations of the Rise of Capitalism: Marx and Weber”, *British Journal of Sociology* 4 (1953): 125–141; Randall Collins, “Weber’s Last Theory of Capitalism: A Systematization”, *American Sociological Review* 45:6 (1980): 936–941; Frank Parkin, Max Weber (London: Tavistock Publications, 1982), pp. 40–70; *Gordon Marshall, In Search of the Spirit of Capitalism: An Essay on Max Weber’s Protestant Ethic Thesis* (London: Hutchinson, 1982), pp. 140–157。

① Weber, *The Protestant Ethic and the Spirit of Capitalism*, pp. 62, 67–68.

② 同上，第 115 页。

清教徒的目标。对于清教徒和任何其他宗教信徒而言，这样的目标等于是亵渎神明，应受到谴责。因此，对于后来的很多新教徒，如卫理公会创始人之一的约翰·卫斯理（John Wesley）来说，新教带来了看似必然的物质成功，也提出了一个道德上的困境。在 1920 年修订版的《新教伦理》中，韦伯引用了卫斯理的一段话：

> 我感到忧虑的是无论何处，只要财富增长了，那里的宗教本质也就以同样的比例减少了。因而我看不出就事物的本质而论，任何真正的宗教复兴如何能够长久下去。因为宗教必然产生勤俭，而勤俭又必然带来财富。而随着财富的增长，傲慢和对现世的一切热爱也会随之而增强。在这种情况下，卫斯理宗，尽管它是一种心灵的宗教，尽管它在眼下像月桂树那样繁茂，又怎么可能会继续存在下去呢？[①]

韦伯认为卫斯理的这段话“非常适合概括以上谈到的一切……可以由此看出宗教与财富的联系”。[②] 卫斯理激情澎湃的“内心哭泣”（cri de coeur）可以看作对韦伯的主要论点——即新教改革意想不到的后果的一个美丽而忧郁的注脚。

当考虑中国的情况时，需要注意到韦伯并不认为新教徒的信仰与资本家的信仰和实践之间有直接的联系。新教不等于资本主义。在欧洲北部和西北部，新教国家建立资本主义之前，必先经历调解、相当曲折的解释过程以及误读。没有新教，就没有资本主义。资本主义是人类历史上一个重大的突破和断裂。宗教对于这一突破必不可缺，因为在宗教时代，只能用一种宗教力量对抗另一种宗教力量，而不能用非宗教的东西。无论儒家在严格意义上是否为宗教，它都作为“主导意识形态”存在于中国历史长河中。儒家成为韦伯解释为什么在中国尽管有高度发展的经济，却并没有建立一种财富自我积累的经济（如资本主义）的关键。

三、中国和西方的对比研究

早在 1904 年至 1905 年出版的《新教伦理》中，韦伯就给出了他对基督教与资本主义之间关系的看法。尽管他用各种方式对它进行提炼和发展，他一直围绕着这个基本论点，特别是在 1920 年修订版的大量注释中。他后来的著作《中国的宗教》，特别

① Weber, *The Protestant Ethic and the Spirit of Capitalism*, pp. 153–154。

② 同上。

是结尾一章“儒教与清教”，进一步阐释了这个问题。我们可以看到，与许多有“理性主义”和蓬勃发展的商业和技术生活的文明相比，新教是独一无二的。那么，可以这样问：为什么西方发展出了资本主义，而中国却没有？（这个问题的前提值得质疑，我们将在最后回到这个问题）

在《中国的宗教》中，韦伯注意到中国的传统社会存在不利于资本主义发展的几大特征。《中国的宗教》探讨的内容比《新教伦理》更广泛。韦伯认为，自己在《新教伦理》中没有讨论法律、政治等方面的问题，但在其他书（如《世界经济通史》）中，表明法律、政治对西方资本主义的发展同样重要。① 在《中国的宗教》中，韦伯不断地把中国与西方（尽管不是所有方面）做比较和对比。

涉及城市的性质和地位时，中西有一个重要的区别。中世纪欧洲的“自由城市”（free cities）（中世纪谚语有“城市空气自由”这样的表达）在推广新形式的经济组织、塑造公民新身份方面起了关键作用。② 然而在中国，恰恰缺少了“自由城市”这个特征。

> 中国以及整个东方的城市组织与西方截然不同的是，没有城市的政治特点。它不是所谓的古希腊“城邦”，没有中世纪那样的“城市法”。因为它不是拥有固定的政治特权的“共同体”……与西方不同的是，中国和整个东方的城市缺乏政治自治。东方城市不是古代意义上的“城邦”(polis)，它对中世纪的“城市法”一无所涉，因为它不是一个拥有自己的政治特权的“社团”(commune)……“城市”是没有自治的品官所在地，乡村则是没有品官的自治区……中国城市的繁荣，不取决于市民的经济与政治魄力，而是取决于朝廷的管理职能，尤其是对江河的管理。③

---

① 兰德尔·柯林斯在“韦伯最后关于资本主义的理论”（Collins,“Weber's Last Theory of Capitalism”）一文中认为，在其逝世后出版的《经济通史》（1923）一书中，韦伯明显削弱了新教作为资本主义兴起的动因，并强调法律、政治和其他制度特征比新教更为重要。然而，韦伯没有在《新教伦理》否认这些特征的重要性，他在去世那年（1920）修改并重新出版了《新教伦理》，在这一版中，他并没有对1904—1905年的论述做任何实质性的修改。

② Max Weber, *Economy and Society,* 2 vols. Ed. by Guenther Roth and Claus Wittich (Berkeley: University of California Press, 1978), pp. 1212–1372; Weber, *General Economic History*, pp. 315–317.

③ *Weber, The Religion of China*, pp. 13–14, 90–91. 尽管杰克·古迪不同意韦伯其他地方的很多论述，他仍然采用了韦伯对中国城市和更普遍的东方城市的观点。见 Jack Goody, The Theft of History (Cambridge: Cambridge University Press, 2006), pp. 215–222; 另见他引用的参考文献。对于韦伯来说，与西方相比，中国主要缺少了牢靠运作的城市同业公会系统。见 Weber, *The Religion of China*, p. 20。

韦伯还提到了中国与西方不同的一些重要的文化政治特征。例如，一旦帝国被平复，中国不尚战争和英雄主义（“或是篡权上台的，或是成功入侵的，两种情形都仅仅意味着征税人的变换，而不是社会制度的变迁”）。秦朝统一中国、建立中央集权，被认为是中国最伟大的政治成就之一，它开创了延续两千多年、相对稳定的局面。但稳定也意味着革新的失败。“几千年来未被动摇过的国内政治与社会的古老制度被置于神的保护之下，并揭示出这种保护……对于中国的天威来说，古代的社会秩序就是一切。”①

直到18世纪，欧洲统治阶层竞相以战争和胜利为荣，这也推动了欧洲军事技术的发展。有人认为，中国长期以来的相对和平贬抑了尚武精神，阻碍了中国人创制的火药技术的发展。②对于韦伯来说，与西方罗马帝国衰落后政治的四分五裂相比，中国缺乏政治竞争，这不仅阻碍了军事技术的发展，也妨碍了经济和社会创新。“这个世界帝国再也得不到战国时代各国竞争中存在过的理性化的动力了。”③

在西方，政治竞争与征服者的结盟引发了社会和政治冲突，从根本上改变了西方社会的结构。韦伯指出，五次伟大的决定西方命运的革命：12和13世纪的意大利革命、16世纪的尼德兰革命、17世纪的英国革命、18世纪的美洲革命和法国革命就是这样做的。难道中国就没有这种势力吗？④正如人们经常问的那样，中国是否经历过不同于造反（rebellions）的革命（revolutions）？如18世纪发生在西方的一场革命，20世纪通过西方的马克思主义传到中国。马克思说，“革命是历史的火车头”。那么中国是否缺乏革命的驱动力？中国社会的结构和文化是否阻碍了革命？而在西方，恰恰是革命的断裂为资本主义的发展铺平了道路，资本家和资产阶级才得以崛起。

四、士人阶层与儒家文化

除了缺乏自治的城市和独立的法制外，韦伯还提到另一个同样重要的特点：中国

① Weber, *The Religion of China*, p. 27.

② Phillip T. Hoffman, *Why Did Europe Conquer The World*? (Princeton: Princeton University Press, 2015), pp. 142–146.

③ Weber, *The Religion of China*, pp. 61–62. 韦伯在该书第103页上又说：“自从天下太平以来，一直没有理性的战争，更重要的是，没有若干互相竞争的独立国家彼此长期备战的武装和平及由此决定的种种资本主义现象：战争借款和用于战争的国家供给。”韦伯在这里预见了查尔斯·蒂利和菲利普·霍夫曼的核心论点。见 Charles Tilly, *Coercion, Capital, and European States, A.D. 990–1992* (Oxford: Blackwell, 1992); Hoffman, *Why Did Europe Conquer The World*?

④ Weber, *The Religion of China*, p. 62.

"没有海外和殖民关系"，这阻碍了西方古代、中世纪和近代各种形形色色资本主义的发展，例如海外资本主义与殖民资本主义，它们都是"掠夺式资本主义"的变种。韦伯把这种"失败"部分归因于"一个庞大的内陆国家的地理条件"，但根本上是中国社会一般的政治与经济特点的后果。①

把《中国的宗教》与《新教伦理与资本主义精神》里关注的问题放在一起，构成了韦伯研究的核心。

> 西方以产业为特殊摇篮的、理性经营的资本主义所遇到的重要阻碍，除了没有形式上受保障的法律和理性的行政、司法以外，还有俸禄化的后果以及缺乏一定的思想基础，最重要的则是存在于中国人的"气质"之中并为官员及候补官员阶层所持有的态度。②

这就是著名的"士人阶层"（the literati）一章，接下的一章就对士大夫提倡的"儒家的处世之道"进行了考察。韦伯认为道家既是儒家的异端，也是一种补充（尽管他几乎对中国的佛教不置一词）。③ 最后一章比较儒家和清教，韦伯借助自己对新教和资本主义的分析，指出为什么儒家不利于产生现代资本主义。

我在此不讨论韦伯对士大夫社会群体的描述，因为这是他研究中最广为人知的部分。韦伯强调了士大夫的传统主义，即追求政治安定，科举制度一方面保证了社会流

---

① Weber, *The Religion of China*, p. 104. 这种观点比彭慕兰把中国在 18 世纪和 19 世纪的工业化失败归因于缺乏海外殖民地的观点更具有普遍性，或许也更重要，虽然殖民地可以供应关键的原材料，也为工业产品提供市场。见 Kenneth Pomeranz, *The Great Divergence: China, Europe, and the Making of the Modern World Economy* (Princeton: Princeton University Press, 2000), pp. 264–297。有很多人都评论过，在明代早期，朝廷决定结束如郑和下西洋这样的长途航行并销毁了中国远洋舰队的后果（这严重阻碍了海军的发展，到 19 世纪中国与西方列强交战时，这就成为中国力量严重薄弱的一环）。如果中国继续开展这些航行，而且早在欧洲人之前就建立海外殖民地，情形又会如何，这真是世界历史上最大的反事实假设之一。有关这方面一些有趣的想法，请参阅 Ian Morris, *Why the West Rules – For Now* (New York: Picador, 2011), pp. 407–433。还有另一种反事实的假设——如果蒙古人没有征服和重新统一中国，情形又会如何，可参见 Hoffman, *Why Did Europe Conquer The World*? pp. 175–178。

② Weber, *The Religion of China*, p. 104.

③ 有人认为韦伯在他的叙述中没有包括佛教，就使他忽略了早期中国历史中极有利于资本主义发展的一些文化和制度性的因素，而这些因素在日本的情形中，就可以证明这一点。见 Collins, "Weber's Last Theory of Capitalism"。但我们绝不要忘记，韦伯关切的是资本主义的起源，其最早并具有决定性意义的例子，而不是其他非资本主义社会吸纳资本主义的倾向或能力。韦伯说得很明白，中国完全没有任何障碍去吸纳资本主义。

动，但强调经典和文学性质的教育，亦带来了文化保守主义。[①]更重要的是，士大夫推举儒家为“国教”（state religion），从而在体制上巩固了自己的地位，并以此作为全社会效仿的榜样。引用韦伯的观点，儒学通过“士大夫—乡绅”对整个中国社会产生了深远的影响。

> 那种把对现世的紧张关系，无论在宗教层面对现世的贬低还是从现世所受到的实际拒绝方面，都减少到最低限度的（在意图上的）理性伦理，就是儒教。现世是一切可能的世界中最好的世界，人性本善，人与人之间在一切事情上都只有程度的差异，而在原则上都是平等的，无论如何都能遵循道德规范，而且有能力做到尽善尽美。根据古代经典作家的看法，哲学—文学的教育是自我完善的普遍手段，缺乏教育及其主要原因，即经济供给的不足，就是一切错误唯一的根源。这种不德，尤其是政府的不德，就是一切灾难的祸根，因为它们使鬼神不宁。正确的救世之路是适应世界永恒的超神的秩序：道，也就是适应由宇宙和谐中产生的共同生活的社会要求，主要是：虔敬地服从世俗权利的固定秩序。对于具体的个人生活，与此相应的理想就是把自己改造成为一种各方面和谐平衡的人，改造成大宇宙的缩影。儒家理想的人——君子的“优雅与尊严”表现为履行传统的责任义务，在任何生活状态下仪态得体、彬彬有礼，这就是（儒教的）核心品德，是自我完善的目标。达到这一目标适当的手段是，清醒、理性的自制和压抑任何通过无论什么样的激情来动摇平衡的东西。[②]

韦伯提到，“中国人那种由无数惯例产生的约束，缺少一种‘由内心’、由随便什么独立的中心立场出发进行调整的生活方式的统一性”。他追溯了中国宗教的某些特点，比如“中国人的宗教信仰中完全没有酒神成分，这是官僚主义有意识地使祭祀保持清醒的结果，中国人的宗教信仰中没有也不应该有任何一点使灵魂失去平衡的东西”。韦伯将清教伦理与努力改造世界的“内在的价值尺度”与儒家“从外部适应‘世

① 的确，直到19世纪末，经典也是欧洲教育的基石，特别是在上层和中上层阶级中间。但是受过高等教育的精英阶层无法阻止商人和工业阶级的兴起，反倒在一些领域与他们联合起来，比如在贵族私有土地进行市场化“改善”，在贵族和商业中产阶级之间开展合资商业经营，如东印度公司。除了少数例外，欧洲的上层阶级看到了大势所趋，于是同赢家结为一体。

② Weber, *The Religion of China*, pp. 227–228.

界’条件”的处世之道进行对比。儒家的理想是“调试得尽善尽美的个人”，而非追求“一个内在统一的人格”。“生活一直是一连串过去的事情，而不是被井井有条地置于一种先验的目标下的整体。”[①]

今世的作为和超现世的救赎之间的紧张关系，是新教的主要特征之一。这种紧张关系造就了超验的目标、永不停息的奋斗，救世之路永远不会达到目的地。原罪是人生此岸无法克服的事实，但人们可以通过不断的努力去获得彼岸的救赎。在新教看来，这是人生的使命，这种痛苦而富有创造性的张力在经典儒家中并未体现。

> 这种伦理中根本没有自然与神、伦理的要求与人类的不完备、近世的作为与来世的报应、宗教义务与政治社会现实之间的任何一种紧张关系，因此也没有任何一种不通过单纯受传统与习惯约束的精神势力来影响生活方式的理由。[②]

对于儒家来说，“孝……是对个人行为最具影响力的因素……儒家思想并不依赖于超世俗的神，因此他也从未被束缚于一个神圣的‘事情’或‘理念’”。韦伯说，相比之下，新教徒“挣断了宗族纽带”，甚至站在家庭的对立面（在儒家思想里，家庭是一个近乎神圣的机构）。他们以“信仰的更高共同体和共同伦理生活方式”的承诺取而代之。从经济的角度来看，这意味着“将商业信任建立在每一个人的伦理品质的基础上，这种品质已经在客观的职业工作中经受了考验”。[③] 新教以某种矛盾的方式将极端的个人主义融入信仰和伦理的生活方式共同体中，这个共同体比血缘共同体更有优势。在这样的情况下，资本主义恰如其分转换为一个有活力的制度，由内向外追求共同体的目标（只是在后期，一旦资本主义牢固建立，资本主义就与不加限制的“占有性的个人主义”画上了等号）。

关于儒家对财富和营利的态度，韦伯认为，尽管儒家对财富持尊重态度，但是“政治资本主义并没有创造出纯粹经济的资本主义”，原因是“在儒家及其像基督教一样根深蒂固的伦理同资产阶级的生活方法论之间，没有过渡的中间环节”。韦伯说，“这是至关重要的。清教无意间创造了这种生活方法论”。

---

① Weber, *The Religion of China,* pp. 232–233, 235.

② 同上，第 235 页。

③ 同上，第 237 页。

> 与儒教相比，清教模型的特点是：尽管清教采取了禁欲主义拒世的形式，或者恰恰是由于采取了这种形式，他们反对逃离人世，以便将俗世理性化。在上帝面前，被造物的堕落并无区别可言，所以，人本身都是邪恶的，在道德上绝对有缺陷，世界就是盛罪恶的容器。适应它那些毫无价值的习惯就是堕落的标志，儒教所谓的独善其身是亵渎神明、神化被造物的思想。①

儒家和加尔文派的伦理“都有自己非理性的归宿，一个归于巫术，一个归于一位超凡的上帝最终不可探究的旨意”。不过从巫术中得出的结论是：“为了避免神灵发怒，经过考验的巫术手段以及生活方式的一切传统形式都是不可更改的，传统是牢不可破的。反之，从超凡的上帝和邪恶的、伦理上非理性的世界的关系中，却可以得出这样的结论：传统绝对不是神圣的，从伦理上理性地征服世界、控制世界是不断更新的工作的绝无止境的任务，这就是‘进步的’理性客观性。同儒家理性地适应世界相对的，是理性地改造世界。”②

君子不器，儒家的高尚理想追求的是美学而不是功利价值。“心灵高贵恬淡，舍此别无他求”，这种“全才”的理想反对专业化；清教徒则拒斥哲学与文学教育，致力于职业生活，视之为证明自己得救的手段。

> 在儒家眼里，匠人即使借助他的社会功利价值也不能提高真正积极的尊严。因为“君子不器”，这就是说，在适应世界独善其身的过程中，那始终是终极目标，而不是任何事务性目的的手段，这是至关重要的。儒教伦理的这个核心命题反对专业化，反对近代的专业科层和专业训练，尤其反对为营利而进行的经济训练。③

韦伯认为，儒家的处世之道是理性的，“但与清教不同，它是由外部而非内部因素决定的”。清教徒的理性主义与儒家的理性主义不同，它源于一种“超世俗的取向”，清教徒希望“在”（in）世界中生活，而不“属于”（of）此世。这一点产生了“天职”思想，也意外地诞生了现代理性的资本主义。

① Weber, *The Religion of China,* p. 238.

② 同上，第 240 页。

③ 同上，第 246 页。

"理性主义"……包含在两种伦理的精神中。但是，只有以超世俗为方向的清教理性伦理，才贯彻了入世的经济理性主义，这恰恰因为，后者与前者相近，也恰恰因为，对于清教理性伦理来说，入世的工作仅仅是追求超验目标的一种表现。世界属于清教理性伦理，这符合天意，因为只有这种伦理是"为上帝及其争议而奋斗"的。由此，可见两种"理性主义"的根本区别：儒教理性主义意味着理性地适应世界；清教理性主义则意味着理性地把握世界。[①]

五、资本主义，西方和世界

即便我有能力，我也并不想尝试评估韦伯关于儒家思想（或是新教）说法的准确性。[②]我主要思考如何用韦伯自己的话，特别是有关清教和儒家世界观之间的对比，来说明他对这个问题的见解——西方如何迂回地走向资本主义，而中国又如何阻碍了资本主义的发展。

需要注意的是，就"形式上"的理性而言，韦伯深信，资本主义攫取其信仰者的方式实际上是非理性的。韦伯说，早期的资本家并不是一帆风顺，各种怀疑、仇恨甚至道德义愤总是涌向第一个革新者。至少从传统主义的角度来看，他们的活动与宗教的伦理准则相去甚远，甚至有亵渎神明之嫌。资本主义最终摆脱了宗教，或者说把商业本身看作一种宗教。最初由新教伦理产生的基本动机，继续推动着资本主义的运作，而商人没有意识到动机的宗教起源，或者认为没有必要用宗教术语为动机的正当性做辩护。然而，从个人幸福的观点来看，这种动机表达了这类生活是如此的不理性。韦伯说，"一个人是为了他的事业才生存，而不是为了他的生存才经营事业"，那么几乎所有哲学家、宗教人士等所认定的伦理生活，都会出现惊人的逆转。[③]

伊曼努尔·沃勒斯坦提出这样一个具有争议性的问题："西方真的崛起了吗？还是事实上衰败了？这是一个奇迹，还是一个重疾？这是一种成就，还是一场惨败？是一

---

① Weber, *The Religion of China,* p. 248.

② 目前尚无对韦伯《中国的宗教》全面的考察，但是对此书有一些非常有用的讨论，且大部分都支持韦伯的论述，特别是韦伯对儒家的论述，参见前面已经提到 van der Sprenkel, Yang, Elvin, Blue, Brook 等人的著作。另可参见汉学家葛兰言的著作，见 Marcel Granet, *The Religion of the Chinese People*, trans. Maurice Freedman (New York: Harper and Row, 1975), pp. 97–119。虽然他在论及儒家时没有提到韦伯，但他关于儒家思想对中国社会影响的观点与韦伯非常相近。

③ Weber, *The Protestant Ethic and the Spirit of Capitalism*, pp. 83, 157–158.

个前无古人的突破，还是一场前所未有的破灭？”[①] 如果说西方的主要成就是建立了资本主义，当面对资本主义表现出种种非理性甚至病态的特征时，“西方的崛起”是否还值得称庆？中国（或其他任何国家）不愿或者不能自发地生成（注意我用的是“自发地生成”而不是“吸纳”）资本主义，是不是一种遗憾呢？这也许是一个价值观和选择的问题：资本主义与一种文化所推举的价值观相抵，因此没有获得发展。[②] 这一观点会让我们重新审视“为什么西方产生了资本主义，而中国没有”这个老式的问法，我们可能会对西方张开双臂迎接资本主义的姿态表示惊讶。应该这样问：为什么西方不仅背离了其他伦理观念，而且走到了自己传统的对立面；而不是去问，为什么其他社会没有走向资本主义。

我们知道，资本主义被韦伯视为新教意外的结果，特别是在资本主义诞生的早期现代欧洲。韦伯认为自己的任务是解释资本主义的兴起，而不是为其做正当性的辩护或是宣扬资本主义。在《新教伦理》的结尾，一段关于“胜利的资本主义”（victorious capitalism）的话（显然出自尼采），可以看作韦伯为推动整个文明发展的资本主义写下的墓志铭：“专家没有灵魂，纵欲者没有心肝；这个废物幻想着它自己已达到了前所未有的文明程度。”[③] 身为德国有修养的资产阶级（Bildungsbürgertum）的一员，韦伯在《中国的宗教》中对中国士大夫的生活和追求赞赏有加。

通常认为，西方处在一个特殊的有利地位，从西方出发便可以评估和解释其他社会和经济的（非）发展。但是，为什么要把西方视为一种范式？为什么要把西方的发展看作是评估所有非西方社会、讲述它们历史的标准和典范呢？

我们可能会质疑资本主义在中国假定的缺席与原因，以及目前它发展的可能性与前景，是否为了解中国历史和社会发展，特别是比较研究的最佳入手点。正如卜正民所表明的，中国与西方的关系，即中国所谓的“落后”，特别是中国没有发展出资本主义，成为20世纪以来西方汉学甚至中国学者史学研究的重点。他认为在后毛泽东时代，随着中国更自信而积极地加入资本主义世界体系来，“社会主义”被重新定义为

① Wallerstein, “The West, Capitalism, and the Modern World-system”, p. 14.

② 见 Francesca Bray, “Towards a Critical History of non-Western Technology”, in Brook and Blue (eds.), *China and Historical Capitalism*, pp. 206–207.

③ Weber, *The Protestant Ethic and the Spirit of Capitalism,* p. 158. 尽管从上下文看来，这句话似乎是引自尼采，而且也完全符合《查拉斯图特拉如是说》（*Thus Spoke Zarathustra*）的精神，但“虽然经过了几代韦伯研究者的全面调查，还是无法确定这个引文的来源”。这是 Stephen Kalberg 的话，见 Weber, *The Protestant Ethic and the Spirit of Capitalism*, p. 549, n.136。

“中国特色的资本主义”，“用非资本主义来定义中国历史的冲动逐渐减退……随着‘资本主义’的现代性在中国获得胜利，矛盾的是，西方已经不再是大写的历史发生的地方（the place），而不过是历史的另一个地方”。①我们需要重新思考中国的社会和历史，不以西方发展的“正途”为参照，而是按照中国自身的道路。“由于中国的经济和国家结构在资本主义的过渡时期或过渡期后，并不一定向欧洲的国家和社会靠拢，因此可能需要用不同的制度和历史变迁模型来记录欧亚大陆两端不同的运作过程。”②

这也许是老生常谈：中国和中国的历史需要从它自身出发来理解，而不是挪用西方的概念。除“资本主义”外，这对“封建主义”、“帝国”和“革命”也同样适用。但是我们不要对中国和西方的比较一律加以排斥，比较对人类科学至关重要。没有比较，研究就会陷入特殊具体而非一般的情况。我们可能会想到一个宽泛的、维特根斯坦式的“意义群论”，即允许比较的同时，也尊重特殊性和独特性。即使在西方内部，资本主义社会，如斯堪的纳维亚与美国之间的差异是如此巨大，以至于人们会觉得中西方的资本主义不能进行比较并非因为相去甚远。其他的范畴和概念也是如此。在这样做的时候，我们应该听取韦伯的告诫，“这个概念的最后的完善形式就不能是在这种考察的开端，而必需是在考察之后”。③

在任何情况下，韦伯仍然构成了任何一种比较分析的核心。他对中国城市和中国官僚体系的论述以及它们与西方的异同，同时阐明了两种文明。尤为重要的是他对儒家文化的深入描绘及儒家对士大夫阶层的深刻影响的阐释。我们是否像韦伯那样讨论资本主义在中国的命运，这并不重要。在《中国的宗教》和《新教伦理》中，韦伯强调文化在塑造一个社会经济、技术和科学等领域中的作用，在今天仍然具有参考价值。中国可能与西方的情况非常不同。但正如西方的贵族文化给西方社会留下不可磨灭的印记一样，我们也必须承认儒家的士大夫文化对中国社会产生了深远的影响。

随着中国继续以惊人的速度和规模参与世界资本主义，比较将会产生更多的价值。西方社会的许多特点，如高度的个人主义、对流动性和成功的看重、对隐私的强烈关注、西式的高等教育体系等，正慢慢地渗透到中国社会。西方的社会学家们曾花费了很多时间去理解西方社会的这些特征。正如韦伯一样，他们对当代中国的分析作

① Timothy Brook, “Capitalism and the writing of modern history in China,” in Brook and Blue (eds), *China and Historical Capitalism*, p. 155.

② Brook and Blue (eds), *China and Historical Capitalism,* p. 6.

③ Weber, *The Protestant Ethic and the Spirit of Capitalism*, p. 69.

出了很大的贡献，对中国历史和社会的研究同时又帮助他们更好地理解自身的发展。欧亚大陆终究是一个由很多地区构成的统一体，对其各部分以及各部分与整体之间的比较让我们获益良多。

（黄舫溪译）

作者简介

克利杉·库马（Krishan Kumar），在剑桥和伦敦经济学院受教育，曾任教英国坎特伯里肯特大学，现任美国弗吉尼亚大学校级教授，也是威廉·基南社会学讲座教授（William R. Kenan, Jr., Professor of Sociology）。他的主要著作包括 *Utopia and Anti-Utopia in Modern Times* (1987), *The Rise of Modern Society: Aspects of the Social and Political Development of the West* (1988), *The Making of English National Identity* (2003), *From Post-Industrial to Post-Modern Society: New Theories of the Contemporary World* (2004), *The Idea of Englishness* (2015), *Visions of Empire: How Five Imperial Regimes Shaped the World* (2017), *Empires: A Historical and Political Sociology* (2020).

身处十字路口的中国家族企业：代际传承、现代化和全球化

金　李

我将从法国著名经济学家托马斯·皮克提的畅销书《21世纪资本论》开始我的讨论。皮克提在这本书里就欧洲与美国在过去三百年来丰富的历史性财富数据进行了详细的研究，得出了一些令人惊讶的发现。首先，在过去三百余年的历史中，西方不平等现象的逐渐扩大与日趋严重有详尽的记录；其次，比起以往任何时候，如今一个人的财富不再仅仅取决于劳动收入，也来自所继承的遗产。而后者比劳动与才能更加重要：在未来，一个人的发展将越来越取决于原生家庭。

皮克提依据西方过去三百年的历史数据得出了这样的结论：资本收益率将持续高于经济增长率，物质输出的增长率因此也将低于财富增长率。这一趋势将持续加剧财富和收入的不平等，甚至可能威胁现代民主的基石。皮克提认为累进资本税（包括房产税）可在全球范围内通过政治制度和手段来遏制进一步的两极分化和收入不平等。

让我们以丰富的中国的历史数据来实证皮克提的发现。中国长期以来经济社会保持稳定，文明不间断地持续了两千多年。在此期间，有相当数量存留的历史文献可以用于跟踪记录长期历史发展中的财富增长。我们可以做一个假设，如果皮克提出生在有200万人口的中国唐朝（武德元年，618），那时中国的生产总值财富约占全球的1/4。我们可以随便找一个拥有“十户之资”的商人家庭，那么这一家庭拥有全国1/200000的国民财富，或者说1/800000的全球财富。按照皮克提的思路，资本增长以每年2%—3%的增速高于国民经济增长，那么如果要满足皮克提所设立的条件的话，财富增速应高于GDP增速两个百分点。

这样的家庭无处不有，他们当中也有后代繁衍至今。那么我们开始寻找这样的家

庭，包括其他宗族成员。我们想研究1400年后情况究竟如何。然而事实却是我们没能找到这样一个家庭。经过多次挫折和用心的探索，我们不得不承认这样的家庭并不存在，而更为仔细的思考则带给我们一些更为严谨的证明：一个家庭在长期历史发展中不可能满足皮克提设定的“简单”条件。否则，这样家庭所有的后代将掌握一百万倍于全球总财富的财富！

这一原因是显而易见的。即使我们只要求家庭财富比GDP增长率“略高”，按照皮克提设想的，家庭财富比每年增长2%，超过1400年的财富积累总量也会非常惊人。

$1.02^{1400} \approx 1,100,000,000,000$!

这便是广泛意义上的大家庭所拥有的财富，会是全球财富的100万倍。

以后人的眼光来看，我们可以打趣地说，如果皮克提对高财富增长率适度超过GDP增长率的要求能在长期历史过程中成立，单个家庭的总财富迟早会爆炸并超越整个宇宙！

那么从长远来看，为什么皮克提的预言没有实现呢？数千年的世界历史似乎并没有产生一个占有全世界财富的富有家庭。这对我们大多数人来说是一件好事！否则，我们可能仍然生活在奴隶制中。但是对富裕的家庭来说，一个亟待解决的问题则是，为什么财富积累不能长期维持？

正如中国连贯的历史所表明的那样，革命、战争、自然和人为灾难的反复发生，一次又一次地让富裕家庭回到发展的原点。而一旦继续创造新财富的勇气丧失了，家族财富的传承往往会被持续的内部斗争与平庸的后代所打断。在中国数千年不间断的文明演进过程中，“君子之泽，五世而斩”似乎更为准确地刻画了现实。

历史似乎表明：财富的代际传承是一个巨大问题，它使得任何富裕家庭都无法在历史中长期存在。这是偶然的还是不可避免的呢？如果我们要学会回避“偶然性”，接受“必然性”，那么我们也需要有区分两者的智慧。

要回答这个问题，我们可以首先试着去理解财富代际传承的含义。在中国和其他国家，大多数富裕家庭都拥有自身商业，因此家族财富的传承与商业的代代相传是息息相关的。根据哈佛商学院的约翰·戴维斯博士的研究，一旦商业传承失败，财富传承也往往很快会失败。

如果商业的相传是财富传承真正的关键，那么企业传承是什么呢？它的意思是把事业从一代延伸到另一代。狭义来讲，商业传承只是企业自身的继承，但其广泛的含义包括以下几个要素的代际传承：

- 创业精神的传承（例如，当你自己开始创业）；
- 财富的传承（物质和非物质）；
- 气质的传承（淑女与绅士的教育，对道德、智慧与行为的培养）。

那么，为什么公司需要将其业务在家庭中代代传承下去呢？实际上，在很多情况下，做好一项生意需要超过一代人的付出。我们不愿相信华尔街的资本投资，我们需要的是家庭的“耐心资本”。

研究显示，世界500强家族企业中有44%被其家族第四代及以后的子孙所经营，而这一数字在全球所有家族企业中还不到5%。我们需要时间来打造商业模式、产品，建立品牌，检验新的想法，并将其融入商业实践。所有这些都需要时间！

正因如此，中国很多企业即使还不是真正的家族企业，也要求实现“百年老店”的前景。伟大而永恒的企业总是形成于缜密不断的思考中。阿里巴巴的愿景是成为至少能跨越102年（即跨越三个世纪）的公司。传奇也有类似的愿景。

那么在家族企业当中什么被传承了呢？被传承的，包括企业价值观、愿景、规章制度、管理理念、标准程序、客户群体和盈利模式。

那么他们也保持不变吗？换句话说，什么是需要一以贯之而什么又是与时俱进的呢？这些都是亟待解决的好问题。

一、中国的特殊国情

改革开放30多年来，中国涌现了一大批优秀的民营企业。而由于一些众所周知的历史原因，他们的企业传承面临巨大挑战。在未来十到二十年间，一大批民营企业面临业务交接的问题。随着第一代企业家年事渐高，他们越来越难适应商业和经济升级的挑战，而第二代企业家还没有准备好，很多商二代也不愿意接手。未来，由于代际传承的不顺畅，一大批企业将会陷入困境，甚至可能消失。

第一代企业家渴望培养接班人。在对中国最成功的企业家们进行的调查中，传承问题被强调为最重要和最紧迫的问题之一。我听说一位第一代企业家说：“世界是你们的，也是我们的，但最后还是孙子辈们的！”另一位企业家也曾经感叹：“我的人生已经取得了很多成功，但对我来讲，最重大的成功是见证我的孩子成功接手家族企业，否则我的一生仍然是不完美的！”

许多第一代企业家出身草根家庭，但希望他们的子女接受最好的教育，获得国际视野。因此，他们将孩子送到了海外最好的学校读书。我们调查的超过一半的家族企业已经把他们的第二代送往国外。这些人平均有3.5年的海外学习经历，主要学习如何继承家庭企业的业务：他们当中大约2/3的人专业是经济和管理。

家族企业的第二代往往具备现代的管理理念和国际视野。但这一结果或许是，他们当中的大部分人不认可父母的商业实践。事实上，毕业前后他们中很少有人愿意加入家族企业。受访者中，只有约20%的第二代愿意主动接管家族企业，约70%的第二代愿意开创自己的事业；很多第二代不愿意从事父辈的传统制造业，而愿意进入金融业；约10%的第二代愿意从事其他领域的工作，比如做医生、律师等。

我们同时研究了第二代不愿接管家族企业的原因。他们给出的理由包括：

- 父亲不愿意放手，不信任他们；
- 在这个年纪承担责任和负担都太早；
- 他们的激情不在于接管企业（有些人想要打高尔夫球来度过余生）；
- 其他原因：价值观冲突。这一点反映了现代化与全球化带来的与传统制造业的巨大反差，有些第二代认为父母的业务模式太低端，太脏太累……

但是还是有很多人，大概超过半数的第二代，最终还是选择了屈服：尽管内心不愿接手，很多人甚至选择在家族企业以外工作一段时间，但最终他们被迫返回，完成家族业务的交接。他们中的很多人长期在家族企业外工作，但随着父母健康状况恶化，家族企业需要接班人的时候，他们就会被“召回”。他们经常说，自己感到肩负重任，但还没有做好准备。这个问题如果解决不好，将严重阻碍中国私营企业的传承和未来发展。

二、中国家族企业的传承特点

第一，东方国家在传统上重视整个家庭的连续性而不是个人利益。而家族继承有一个积累和上升的过程。许多第一代企业家都非常节俭，他们吃苦耐劳，只是希望子孙后代的起点更高，走得更远以获取成功。但是在第二代之中，许多微妙的改变正在发生。

第二，在中国，甚至在整个亚洲，家族企业的老板往往是男性而不是女性。而这些男性往往到自己寿终正寝时才不再过问公司的业务。家庭成员之间不想谈论继承，因为这听起来像是在诅咒他们的父亲或祖父。而另一方面来说，第一代企业家也想坚持到生命的最后一天。他们不想放下内心的责任。但这一现象造成的结果就是家族企业进行传承计划的时间往往已经很迟。

第三，亚洲国家普遍重视关系等软资产。这些软资产对于企业发展来说，可能会比现代企业治理和企业标准化的原则更重要。 许多企业处于人治而非法治的阶段，企业领导者的个人魅力对企业的成功起着非常重要的作用，而这种个人魅力的传承较为困难。

第四，国内职业经理人人才市场相对落后，职业经理人也存在诚信问题。这个问题还没有得到根本的解决：一方面，企业家和职业经理人往往互相猜忌；另一方面，两代人拥有不同的经营和领导思路：第二代商界领袖经常发现自己处于一个尴尬的境地，即在接手家族企业后，他们无法迅速挑选“可用”的人才以形成自己的“团队”。

第五，国内包括并购市场在内的资本市场还不发达，企业在交接过程中往往面临较大损失。很多企业很难出售，或者很难在出售后维持和提高价值。家族企业因此被迫在家庭内部进行传递，即使往往效率低下。

第六，受限于过去30多年的计划生育政策，大量的第一代企业家往往只有一个成年子女，同时他们缺乏近亲。有时我会告诉我的第一代商人朋友们：当你创立公司的时候，你们千方百计争取胜利，你们是一万场战斗中唯一的幸存者。而现在你需要从一个儿子 / 女儿中挑选一个继任者，你不要指望他会有高于平均的表现！事实上，我观察到许多朋友正在为人才任用的问题而焦虑：究竟是采用亲近的家人（子女或者近亲）、最有才能的人（职业经理人），还是最有道德的人。这是一场持续的难题。

那么，让我们再看看“富不过三代”这句有名的俗语。

- 美国和欧洲的研究表明，大约3%—4%的企业在超过了三代人的手中进行传承；
- 东南亚的华人家族企业从继承之日起的五年内平均市值缩水60%；
- 相同的，在中国A股上市的家族企业的平均市值在继承后缩水了40%以上。

不仅是数据显示，古代智慧中也有对财富不会持久的类似表达：

- 苏格兰谚语称：“父亲买地，儿子修房，孙子卖房，曾孙流落街头。”
- 葡萄牙谚语称：“富农贵族穷子孙。”
- 西班牙谚语称：“父亲开酒店，儿子富贵，孙子乞讨。”
- 德国人则用“创造”“继承”和“灭亡”三个词来代表三代人的命运。

那么，家族企业之间的商业传承可行吗？

我们有很多实践已经打破了“富不过三代”的魔咒：

- 据统计，在日本一千多年的历史里，拥有300多年历史的企业有2000多家，拥有100年历史的企业有2万多家；
- 世界各地目前犹太人的家族遗产长久以来被誉为家庭财富继承的光辉典范；
- 欧洲和北美的许多家庭在三至五代甚至十多代之后依然保持着旺盛的生机。

最成功的家族企业往往是最持久的遗产：在全球收入最高的500家家族企业中，44%属于第四代及后来的继承者，相比之下，这一比例在所有家族企业中不到5%。当然，另一个可能的解释是，伟大公司的炼成需要经过几代人的努力。

东南亚华人家族企业的商业实践也不断打破“三代”的魔咒。而目前，国内很多知名企业正在经历代际传承，如新希望、娃哈哈等，他们中许多已经完成交接或者正在“转型”。在中国最富有的100人当中，约有一半是某一家族产业的两代人。这些接班人非常年轻，“80后”和“90后”占了一半左右，其中大部分曾在国外接受教育。所以这种说法还没有定论。

退一步想：如果企业的传承会被打破，财富的继承不可持续，那么什么可以更持久呢？

近代中国历史上著名的政治家林则徐有一家庭箴言：如果后代同我一样，那么留下钱做什么呢？德性长在自己身上，金钱会让他们牺牲自己的想法。如果子孙们不如我，那么留下钱做什么呢？金钱只会助长愚蠢忤逆者的罪恶。在我们的心中，信仰、思想、美德和智慧比财富和权力更为持久！

三、如何看待中国的商二代？

第一代企业家一方面希望给孩子比自己更愉悦舒适的生活，另一方面却常常感叹自己的孩子活在温室里。在与他们的互动中，我有时会听到以下几点：

- “我是只老虎，但我小孩就是绵羊！”（我真的不相信公司能在他手中做得好）
- “我的孩子很善良，还没有经历过人性的黑暗面。他可能太善良了！”
- “我的孩子叫我卖掉现在的产业，只给他（她）钱就可以了！”
- “我小孩并不明白，企业实际上是我的另一个孩子！”

第二代有很多缺陷：他们往往没有经历太多的生活困境；他们的性格可能不如他们的父母那么强硬；二代中无可避免会有纨绔子弟和害群之马。

但很多二代不愿意生活在父母的阴影下，或只是享受生活。他们愿意证明自己可以独立，并在这个过程中不断磨砺。例如，我经常听到以下几句：“请爸爸给我一个机会，让我从头开始证明自己！”

第二代企业家有很强的商业基因。他们当中很多人从小就被商业体系所培育（许多人告诉我说，他们在很小的时候就被他们的父母强迫参与董事会会议）。他们这代人站在巨人的肩膀上。他们也是全球化和互联网影响下的一代。他们受过良好的教育，较他们的父母，他们在视野、知识体系和价值观方面更能融汇中西。他们有新的理念，更愿意接受新的商业模式，比如利用资本市场来快速实现企业扩张。但他们缺乏经验。

很多第二代更愿意享受生活和实现工作与生活的平衡。许多人亲历了他们父母在创业时期的艰辛。正如那句名言所说：“白天做老板，晚上睡地板。”在家族企业的早期启动阶段，父母可能存在对家庭的疏忽，所以第二代往往想纠正父母的错误，更加关心自己的家庭生活。在父母眼中，这可能意味着“不够强硬”。但我认为，让子孙后代享有更好的生活而不必为温饱发愁，正是父辈们创业时所希望达成的目标。所以对很多深感担忧的父母，我经常告诉他们，第二代中的精英们将成为中国经济腾飞的中坚力量。正如另一中国谚语：“虎父无犬子！”

四、中国家族企业之未来

中国家族企业的传承将在未来十至二十年间对中国经济产生深远的影响。它将催生广泛的和遗产有关的资本市场活动，包括私募股权投资、并购、财富管理等。这一重大的传承问题也意味着大量的企业会在这个过程中遭遇一些大问题，承受巨大的损失，或者完全破产。其中只有较少企业能留存下来，从而涅槃重生。而他们当中，将出现未来中国和世界的商界领袖。

正是出于帮助家族企业进行业务传承的目的，我们才创造了 HOPE 工程。这是由哈佛大学、牛津大学、北京大学的首字母组合而成的。我们希望能够利用这三个大洲在历史长河中被证明是最好的大学的最佳教育资源和校友网络，来帮助中国家族企业的年青一代领导者迅速获得专业知识和思维方式，应对管理家族企业的挑战。

正如查尔斯·狄更斯在《双城记》中所说："这是最好的时代，这是最糟糕的时代。"中国当下正面临巨大的变化和机遇。只有不断学习，与时俱进，才能确保新一代在竞争中不落后。因此，创建学习型机构、学习型企业家和学习型社区至关重要。

我们希望 HOPE 计划能够促进思想的碰撞、视野的拓宽、知识的积累和联系的不断加强。

我们将涉及的主题包括：

- 如何顺利实现家族企业的传承；
- 如何创造家庭成员之间及家族企业经营过程想法和共同愿景的沟通；
- 如何平衡家庭成员之间的关系，尤其是第二代和职业经理人之间的关系；
- 如何实现家族企业物质与精神财富的继承；
- 如何实现家族企业的升级转型，国内外扩张和多元化发展；
- 如何通过兼并收购等资本市场运作实现外延式增长；
- 如何促进家族企业的技术创新；
- 如何将家族企业的发展和社会责任的履行结合起来；
- 如何引领家族企业的全球化。

著名诗人屈原曾说过："路漫漫其修远兮，吾将上下而求索。"HOPE 计划希望与未来的家族企业领袖一起并肩作战！

（刘若曦译，徐淑瑜校）

作者简介

金李，美国麻省理工学院博士，曾任教哈佛大学、牛津大学，任北京大学金融系主任、光华管理学院副院长、经济与管理学部副主任；现任南方科技大学副校长、商学院代理院长、金融系讲席教授。他的研究领域涉及金融管理的许多方面，曾获多项国际大奖，包括FAME研究奖、全球金融学会最佳论文奖、欧洲金融管理学会最佳论文奖、TCFA最佳论文奖、PanAgora论文奖等。

在世界背景下书写中国文学史

戴　燕

一

1902 年 3 月，英国剑桥大学的翟里斯应邀在美国哥伦比亚大学做了第一场丁龙（Dean Lung Professor）讲座的报告，① 他的题目是“China and Chinese”②。第一讲介绍中国的语言，开始就说汉语分两种，一种是口语，一种是书面语，口语基本上三个月后就能应付日常，书面语却要活到老学到老。

对于想要认识和研究中国的西方人来说，汉语是必备的工具。翟里斯曾说，如果懂汉语，西方人便能与占全球 1/3 人口的中国人做生意，也能同中国建立外交关系，并且了解曾国藩、李鸿章他们何以让西方外交官相形见绌。基于这样的意识，像翟里斯这样 19 世纪以来的西方汉学家，有不少首先是汉语的语言学家，他们往往会利用自己的西方语言学知识，对汉语加以描述和分析，也会编一些英汉词典，例如理雅阁编有《英汉及马来语词典》（1814），马礼逊编有《英华词典》（1817—1823），威妥玛编有《语言自迩集》（1867），卫三畏编有《汉英韵府》（1874），翟里斯也编过一部《华英字典》（1892）。而在卫三畏的《中国总论》（1848）等著作中也可以看到，他们对中国语言的看法，大体上是认为中文为世界上最古老的语言，单音节、没有时间性，书面文字和口语有差别。在翟里斯看来，中文的书面语两千多年来没有什么变化，可是口语里却有八大方言，现在是北京方言为普通话即官方语言，他建议“打算学习中文的学生都

---

① Herbert Allen Giles（1845—1935），中文分别译作翟里斯、翟理思、节尔斯等。

② *China and Chinese*，傅尚霖译作《中国与中国人民》，见其《英国汉学家翟里斯教授的生平和著作》（《国立中山大学文学院专刊》第二期，第 464 页，国立中山大学出版部 1935 年 6 月 1 日）。今有罗丹、顾海东、栗亚娟所译中文本，题作《中国和中国人》（北京：金城出版社，2015）。

应该学习普通话的口语”。[①]

其次，19世纪以来的西方汉学家有很多也是翻译家，如理雅阁就在王韬的协助下翻译了《中国经典》(1861—1893)，包括有四书五经、《道德经》、《庄子》和《太上感应篇》等，而中国文学在西方的翻译及流传，最为人熟知的应该是元杂剧《赵氏孤儿》。《赵氏孤儿》早在1732—1733年即由耶稣会士马若瑟译成法文，因这一译本被收入杜赫德的《中华帝国志》(1735)，随着《中华帝国志》很快被译成英文，它也有了英文本，随之又有了德文、俄文本，并同时有了英国、法国人的评论。法国作家伏尔泰认为它可以“使人了解中国精神”，于1755年将这一“历史悲剧”改编成《中国孤儿》在巴黎上演。1781年，歌德又据以写作了*Elpenor*。[②]与《赵氏孤儿》一样在18世纪传入欧洲的，还有清初署名名教中人所编《好逑传》，它是1719年由住在广州的东印度公司的詹姆士·威尔金森所翻译，起初只是为学习中文而作的翻译练习，后经佩尔西整理出版，1766年又有了法文本，然后是德文本。歌德在与席勒的通信中就提到过德文本《好逑传》，据说他还读过元代武汉臣的《老生儿》(有德庇时英译本，1817)以及《花笺记》(汤姆士英译本，1827)、《玉娇梨》(雷慕沙法译本)、《中国短篇小说集》(德庇时法译本《今古奇观》选)等。20世纪以前，传入西方的中国文学主要是小说、戏曲，欧洲评论家对于描写中国社会生活的小说，如《玉娇梨》等较有兴趣，当儒莲将《平山冷燕》译成法文(1860)后，就有评论家称赞它的文体、结构可以媲美欧洲的任何一部小说。翟里斯也翻译过相当多的中国典籍，如《古今诗选》(1898)、《佛国记》、《庄子》，也有《聊斋志异选》(1880)，还有包括《三国演义》片段的《古文选珍》(1884)。

二

到哥伦比亚大学讲演的前一年，翟里斯应“世界文学简史”(Short Histories of the Literatures of the World)丛书主编艾德蒙·高斯(Edmund .W. Gosse)的邀请，编写出版了一部《中国文学史》(*A History of Chinese Literature*, London: William Heinemann & Co. 1901)。[③]这是迄今所知最早的一部英文版《中国文学史》，更为重要的是，在19

① 见《中国和中国人》，第10—11页。

② 参见陈受颐《十八世纪欧洲文学里的〈赵氏孤儿〉》，《岭南学报》第一卷第一期(1929年)。

③ 参见王绍祥《西方汉学界的“公敌”——英国汉学家翟理斯(1845—1935)研究》(福建师范大学博士学位论文，2004)，第四节“一部《中国文学史》”，第267页。

世纪末20世纪初“文学史”的编写潮流中，中国文学第一次被纳入了世界文学的版图。翟里斯在《中国文学史》的初版序言中就说：这部书代表了一个新的努力方向，过去的英国读者，如果想要了解中国的整体文学（the general literature of China），即便是浅显地了解，都无法在任何一部书中得到。①

《中国文学史》按时代顺序分八个章节。

第一卷分封时代（约前600—约前200）从传说时期讲起，以公元前6世纪为研究中国文学史的起点，而以孔子为中国文学的奠基人，介绍四书五经、《孙子》、《荀子》、《尔雅》、《穆天子传》以及诗人屈原、宋玉和铭文，也介绍“与儒家分庭抗礼”的道家文学《老子》《庄子》《列子》。

第二卷汉代（约前200—约200）从秦始皇焚书坑儒讲起，提到李斯、晁错、李陵、路舒温、刘向、刘歆、扬雄、王充、马融、蔡邕、郑玄等一系列作家，诗人有汉武帝、班婕妤，史家有司马迁，还有编纂词典的许慎。

第三卷三国两晋南北朝时期（约200—约600）主要介绍建安七子、曹操、曹植、竹林七贤、陶渊明、鲍照、萧衍、薛道衡、傅奕的诗，经学和一般文学则有皇甫谧、郭象、郭璞、范晔、沈约，最后是编了《文选》的萧统。

第四卷唐代（约600—约900）仍以诗为中心，谈到王勃、陈子昂、宋之问、孟浩然、王维、崔颢、李白、杜甫、韩愈、白居易、李贺、马自然等诗人以及司空图的《二十四诗品》，也谈到作为学者的魏徵、颜师古、李百药、孔颖达、陆法言，有道家倾向的张志和，还有散文作家柳宗元、韩愈、李华。

第五卷宋代（约900—约1200）首先谈到活字印刷术的发明，史学、经学和一般文学领域有欧阳修、宋祁、司马光、周敦颐、程颢、王安石、苏轼、黄庭坚、郑樵、朱熹，诗人有陈抟、杨亿、王安石、僧人洪觉范、叶适等，但诗整体进入衰落期。有《广韵》《六书故》等几部字典，也开始出现对文学影响颇大的百科全书，如《事类赋》《太平御览》《太平广记》。又有一部神奇的法医学著作《洗冤录》。

第六卷元朝（约1200—1368）首先介绍诗人文天祥、刘基，同时指出元代的诗已经不像汉族政权统治时期那样丰富，质量也有所不及，但戏剧和小说的产生，却足以作为中国文学史的两个重要领域而被铭记。戏曲有《赵氏孤儿》（纪君祥）、《西厢记》（王实甫）、《合汗衫》（张国宾）等，小说则有《三国志演义》《水浒传》。

① 参见郑振铎《评H A Giles的〈中国文学史〉》，《文学旬刊》第五十期（1922年9月21日），上海时事新报发行。

第七卷明代（1368—1644）首先介绍了宋濂、方孝孺、杨继盛、沈束、宗臣、汪道昆、许獬、李时珍和徐光启，不过重点还是在小说和戏剧，小说提到《金瓶梅》《玉娇梨》《（东周）列国志》《镜花缘》，戏剧提到《琵琶记》。诗人有解缙，又有赵彩姬、赵丽华这样的歌伎诗人。

第八卷清代（1644—约 1900）重点介绍了小说《聊斋志异》《红楼梦》，也讲到康乾时代编纂的《康熙字典》《佩文韵府》等文学大工程。学者提到顾绛（顾炎武）、朱用纯、蓝鼎元、张廷玉、袁枚、赵翼、阮元等，又提到道教的《感应篇》《玉历抄传》，而以 1849 年阮元去世作为中国"与外国直面相对"的新阶段的开始，这以后开始出现公告、翻译等新的文体。①

整部文学史篇幅不大，点到名字的作家很多，却蜻蜓点水，只有三言两语的介绍，占比重较大的是作品，不光有诗文，还有戏曲和小说的节译。

三

翟里斯无疑是当时最具声望的西方汉学家，他在中国也很有名，1935 年 2 月 13 日他去世，在中国几乎同时就有报道。② 同年，傅尚霖撰文《英国汉学家翟里斯教授的生平和著作》评介翟里斯，说他能用"流利之标准国语谈话"，也能讲广州、汕头、厦门、宁波、上海等地的方言，"对中国的文化经典，能有充分的敬重和赏识"，同时有"西方治学的科学脑想"，所以能成汉学家，而非在"字纸篓中讨生活自炫深博的腐儒"；又说他是"先有良好的中英文基础，进而从事编译；由编译而创作；由创作而升为教授；为教授而宣传中国文明；由其宣传而令中国文化得欧西人士普遍的鉴赏；由鉴赏而令汉学成为欧美大学中一门科学，其功非常伟大"，乃是"汉学史中一个不朽的人物"。③赵元任晚年回忆1924年他去欧洲游学，与翟里斯有一面之缘，也表扬他是"那个时代的一位伟大的老人"，认为《华英字典》迄今仍是权威性的参考书。④

① 以上见翟理斯著，刘帅译《中国文学史》（*A History of Chinese Literature*）（北京：首都师范大学出版社，2017）。

② 潘文夫《英国汉学家翟里斯去世》介绍他于 2 月 13 日去世，享年 89 岁，"关于我国语文的著作"列目的 23 种，"总共约四十种，其中如老庄及我国诗文的翻译，都是艰巨的大业"，代表作是"空前未有"的《华英辞典》，所著《中国文学史》，"亦为同类西文著作中的杰构"。（《文化建设》第一卷第七期"文化界"栏目，上海文化建设月刊社，1935 年 4 月 10 日）。

③ 傅尚霖《英国汉学家翟里斯教授的生平和著作》，《国立中山大学文学院专刊》第二期，国立中山大学出版部（1935 年 6 月 1 日）。

④ 罗斯玛丽·列文森编，焦立为译《赵元任传》（保定：河北教育出版社，2010），第 157 页。

而最早对翟里斯加以评论的中国人，也许要算是辜鸿铭。在用英文出版的《中国人的精神》（*The Spirit of the Chinese People*，亦名《春秋大义》）一书中，辜鸿铭批评翟里斯"实际上并不真懂中国语言"，也"没有哲学家的洞察力及其所能赋予的博大胸怀"，他还说翟里斯英文流畅，也能翻译中文，"却不能理解和阐释中国思想"，他所有的著作"没有一句能表明他曾把或试图把中国文学当作一个有机整体来理解的事实"。由此，他更质疑"所有外国学者关于中国学问和中国文学的研究成果缺乏人道的或实践的意义"。虽然他称赞翟里斯翻译的《聊斋志异》堪称"中文英译的模范"，但又指出"《聊斋志异》尽管是优美的文学作品，却仍然不属于中国文学的最上乘之作"，言下之意，便是针锋相对地批评翟里斯缺乏对于中国文学的整体认识和判断。[①]辜鸿铭是通晓中西文化的晚清学者，在他看来，西方世界除了法国，英、美、德国人都不能理解中国文明，可是在当时，又唯有中国文明能够拯救欧洲文明于毁灭，而所谓中国文明就是"义与礼"。他说中国人因此有着成年人的智能和纯真的赤子之心，中国人的精神是心灵与理智的完美结合，在文学艺术中，也是心灵与理智的和谐使人得到愉悦和满足。他还谈到中国的语言，称之为一种"心灵语言"，说外国人以为汉语难学，是由于他们接受了太多的教育，受过理性与科学熏陶的缘故。[②]

如果说辜鸿铭评论翟里斯这位"大汉学家"有借题发挥之意，目的是要说明西方汉学家对中国文化的认识并不准确、评价也并不公允，那么，郑振铎（1898—1958）的《评 H A Giles 的"中国文学史"》大概算是中文世界关于翟里斯《中国文学史》的第一篇真正的学术书评。不过，与辜鸿铭的结论一样，郑振铎也说翟里斯对中国文学"实在是没有完全的研究，他的谬误颠倒的地方，又到处遇见"，而由于他写的是第一部英文本中国文学史，他个人最近"且因研究中国文学的功绩，受了尊贵的勋位"，所以必须要加以批评，以免他"以误传误"，使西方世界对中国文学产生误会。他对翟里斯的第一个意见，就是对作家的选择"太疏略"，好些影响大的作家如谢灵运、李义山、元好问、王渔阳、方苞等都未提及。不仅如此，令人"百思不解"的是，他对李白、杜甫的关心不及司空图，他谈《红楼梦》也谈得太多，尤其奇怪的是对"事实既多重复，人物性格亦极模糊"的《聊斋志异》却"推崇甚至"。总之，这部《中国文学史》"百孔千创，可读处极少"，根源在于翟里斯"对于中国文学没有系统的研究"，

① 辜鸿铭著，黄兴涛、宋小庆译《中国人的精神》（海口：海南出版社，1996），《序言》，第 4 页；《一个大汉学家》，第 122 页。

② 辜鸿铭《中国人的精神》，第 29—77 页。

“对于当时庸俗的文人太接近”。郑振铎最后表示，应该有中国人写出英文的《中国文学史》来，“矫正他的错失，免得能说英文而喜欢研究中国文学的人类，永远为此不完全的书所误”。但他又说“中文本的中国文学史到现在也还没有一部完备的”，所以“这恐怕是一种空幻而不见答的希望”。[①]

郑振铎后来果然出版了四册本的《插图本中国文学史》(1932—1933)，这一文学史，是要记述“我们往哲的伟大的精神”，一方面“给我们自己以策励”；另一方面，“也给我们的邻邦以对于我们的往昔与今日的充分的了解”。[②]

四

然而，一部完备的中国文学史并不可能一蹴而就，按照批评郑振铎《插图本中国文学史》似乎连给中学生“作参考书翻一下”的资格都没有的吴世昌的说法，那必须要等到各时代的断代文学史完备以后，才可能“有像样的整部文学史出现”，而比郑振铎更为理想的文学史，一个是王国维的《宋元戏曲考》(1915)，一个是胡适的《白话文学史》(1926)。[③]

王国维写《宋元戏曲史》，有学者认为是受了日本汉学家的影响，并通过日本汉学家间接受西方学者的启发，表现在对《窦娥冤》《赵氏孤儿》“即列之于世界大悲剧中，亦无愧色也”这样的评价上。[④]而更早在傅斯年的推荐评论中，则是特别强调王国维研究元曲“具世界眼光”。[⑤]所谓世界眼光，是指研究中国文学，同时了解外国文学，即是将中国文学放在世界文学范围重新解读、重新评价。在世界文学范围谈论中国文学，王国维首先看到的便是“我国戏曲之译为外国文字”，很早便有《赵氏孤儿》，还有《老生儿》《汉宫秋》《灰阑记》《连环计》《看钱奴》等，“《元曲选》百种中，译成外国文者，已达三十种矣”。他自己读这些为曾经的儒硕所“鄙弃不复道”的元杂剧，“以为能道人情，状物态，词采俊拔，而出乎自然，盖古所未有，而后人所不能仿

① 郑振铎《评H A Giles的“中国文学史”》，《文学旬刊》第五十期(1922年9月21日)，上海时事新报发行。

② 郑振铎《插图本中国文学史》第一册《绪言》(上海：朴社，1932)，第8页。

③ 吴世昌评《插图本中国文学史第二册》(1932年12月4日)，《新月》第四卷第六期“书报春秋”栏目(1933年3月)。

④ 王国维著，黄仕忠讲评《宋元戏曲史》(南京：凤凰出版社，2010)，第21页。

⑤ 傅斯年评《宋元戏曲史》，说“研治中国文学，而不解外国文学；撰述中国文学史，而未读外国文学史，将永无得真之日”，而王国维论元曲“皆极精之言，且具世界眼光者也。王君治哲学，通外国语，平日论文，时有达旨”。(《新潮》第一卷第一号，1919年1月1日)

佛”，因此有志于探究它的渊源、变化。[①]

元杂剧的文学价值，王国维说在其文章自然，“能写当时政治及社会之情状”，“又曲中多用俗语”。[②] 这个评价，已经相当接近西方人接受中国文学的标准：一是从文学中看到中国社会，二是从文学中学习汉语。

五

当王国维 1913 年于日本撰写《宋元戏曲史》时，胡适正在美国留学，他和赵元任都是利用庚子赔款 1910 年到美国的第二届留学生。赴美之前，胡适在上海的一位英文教员正是辜鸿铭的学生。[③] 1915 年，他从康奈尔大学转到哥伦比亚大学师从杜威，也跟德国籍的首任丁龙讲座教授夏德（Friedrich Hirth，1845—1927）辅修汉学。[④]

留学期间，胡适因教人汉语，总结了一个教学方法，是“先授以单简之干子。干子者（root），语之根也。先从象形入手，次及会意，指事，以至于谐声”，这个方法，他以为“亦可以施诸吾国初学也”。这是他开始借用英文“语根”的概念来分析汉字结构，而且认为不光可以以此教外国人，也可以教中国人，就是说中国人也可以接受这一分析。他和赵元任在康奈尔大学时，经常一起讨论中国语言问题，他以希腊文、拉丁文来比拟中国的文言，说前者已为死文字，而文言尚且在用，是半死的文字，教文言时，第一要“与教外国文字略相似，须用翻译之法，译死语为活语”；第二在童蒙阶段，应从象形指事字入手，到了中学以上再习字源学，使人由兴趣记忆字义；第三要借助《马氏文通》，以文法教国文；第四要采用标点，以求文法之明显易解及意义之确定不易。[⑤] 这几条，都是挪用了西方的语言分析方法。

在美国七年，让胡适在审视自己的母语汉语时，也逐渐带上了西方人的视角。1916 年，他写信给陈独秀说：“今日欲为祖国造新文学，宜从输入欧西名著入手，使国中人士有所取法，有所观摩，然后乃有自己创造之新文学可言也。”[⑥] 便是非常清楚地

---

① 王国维著，黄仕忠讲评《宋元戏曲史》第十六章《余论》157 页，《自序》第 1 页。

② 王国维著，黄仕忠讲评《宋元戏曲史》第十二章《元杂剧之文章》，第 123 页。

③ 胡适《四十自述》四《在上海（二）》，欧阳哲生编《胡适文集》1（北京：北京大学出版社，2013），第 79 页。

④ 唐德刚译注《胡适口述自传》第五章，《哥伦比亚大学和杜威》，《胡适文集》1，第 234 页。

⑤ 胡适《如何可使吾国文言易于教授》（1915 年 8 月 26 日），曹伯言整理《胡适日记全编（二）》卷十一（合肥：安徽教育出版社，2001），第 259 页。

⑥ 1916 年 2 月 3 日胡适寄陈独秀，耿云志、欧阳哲生编《胡适书信集（1907—1933）》上（北京：北京大学出版社，1996），第 69 页。

表现了这种转变。这也是胡适与年长他 30 多岁的辜鸿铭之间的很大不同，在中国与西方之间，胡适认为西方文学及文化更值得取法。但是，在对待西方汉学家的态度上，他却和辜鸿铭一样不免心存怀疑。他在英国《皇家亚洲学会报》(*Journal of the Royal Asiatic Society*) 上读到翟里斯之子翟林奈发表的《〈敦煌录〉译释》一文，发现它“讹谬无数”，以为“彼邦号称汉学名宿者尚尔尔，真可浩叹”，于是为文正之，为该会报刊载，这让他一面有“西人勇于改过，不肯饰非”的感慨，一面也得到“西人之治汉学，其用功甚苦，而成效殊微”的经验，并且相信“此学 (Sinology) 终须吾国人为之，以其事半功倍，非如西方汉学家之有种种艰阻不易摧陷，不易入手也”。[①]

就在这段时间，由于主张“文学革命”，胡适提出了“历史上的文学革命”这样一个思路，其中最重要的一点，就是将中国文学的历史看成中国文学的“语言工具”变迁史，变迁的趋势是活文学代替死文学。所谓活文学，即是白话所写；死文学，指半死的文言所写。他以但丁创意大利文、乔叟等创英吉利文、马丁·路德创德意志文为例，说中国文学应该是“至元代而登峰造极”，因当时的词曲和剧本小说，“皆第一流之文字，而皆以俚语为之。其时吾国真可谓有一种‘活文学出世’”。[②]这恰好与撰写《宋元戏曲史》的王国维意见相近。而在与任叔永等人讨论过后，他又指出白话是文言的进化，文言的文字可读不可听，无法用于演说、讲学和笔记，白话的文字却是既可读又听得懂，“今日所需，乃是一种可读，可听，可歌，可讲，可记的言语。要读书不须口译，演说不须笔译；要施诸讲坛舞台而皆可，诵之村妪妇孺而皆懂。不如此者，非活的语言也，决不能成为吾国之国语也”[③]。

1922 年，胡适在当时教育部的国语讲习所讲了他的“国语文学史”，正式出版时更名为《白话文学史（上卷）》。[④]这一文学史虽然只讲到汉唐部分，可是在 1920 到 1936 年间，胡适还是花了很多精力在元以后古典小说的研究上，写下涉及《水浒传》《红楼梦》《西游记》《三国演义》《三侠五义》《官场现形记》《儿女英雄传》《海上花列传》《镜花缘》的三十多篇论文，同时与亚东图书馆合作，印行采用新式标点并分段的白话小说。在为亚东出版的《水浒传》写的《〈水浒传〉考证》里，他特别交代新的版本删

① 胡适 1914 年 8 月 2 日记《解儿司误读汉文》、1915 年 2 月 11 日记《西方学者勇于改过》，《胡适日记全编（一）》卷五，402 页；《全编（二）》卷八，第 48 页。

② 胡适 1916 年 4 月 5 日记《吾国历史上的文学革命》，《胡适日记全编（二）》卷一，第 352—356 页。

③ 胡适 1916 年 7 月 6 日追记《白话文言之优劣比较》，《胡适日记全编（二）》卷十三，第 417 页。

④ 见胡适《白话文学史·自序》(1928 年 6 月 5 日)，《胡适文集》8，第 129—136 页。

去了金圣叹的总评和夹评，是为了避免读者受旧式读法的影响，而能够以新的历史眼光去看梁山泊故事由南宋末至明代的演变。[①]而他对《红楼梦》作者、时代、版本、续作者的考证，也得到过鲁迅“较然彰明”的肯定。[②]

不管是不是赞成以白话文学为正宗的理论，从“语言工具”入手的中国文学史书写，完全改变了对中国文学传统的看法。正如1932年胡适在为孙楷第《日本东京所见中国小说书目提要》写序时所说：“十四五年前我开始作小说考证时，那时候我们只知道一种《水浒传》，一种《三国演义》，两种《西游记》，一种《隋唐演义》”，可是，现在我们知道的《水浒传》明刻本就有六种之多，《三国演义》靠着日本所藏的几个古本，也“差不多可以知道元朝到清初三国的故事演变”，《西游记》在日本已知有七部明刻本，加上宋刊的两种《三藏法师取经记》和盐谷温印行的吴昌龄《西游记杂剧》，“从此《西游记》的历史的研究可以有实物的根据”。现在“我们可以说：如果没有日本做了中国旧小说的桃花源，如果不靠日本保存了这许多的旧刻小说，我们决不能真正明了中国短篇与长篇小说的发达演变史”，我们可以了解孙楷第“渡海看小说”使命的重大！[③]而对中国小说戏曲的研究，实在是既受到过西方汉学家的启发，最终也超越了东西方汉学家的水平。

作者简介

戴燕，北京大学中文系本科，中国社会科学院文学所研究生。曾任中华书局编辑，中国社会科学院文学研究所研究员，现为复旦大学中文系教授。曾在香港城市大学、香港中文大学、京都大学等任客座及访问教授。主要著作有《文学史的权力》《〈洛神赋〉九章》等。

① 胡适《〈水浒传〉考证》，载汪原放标点本《水浒》（上海：亚东图书馆，1920），收入《胡适文集》1，第339—371页。

② 鲁迅《中国小说史略》，（北京：北新书局，1927），第271页。

③ 胡适《孙楷第著〈日本东京所见中国小说书目提要〉序》（1932年7月24日），《胡适文集》5，第304—307页。

人文学之“三十年河东”

陈平原

中国有句老话：“三十年河东，三十年河西。”大意是说，时局总在变化，历史不会停滞，世界不可能永远定于一尊。结果呢，可能旁枝逸出，可能异军突起，可能循环往复，也可能“无可奈何花落去”。中国的改革开放已经三十多年了（从中共十一届三中全会召开的1978年12月算起至本文截稿，为论述方便，不求精确年月），三十年河东，接下来的三十年呢，不见得就一定是“河西”，还可能是“河南”或“河北”，当然也有可能打个盹，依旧还是回到“河东”。因为，黄河九十九道湾，身处不同的弯道，观察的角度及立场不同，努力的方向及效果也可能迥异。

不说经济、政治、军事，就说大学教育以及我所从事的人文学。身处其中者都深切感受到，当代中国的人文学正在转型；至于往哪个方向转，怎么转，则不太清楚。面对此“转型”，人文学者很少能置之度外，区别仅仅在于，自家的生存处境及思考方式，既受制于浩浩荡荡的世界潮流，也与本学科乃至本单位的小环境有关。我的建议是，平日里冷眼旁观，明确自己的位置，不怨天尤人；适当的时候主动出击，鼓动“风”朝自家认为正确的方向“吹”，而不是坐以待毙。

本文以观察、描述为主，略带一点战略性思考。只是限于篇幅，以下讨论的五个问题，大都点到为止。

一、日渐冷清而又不甘寂寞的人文学

反思中国改革开放这三十多年“人文学”的进路，有人高屋建瓴，有人画龙点睛，有人逻辑推演，有人切身体会，各有各的好处。我倾向于“不高不低”“不即不离”——即在总体论述与个人体会之间、在隔岸观火与贴身紧盯之间，寻找观察与发言的最佳位置。

2010年10月，我应邀参加香港中文大学主办的“亚洲人文学与人文学在亚洲”国际学术研讨会，灵机一动，摘引十八年间自家所撰十文并略加评说：“既看急剧变化的当代中国，也谈自家的心路立场，希望借此分析近二十年中国大学的演进以及‘人文学’在其中扮演的角色，讨论在政治/经济迅速转型的当代中国，‘人文学’如何在校园内外错综复杂的各种夹缝中挣扎、生存与发展。”[①]本以为这话题到此为止，可第二年3月，上海哈佛中心召开“人文学与高等教育”研讨会、5月间山东大学《文史哲》杂志社组织“反省与展望：中国人文研究的再出发”学术研讨会，我只好重作冯妇。这回论述，希望把思路理得更清晰些。

所谓“校园内外”，“外”指大学与社会之隔阂，“内”则是大学内部各学科间的竞争。前者关注的人多，后者则往往被忽略。十年前，我发表《大学公信力为何下降》，此文本有副标题——“从‘文化的观点’看‘大学’”。之所以如此自我设限，是因为意识到你我都可能因知识生产的“制度化”而产生学科偏见：“作为一种组织文化，大学内部的复杂性，很可能超越我们原先的想像。知识分子聚集的地方，并非‘一团和气’，很可能同样‘问题成堆’。有政治立场的差异，有经济利益的纠葛，有长幼有序的代沟，还有性别的、宗教的、地位的区隔，但最顽固、最隐晦、最堂而皇之的，是‘学科文化’在作怪。双方都‘出于公心’，但就是说不到一起。不同学科的教授，对于学问之真假、好坏、大小的理解，很可能天差地别；而‘学富五车’的学者们，一旦顶起牛来，真是‘百折不回’。有时候是胸襟的问题，有时候则缘于学科文化的差异。”[②]带入“学科文化”的眼光，观察最近这三十年中国人文学的命运，当有比较通达的见解。

所谓“学问”，是由诸多学科构成的；不同学科之间，既互相支持，又相互竞争。多年前，我曾谈及20世纪90年代的学术转型，与社会科学在中国的迅速崛起有关。“以前的‘文化热’，基本上是人文学者在折腾；人文学有悠久的传统，其社会关怀与表达方式，比较容易得到认可。而进入90年代，一度被扼杀的社会科学，比如政治学、法学、社会学、经济学等，重新得到发展，而且发展的势头很猛。这些学科，直接面对社会现状，长袖善舞，发挥得很好，影响越来越大。这跟以前基本上是人文学

① 参见陈平原《当代中国的“人文学”》，初刊《云梦学刊》2010年第6期，收入《大学新语》（北京：北京大学出版社，2016）。

② 陈平原《大学公信力为何下降》，《中国青年报·冰点周刊》（2007年11月14日）。

者包打天下，大不相同。”[①]

在我看来，英国学者 C.P. 斯诺的“两种文化说”早就过时了。当下中国，“科学”与“人文”之争不是问题；需要关切的是同属“文科”的社会科学与人文学之间的隔阂。说得夸张点，当下中国的大学校园，基本上是处于“分裂”状态。[②]20 世纪 80 年代，我们习惯说“知识分子问题”，认定那是一个“同呼吸共命运”的特殊群体。现在不是这样了。不说政治立场的差异，不同地区、不同大学、不同专业的教授，其经济收入与精神状态，已经“不可同日而语”了。比如，同在北大教书，做人文学的，与研究金融、管理、法律、政治的，趣味不相投。这边嘲笑那边“迂腐”，那边嘲笑这边“浅薄”，彼此之间很难进行真诚且深入的对话。

近三十年的中国学界，若谈“舞台”与“掌声”，可以大略这么区分：第一个十年，那是人文学的黄金时代，社会科学处于恢复性增长阶段；第二个十年，社会科学迅速崛起，人文学内外受困（政治突变与经济大潮）；第三个十年，社会科学占压倒性优势，人文学日渐边缘化。我的立场是：庆幸中国社会科学之突飞猛进，但更关心人文学在当下以及日后如何自我更新、自强不息。

几年前，北大中文系举行百年庆典，我在《“中文教育”之百年沧桑》以及《中文百年，我们拿什么来纪念？》中，根据思想潮流、社会需求、学生择业，以及人文学者自信心的恢复，做出一个大胆判断：随着中国人日渐“小康”，中文系等人文学科开始“触底反弹”了。[③] 这里所说的“触底反弹”，不是重唱 80 年代那首《在希望的田野上》，而是认准这些传统学科正从前一阶段萎靡不振的状态中走出来。当今世界，无论“语言”“文学”“艺术”，还是“历史”“哲学”“宗教”，都不可能成为门庭若市的显学；但中国的人文学科正逐渐走出低谷，且有可能“贞下起元”，这是很值得注意的现象。[④]

二、官学与私学之兴衰起伏

1994 年 4 月，就当代中国社会与文化问题，我与东京大学法学部教授渡边浩先生

---

① 陈平原《大学何为》（北京：北京大学出版社，2006），第 246 页。

② 参见陈平原《人文学的困境、魅力及出路》，《现代中国》第九辑（北京：北京大学出版社，2007）。

③ 参见陈平原《“中文教育”之百年沧桑》，《文史知识》2010 年第 10 期；《中文百年，我们拿什么来纪念？》，《新京报》（2010 年 10 月 9 日）。

④ 关于这个话题，我近期的思考见《理直气壮且恰如其分地说出人文学的好处》，《文汇报 · 文汇学人》（2016 年 4 月 15 日）。

有过三次长谈，在岩波书店那一次，根据录音整理成文。[①]谈话一开始，渡边先生就问我为什么要办《学人》集刊，我的回答是："如果对1950年代以来中国报刊、书籍的生产方式有所了解，不难明白《学人》作为独立的集刊出现的意义。在基金会及出版社的支持下，学者独立办刊，这与此前只能由政府及其所属机构组稿、审稿的运作方式大不相同。现在中国国内此类学术集刊逐渐多起来，我以为是大好事。也有一些名义上有挂靠单位，但基本上由学者独立操作的。这是近年中国思想、学术日趋多元化的前提。"[②]"发表"及"出版"本身不是"学术"，属于辅助性工作；但却反过来严重制约着学者们的思考与创造。熟悉"研究无禁区，发表有纪律"之类论述的，当能明白此"纪律"可能扼杀各种不合时宜的独立思考。长此以往，即便政府不明说，也会形成许多不成文的"禁区"。

稍微了解20世纪八九十年代之交中国政治的剧变，便对当时人文学者的"幻灭"、"动摇"与"追求"（套用茅盾的《蚀》三部曲），多少会有所体会。作为"追求"的一部分，我和王守常、汪晖合作，在日本"国际友谊学术基金会筹备委员会"的鼎力支持下，主编人文学术集刊《学人》（江苏文艺出版社刊行）。此集刊1991年创办，2000年停刊，十年间共发行了十五册。无论作者声名、论文质量，还是民间学刊的象征意义，《学人》在当代中国学术史上都有其地位。正因此，近年不断有人建议我重出江湖，复办《学人》，我都谢绝了。不是经费问题，也不是政策问题，困难在于，到哪里去找好文章。一个没有"刊号"、并非"官办"、不算"分数"的学术集刊，很难吸引优秀的学术论文。"友情出演"一次可以，多了做不到。这就说到了问题的关键——在我看来，民间学术的路子基本上已被堵死。

《学人》第二辑（1992年7月）上，刊有我撰写的专业论文《章太炎与中国私学传统》，其中特别提及章太炎对于"学在民间"的自信。某种意义上，那也是当初我们的心态与立场。此文与前一年的《在政治与学术之间——论胡适的学术取向》（《学人》第一辑，1991年11月），以及后一年的《当代中国人文学者的命运及选择》（《东方》创刊号，1993年10月），共同构成了当年我对人文学者命运及责任的思考。后者的结尾是："我曾经试图用最简洁的语言描述这一学术思路：在政治与学术之间，注重学术；在官学与私学之间，张扬私学；在俗文化与雅文化之间，坚持雅文化。三句大

---

① 《九十年代中国の"知识界"》，（日本）《思想》1995年第7期。

② 陈平原《学术史·知识分子·民族主义——与东京大学渡边浩教授对话》，《当代中国人文观察》（增订本）（北京：北京大学出版社，2010），第35页。

白话中，隐含着一代读书人艰辛的选择。三者之间互有联系，但并非逻辑推演；很大程度仍是对于当代中国文化挑战的一种‘回应’——一种无可奈何但仍不乏进取之心的‘回应’。”[①]这三句“悲壮”的大白话，明显带有精英主义色彩，在“拒绝崇高”的90年代，或读书人争相标榜“底层写作”的新世纪，都显得不合时宜。我明白这些，但不改初衷。虽撰写《千古文人侠客梦》，且最早在北大开设“武侠小说类型研究”专题课，还曾长期担任中国俗文学学会会长（2000—2016），但无论文学趣味还是文化立场，我都不够“大众化”。承认自家局限性，好处是敢于坚持，不随风转舵。而这一立场，既针对人多势众的“大众”，也针对财大气粗的“官府”。

传统中国讲究“学为政本”，照张之洞《劝学篇·序》的说法，“古来世运之明晦，人才之盛衰，其表在政，其里在学”[②]。问题在于，引领或制约一个时代学术风尚及士林气象的，到底是官府还是民间。以最近三十年的中国学界为例，80年代民间学术唱主角，政府不太介入；90年代各做各的，车走车路，马走马道；进入新世纪，政府加大了对学界的管控及支持力度，民间学术全线溃散。随着教育行政化、学术数字化，整个评价体系基本上被垄断。我的判断是，下一个三十年，还会有博学深思、特立独行的人文学者，但其生存处境将相当艰难。你可以“只讲耕耘不问收获”——即不追随潮流、不寻求获奖、不申报课题、不谋求晋升，全凭个人兴趣读书写作，但这只能算是“自我放逐”，其结果必定是迅速淡出公众视野。

三、为何人文学“最受伤”

既然中国社会在转型，各学科都须重新定位。我关心的是，在这一重新洗牌的过程中，为何“人文学”所受的伤害最深？最近十几年，中国教育界及学术界喜欢避“虚”就“实”，不断呼吁政府加大投入，而很少思考制度上的改良以及精神上的提升。随着政府对高等教育投资的加大，强化引导与管理是大趋势。管理者的策略很明确：宽猛相济，王霸杂用，奖勤罚懒，扶正驱邪。在这一切分蛋糕的过程中，人文学处境相当尴尬。因为，比起自然科学与社会科学来，人文学评价标准不一，其成果很难量化。所有的“数字”——包括排行榜、影响因子、引用率、获奖著作等，用来衡量人文学，都显得有点可疑。确定一个物理学家在国际学界的地位相对容易，确定一个人文学者的“价值”则很难——后者容易受政治立场、社会风潮及

① 陈平原《当代中国人文学者的命运及选择》，《当代中国人文观察》（增订本），第33页。

② 张之洞《劝学篇序》，载任访秋主编《中国近代文学大系·散文集2》（上海：上海书店，1992），第695页。

个人趣味左右。

对于管理者来说，人文学有两个致命的弱点：一是“标准”模糊，二是“用处”不大（虽然不好公开说出来）。分配资源时，必定往“有用”的社会科学倾斜。经由十几年磨合，越来越多的人文学者转过弯来了，因应时局变化，努力使自己的研究显得非常“有用”——其实用性一点都不比社会科学差。比如，服务国家发展战略，中国人民大学成立了“人文奥运研究中心”，同济大学则有“世博会研究中心”，不少人文学者借此完成华丽转身。至于申请“重大课题”，更是一门学问，需要编造激动人心的故事。比如，若编纂大书，非论证“乱世扬武，盛世修典”不可；若研究西藏佛教，从维护祖国统一说起；若探讨西域历史，则强调“东突”的危害性；至于谈论东南亚华文文学，甚至扯到了南海主权问题……表面上是权宜之计，目的是拉大旗作虎皮；可实际上，一次次编撰申请材料，不知不觉中，已经在移步变形了。为了获得政府资助（不仅是钱的问题，还涉及晋升职称等），不少人文学者扭曲自身的学术思路及价值观念，努力向“有用”的社会科学靠拢。

我曾戏称当下中国人文学面临“三座大山——政治权威、市场经济、大众传媒”。其实，还应该加上社会科学的思路、方法及趣味。如今衡量人文学者成功与否的标准，已经跟社会科学家很接近：申请重大项目、获得巨额资金、拥有庞大团队、辅助现实决策。此等研究思路自有其合理性，但相对压抑个人化的思考与表达，对文学、哲学等专业明显不利。① 原本心高气傲、思接千古的人文学者，如今远离“文辞”、“趣味”与“想象力”，彻底摒弃老辈学者的“文人气”，恨不得马上变成经济学家或政治学家。

对所有学者来说，过于急功近利或片面追求科研项目，都不是好事；但人文学最容易受伤。为什么？梅贻琦、潘光旦在《大学一解》中，努力阐述大学需要“闲暇”，因为“仰观宇宙之大，俯察品物之盛，而自审其一人之生应有之地位，非有闲暇不为也”②。现在的状态，即便是幽雅的北大校园，也都极少有“一个孤独散步者的遐想”（借

---

① 我在《当代中国人文学之“内外兼修”》（《学术月刊》2007 年第 11 期）中称：我以为人文学的真正危机，很可能不是其在大学中的地位相对下降，而是被按照工科或社会科学的模样进行的改造。经过这种改造，可能再也没有“不计成本”地“神游冥想”的苦行僧、独行侠或读书人，即便有，也早就被时代抛弃。结果是，大学里的人文学者钱多了，气顺了，路也好走了，而原本强调独立思考、注重个人品味、擅长沉潜把玩的“人文学”，却变得平淡、僵硬、了无趣味了，实在有点可惜。在我心目中，所谓“人文学”，必须是学问中有“人”，学问中有“文”，学问中有“精神”、有“趣味”。

② 梅贻琦《大学一解》，《清华学报》第十三卷第一期（1941 年 4 月）。

用卢梭书名），更多的是步履匆匆，像在赶地铁。如果连生活在大学校园里的教授及学生都没有“闲暇”，没有不讲功利的思考，没有“脱离实际”的精神追求，那么，我们就只能做一些迫在眉睫的“职业培训”了。

近年的中国大学，还有若干抗争，但过了这个震荡期，那些崇信“为己之学”的老派学者退出历史舞台，新一代将很快适应新的游戏规则。那个时候，充分职业化的人文学者，再没有那么多胡思乱想，一心一意争项目、做课题、谋晋升。至于人文学本该有的诗意、豪情、侠气与想象力，很可能难觅踪影。唐人杜甫有“独立苍茫自咏诗”（《乐游园歌》）的感叹，辛亥革命领袖之一黄兴曾将其铺排成一首七律：“独立苍茫自咏诗，江湖侠气有谁知？千金结客浑闲事，一笑相逢在此时。浪把文章震流俗，果然意气是男儿。关山满目斜阳暮，匹马秋风何所之。”[①]此等侠气与豪情，不仅属于革命家，同样属于志向远大、独立不羁的人文学者。我担心的是，随着人文学的“项目化”，绝大部分人文学者将变得越来越平庸，越来越猥琐，越来越没有“气象”。

四、能否拒绝“大跃进”

最近十多年，大学扩招、经费猛增以及数字化管理，三者合力，共同促成了中国的“学术大跃进”。教育部对此沾沾自喜，我则忧心忡忡。英国皇家学会 2011 年 3 月 28 日发布了题为“知识、网络、国家：21 世纪下的全球科技合作”的科技调研报告，称中国有望在 2013 年取代美国，成为世界上科技出版物数量最大的国家。[②]诸如此类的“好消息”充斥各种报刊，让人应接不暇。从事专业研究的人都明白，数量与质量并不同步；而英美大学校长之所以热衷于表彰中国大学“进步神速”，并非想“捧杀”，主要是说给本国政府听，以争取更多办学经费。

多年前，我曾在新加坡旧国会大厅做题为“解读‘当代中国大学’”的演讲，选择十个关键词（keywords）建构起我对这十五年中国大学的叙述思路与阐释框架。我发现，其中最为关键的是“大学扩招”。这是一个影响非常深远的措施，是谈论当代中国的文化、学术、思想乃至政治、经济等，都必须顾及的“背景”。中国大学生毛入学率，1998 年是 10%，2010 是 26.5%，教育部希望 2020 年达到 40%。[③]如此迅猛的“扩

① 黄兴《赠宫崎寅藏》，湖南省社会科学院编《黄兴集》（北京：中华书局，1981），第 91—92 页。

② 参见《英报告称中国将于 2013 年超美国成超级科研大国》，《环球时报》（2011 年 3 月 29 日）。

③ 2016 年 3 月 10 日教育部长袁贵仁在第十二届全国人大第四次会议举行的记者会上宣布，中国高等教育毛入学率已达到 40%；也就是说，提前四年完成任务。

招”，除了使大学生及研究生面临越来越严酷的就业市场，再就是中国大学整体的学术水平及教学质量明显下降。而我更关心的是，此举背后那个“跨越式发展”的思路。不愿夯实基础，步步为营，而是希望一路快跑，多快好省，主政者似乎忘了当年“大跃进”的教训。[①]

不否认近年中国高等教育发展神速（尤其在硬件设施及科研经费方面），我担心的是走得太快、太急，方向不明确，没有建立起合理的评价体系，也未能形成良好的学术风气，如此“大跃进”，必定留下无数隐忧。[②]争论的焦点在于，能否在一段时间内，不谈三七二十一，先竭尽全力“把饼做大”，有问题以后再说。结果怎么样？做得好叫“广种薄收”，做得不好则是“劣币驱逐良币”——就看你的立足点及视野了。提倡者称，原本招一百个学生，现在扩大到一千，那一百个肯定还在其中；原来只需一百名教授，现在扩大十倍，理论上那一百名也在里面。即便很多毕业生不合格，但好学生总是有的吧？反对者则担心风气不正，那一百个优秀学生被挤到了边缘，根本发挥不了作用。以中文专业为例，最近这些年，每年培养一千多名博士。这些博士将来是要当教授的，说不定还要当系主任、院长或校长，若他们中有 30% 甚至 60% 不合格，日后将是何等局面？中文专业底子厚，还不太离谱；很多“新兴学科”步子迈得更大，真不知日后如何收场。

与“大学扩招”相呼应的，是各种各样的评估与奖励。[③]人文学本讲究“博学深思”“沉潜把玩”，是寂寞而又有趣的事业。现在不一样了，很多人做学问就像江湖卖艺，敲锣打鼓，热火朝天。三分学问，七分吆喝，场面上很好看，但属于“雷声大雨点小”，学术上没有明显推进。可你不服气还不行，人家每一步都踩到鼓点上，紧跟评价指标做学问，属于数字化管理时代的“当代英雄”。

当下中国学界，因权威的缺失，对具体学者的评判，除了科研经费，就是论文数量。后者间接鼓励粗制滥造，会有严重的后遗症，大家都明白。前者呢？工科院系的研究水平，或许真的钱多钱少见分晓；社会科学若做大型社会调查，对经费也有很大的依赖性；人文学并非如此——除非你是编纂性质，需要拉一杆大旗，集合大批人

---

① 参见陈平原《大学·文学与文学教育》（新加坡：南洋理工大学中华语言文化中心，2010），第 7—38 页。

② 只谈“缺憾”而未说“成绩”，显然不够公允；对于百年中国大学的简略评述，见陈平原《历史、传说与精神——现代中国大学的六个关键时刻》，《探索与争鸣》2016 年第 1 期。

③ “我承认‘重奖之下，必有勇夫’；但不太相信评审之举，能长学问。对于人文学者来说，独立思考的权力、淡定读书的心境，以及从容研究的时间，是最为重要的。”参见陈平原《学问不是评出来的》，《中国书评》第一辑（桂林：广西师范大学出版社，2005）。

马，否则，千里走单骑，头脑是第一位的。现在可好，各大学全都买椟还珠，不看成果，单看科研经费。

既然谁都明白，为何不实事求是，给教授及研究生较为宽松的学术环境？这就是评估体系闹的。你当领导，就得肩负责任，努力抗拒这个潮流，即便因此而脸上无光，甚至被撤职，也在所不惜。记得当年傅斯年在中央研究院当史语所所长，曾要求所有刚进所的助理研究员三年内不写文章；即便写了，也不要发表。有些特立独行的，希望早出成果，惹得傅先生很不高兴。傅斯年是史语所的大家长，有这个权威，大家听他的。这么做有他的道理，那就是逼着你认真读书，沉下心来做学问。我在北大读博期间的导师王瑶先生，也认定研究生在学期间不必发论文。他指导的硕士生钱理群、赵园、吴福辉、凌宇、温儒敏等，都是在毕业后才开始大发文章的。因为在学这几年，你可以心无旁骛，拼命读书，这种训练与积累，是管一辈子的。现在不一样，硕士生、博士生都被要求多发文章，整个学习状态完全变了。

以前我指导研究生，也是让他/她们多读书，勤思考，少写作，不一定发表文章。现在不行了，扛不住，因为学生找工作需要“靓丽”的成绩单。以前招聘单位一看是北大博士，出自名教授门下，质量肯定有保证，这样就行了。现在各大学为“公平”起见，由人事部负责招聘新人。人事干部只管数你有多少篇文章，发在哪个级别的杂志上。在国外，博士论文答辩前，不允许提前发表；在中国则相反，答辩前最好先刊出若干章节。可这不等于把评鉴论文、发现人才的重任，交给了杂志社的编辑？

这是个恶性循环：管理者缺乏足够的权威性与公信力，无法判定学者学术水平之高低，只好数字里出英雄；而一旦数篇数成风，必定催生很多滥竽充数者。除非你是名家，否则，不随波逐流，就可能会被淘汰出局。怎么办？一方面，敦促教育主管部门调整评价体系，以治理中国学术之“虚胖症”；另一方面，学者自觉追求“减产增效”——少写文章，写好文章，写大文章。

五、一代人的情怀与愿望

所谓“三十年”，学术史上明显就是一个世代。20 世纪 80 年代登上舞台的，如今正陆续谢幕。下一个“三十年”，不属于今天活跃在台面上的人物。又到了转折关头，只好先“瞻前”，再“顾后”。

回头看 20 世纪 80 年代登台的这一代学人，伴随着改革开放的高歌猛进，闯出一条新路，确实有贡献，但专业成绩并不理想，·起码不像媒体渲染得那么“伟大”。[①]

前些年，北大中文系为百年庆典而编写了《我们的师长》《我们的学友》《我们的青春》等六书，让我得以对北大中文系的学术传统有更多体认。上面两代学人，因多年战乱以及新中国成立后的历次政治运动，浪费了很多年华，在学术上是有遗憾的。而最近三十年，基本上是承平岁月，政治运动少，出版条件好，教学任务比较轻，出国开会或进修更是相当便利，我们这代人可谓“躬逢其盛”。虽有如此好条件，反躬自省，仍不敢说在学术上全面超越前辈。以北大中文系的语言学专业为例，按年龄排，比起已去世的王力、魏建功、袁家骅、岑麒祥、高名凯、周祖谟、朱德熙、林焘、徐通锵等，现有的教授虽然也很努力，但很难说已经超越前贤。是什么原因妨碍我们成为像王力、魏建功那样的大家呢？小时学术环境不好，国学底子薄或西学修养不够，固然是不可忽视的因素；但我以为更重要的是心境与情怀——要说对学问的极端执着、志存高远且心无旁骛，我们这一代明显不如前辈。

一代人在学术史上的贡献，不只取决于其知识结构，更与所处的政治环境、思想潮流、社会氛围密切相关。中国人喜欢说“长江后浪推前浪”，那是一种恭维，当然也是鞭策。人文学与社会科学不一样，我们这一代没能超越在颠沛流离中治学的民国学人，实在很遗憾。那么，下一代呢？人们常说现在的年轻教师很幸福，生活条件比以前好多了（虽然还不尽如人意），求学路上也没有碰到大的障碍（不像我们这一代深受十年“文化大革命”的荼毒）。我很怀疑这种说法。

不同时代的年轻人，“脱颖而出”的机遇不一样。现在的年轻博士要出头，比我们当年难得多。我是1977级大学生，“文化大革命”后恢复高考的第一届。我们那一代人，只要有才华，肯努力，就有机会“站到前排”来。因为那是一个大转型的时代，年轻人更能感受新时代的曙光，也很容易获得大展身手的机会。而现在，整个社会的学术、思想、文化等都处于“平台期”，要想取得“革命性”的突破，谈何容易！

前面提及，以项目制为中心、以数量化为标志的评价体系，社会科学容易适应，人文学则很受伤害。从长远看，受害最严重的是从事人文研究的年轻学人。稍微年长的，或足够优秀，或“死猪不怕开水烫”；而四十岁以下的副教授或刚刚入职的青年教师，一方面有朝气，还想往上走，不愿意就此停下来，另一方面呢，学校压给他/她

① 参见陈平原《我们和我们的时代》，初刊《同舟共进》（2012年第12期）；收入王辉耀主编《那三届：77、78、79级大学生的中国记忆》（北京：中国对外翻译出版公司，2014）。

们的任务比较重，因而心力交瘁。人文学需要厚积薄发，很难适应眼下早出活、快出活、多出活的“时代潮流”，这就导致那些愿意走正路、按老一辈学者的方法和志趣治学的年轻人，容易被边缘化，甚至被甩出轨道。

一代人有一代人的困境，一代人有一代人的活法。大概是念现代文学的缘故，我相信鲁迅《过客》的说法：前路茫茫，既是坟墓，也有鲜花。既然选择了人文学，也就选择了独立思考。挑胡适的一段话，作为本文的结语。

记得胡适《〈王小航先生文存〉序》曾引晚清维新志士、官话字母的创始人王照《贤者之责》的末段：“朋友朋友，说真的吧！”然后大加发挥，称生活在今日社会，在古人“贫贱不能移，富贵不能淫，威武不能屈”之外，还得添上一句“时髦不能动”。①不怕“落伍”或“笨拙”的讥笑，方能有属于自己的选择；只要认准了，就一直往前走。我不是教育部长，也不是北大校长，既不负责宣讲祖国形势一片大好，也无权力当场拍板招聘人才。作为一个任职北大且关注中国教育的学者，我只能剖析当代中国人文学之“三十年河东”；至于接下来的“三十年河西”，题目如何定，文章怎么做，只能说“拜托诸位”了。

作者简介

陈平原，广东潮州人，哲学社会科学一级教授、北京大学博雅讲席教授、北大现代中国人文研究所所长、教育部长江学者特聘教授、中央文史研究馆馆员。曾任北大中文系主任，国务院学位委员会第六、第七届中国语言文学学科评议组成员，香港中文大学中国语言及文学讲座教授（与北京大学合聘），中国俗文学学会会长。曾被国家教委和国务院学位委员会评为“做出突出贡献的中国博士学位获得者”（1991）；获教育部颁发的第一、第二、第三、第五、第六、第九届高等学校科学研究优秀成果奖（1995，1998，2003，2009，2013，2024），以及第四届王瑶学术奖著作奖（2016）、第四届思勉原创奖（2017）、第十四届文津图书奖（2019）、第五届中国出版政府奖提名奖（2021）等。先后出版《中国小说叙事模式的转变》《千古文人侠客梦》《中国散文小说史》《中国现代学术之建立》《触摸历史与进入五四》《作为学科的文学史》《左图右史与西学东渐》《现代中国的述学文体》《有声的中国》等著作四十余种。

① 参见胡适《〈王小航先生文存〉序》，《胡适全集》第4卷（合肥：安徽教育出版社，2003），第486—489页。

庐山面目：论研究视野和模式的重要性

张隆溪

横看成岭侧成峰，远近高低各不同。
不识庐山真面目，只缘身在此山中。
——苏轼《题西林壁》

苏东坡《题西林壁》这首带禅偈意味的诗，因为讲出人的眼界、视野和人的认识之间互动关系的哲理，历来脍炙人口，千古传诵。庐山面目因为人所在的地点位置不同，显出不同的形状，就说明人的理解和认识，都总是取决于观察事物的眼界或者视野。此诗最有名的是后两句，“不识庐山真面目，只缘身在此山中”，似乎意味着要走到山外，才见得山的全貌，于是说出了“旁观者清，当局者迷”的道理。这样解读这首诗，就特别肯定局外人的观点，而这对于美国或者西方的汉学说来，就特别有正面意义，因为西方的汉学正是从外部，而不是从内部当事人的角度来研究中国。正因为是局外人，汉学家或西方研究中国的学者就好像比一般中国人占据了更有利的位置，可以保持一定的批评和思考的距离，从外面来研究中国。

许多研究中国的西方学者正是抱着这样的看法，而在某一程度上，这看法也颇有道理，很符合苏东坡诗中所展示的哲理，即关于眼界、视野，以及当局者迷的观察和思考。在哲学阐释学中，眼界或视野（德文 Horizont，英文 horizon）恰好也是十分重要的概念。德国哲学家伽达默尔就说：“视野就是从某一特定观点看出去视力所见那个范围，包括所能看到的一切。把这个概念应用到思考的方面，我们就常说视野的狭隘、扩展视野的可能、打开新的视野等。自尼采和胡塞尔（Edmund Husserl）以来，哲学里就已采用这个词来描述思想及其有限决定性之密切关系，或者视力所见范围的逐步扩展。”[①]我们每一个人都各有自己的眼界和视野，都从某一特定视野出发来观察事物，而我们所能看见的一切都必须首先进入我们的视野，和我们“有限的决定性”密切联系在一起。于是视野形成我们理解的前提，也就是海德格尔所谓理解的先结构。在理解任何事物之前，我们对要理解的事物已经先有一定的概念，也就是我们的预期和预见，于是理解过程就成为所谓“阐释的循环”。研究中国的西方学者，理所当然会从西方人的角度和视野出发来理解中国，然而正如伽达默尔所说，阐释循环的要义并不在于证明理解难免循环，或说明我们视野的主观性合情合理。恰恰相反，他明确指出，“一切正确的解释都必须注意防止想当然的武断，防止思考的习惯在不知不觉之间带给我们的局限，都必须把目光投向‘事物本身’”[②]。当我们以这样的哲学洞见来审视西方的汉学或者中国研究时，我们就会明白，以局外人观点为优越并不是那么合理，因为这往往过度强调自己主观的角度，而忽视了他人的观点，尤其是从内部来认识的观点。

这正是二十多年前，柯文（Paul Cohen）在一部重要著作里提出的主要论点。他在《在中国发现历史》一书中，有意识要打破西方学者仅从外部看问题，从局外人的视野出发来研究中国历史的老模式，并建立中国研究中的新模式。柯文检讨美国汉学的发展，指出在解释从鸦片战争到义和团再到中华民国成立这段中国近代史时，20世纪50年代的美国学者大多离不开“西方冲击”和“中国回应”的理论框架。他们总认为中国近代历史如果没有西方的冲击，就会一直停滞不前，于是这种冲击和回应的模式，就构成他们理解中国近代史的基本视野。与此紧密相关的是“现代化”的理论框架，即认为中国的近代史就是逐步进入现代化的历史，而且现代化就等于西化，在这当中，西方及其理念自然成为极为重要的因素，而中国本身与此无关的因素，则并不那么重要。可是在20世纪60年代后期，随着反越战的声浪高涨，争取公民权利的运动席卷全美国，美国和整个西方在思想意识方面，都出现了自我批判的倾向。在中国研究中，也随之产生了另一种理论框架，柯文称之为“帝国主义”框架。其实这是一个批判帝国主义的框架，这一西方自我批判的理论倾向认为，研究中国近代史，重点应该放在考察西方帝国主义如何抑制和妨碍了中国历史自然发展的进程。然而这一框架虽然对西方抱批判的态度，却仍然把中国近代史视为西方冲击的历史，只是对西方

① Hans-Georg Gadamer, *Truth and Method,* 2nd rev. ed., translation revised by Joel Weinsheimer and Donald G. Marshall (New York: Crossroad, 1975), p. 302.

② 同上，第266—267页。

的冲击不是肯定，而是抱着强烈批判的态度。柯文认为这三种思想模式——即“冲击—回应”框架，“现代化”框架与“帝国主义”框架——都没有充分注意中国历史内在的脉络，都是从局外人的视野来看中国，所以都“以不同的方式使我们对 19、20 世纪的中国产生了一种以西方为中心的曲解”[①]。针对这种“西方中心主义”，柯文提出在美国的汉学研究中，要建立“以中国为中心的中国史”，并具体描述这种新研究模式说：

> 鉴别这种新取向的主要特征，是从置于中国历史环境中的中国问题着手研究。这些问题有的可能受西方的影响，甚至是由西方造成的；有的则和西方毫无联系。但是不管怎样，它们都是中国的问题。说它们是中国的问题有两重涵义：第一，这些问题是中国人在中国经历的；第二，衡量这些问题之历史重要性的准绳也是中国的，而不是西方的。[②]

柯文当然不是要求西方学者都变成中国人。他说：“西方史家面临的严重挑战，并不是要求他们彻底干净地消除种族中心的歪曲，因为这是不可能的；而是要求他们把这种歪曲减到最低限度，把自己解脱出来，从一种西方中心色彩较少的角度来看待中国历史，因为要做到这点却是可能的。”[③] 柯文所谓“中国中心观”的要点，就在于承认中国近代史有自己内在的结构和发展趋向，而不是把西方外来的影响视为中国近代史演变中起决定作用的因素。他强调“中国人在中国经历的”历史，就是要力图接近局内当事人的观点和视野。他说他使用“中国中心”这个词，目的就是要“描绘一种研究中国近代史的取向，这种取向力图摆脱从外国输入的衡量历史重要性的准绳，并从这一角度来理解这段历史中发生的事变”[④]。柯文注重阅读中文材料，从中国历史本身的内在因素去寻找近代史演变发展的动因，概括说来，就是希望打破局外人隔靴搔痒、雾里看花的局限，转而了解局内当事人的眼光、视野和经验，并力求在美国的中国研究中，超越“西方中心主义”偏见，开拓一个“中国中心”的模式。

在近年出版的一本书里，柯文回顾 20 世纪 80 年代初他写作《在中国发现历史》

① 柯文著，林同奇译《在中国发现历史——中国中心观在美国的兴起》（增订本）（北京：中华书局，2002），第 55 页。

② 同上，第 170 页。

③ 同上，第 53 页。

④ 同上，第 211 页。

的情形，把他当时主要的想法讲得更清楚。他说："我始终关注的是决心要进入到中国内部，尽可能像中国人自己所经历的那样去重建中国历史，而不是按照西方人认为重要、自然或者正常的标准。简言之，我想要超脱被欧洲中心或西方中心偏见拖累的那些研究中国过去的方法。"① 他还说："我称之为'中国中心'这一方法最主要的特点，就是尽量以设身处地的移情方式，像中国人亲身经历那样去重建中国的过去，而不是按照从外面输入的历史问题意识来重建中国历史。"②柯文作为一个美国学者，自觉到局外人视野的局限，主动去打破"西方中心主义"的偏见，而力求从中国历史内在的脉络去理解中国近代史，就像伽达默尔所说那样，"注意防止想当然的武断，防止思考的习惯在不知不觉之间带给我们的局限"，而把目光投向"事物本身"。这不仅值得我们敬重，而且在历史研究中也是负责任的做法。

当然，进入内部，像中国人自己经历的那样去理解中国历史，并不一定就保证能把握历史的全貌。从史学理论的角度去看柯文提出的模式，他要求史家像历史的亲身经历者那样去重建历史，就有点接近维柯，尤其是 19 世纪狄尔泰生命哲学的观点。狄尔泰曾说："历史学之所以可能的第一个条件就是，我自己就是一个历史的存在，研究历史的人也就是创造历史的人。"③这当然是继承维柯的思想，因为维柯针对笛卡尔以数学和自然科学为唯一可靠的认识这一观点，提出人所能认识的乃是人自己创造的，而人类创造了历史，所以人也最能充分认识历史。然而，伽达默尔对此却表示怀疑，他认为维柯这一理论并不能解决认识历史的根本问题。"个人的经验和对此经验的认识，如何成为历史的经验"，也就是说，个别人的经验和认识如何能展示历史的全貌，"有限的人性如何可能达于无限的理解"，这是维柯或狄尔泰始终都未能解决的问题。④ 重建历史的面貌当然需要史家设身处地去体会过去的社会和历史人物当时的情形，但"移情"并不能取代史家自己的视野而保证理解的"客观性"。柯文的中文译者林同奇先生就曾批评说："史家不可能也不应该放弃自己独有的立场，但是，移情方法的内在逻辑却企图使用并列杂陈的立场来取代这个中心出发点。这种做法不仅在理论上缺乏说服力，在实践上也是行不通的。如何把多元的、分散的'局中人'观点和关照全局的史

① Paul A. Cohen, *China Unbound: Evolving Perspectives on the Chinese Past* (London: Routledge Curzon, 2003), p. 1.

② 同上，第 186 页。

③ 转引自 Gadamer, *Truth and Method*，第 222 页。

④ 同上，第 222、232 页。

家个人的观点统一起来，是中国中心观面临的又一潜在矛盾。”[①]然而移情方法的问题，还不仅仅是用并列杂陈的立场来取代一个能够明察全局的中心出发点，而在于在理解和阐释的过程中，根本就不存在一个能明察全局的中心出发点。这个道理，苏东坡的诗里不是已经说得很清楚了吗？——“不识庐山真面目，只缘身在此山中”。通过移情而体会到局内人的观点，也只是获得了受位置和视野限定的一种观点。

柯文一方面强调用移情的办法，从局内人和亲身经历者的角度来重建中国近代史，但另一方面又提倡把中国在横向上分解为不同区域，在纵向上分解为不同社会阶层，推动区域史和地方史的研究以及下层社会、包括民间与非民间历史的研究。这样一来，就像柯文自己所说那样，“这种取向并不是以中国为中心，而是以区域、省份或是地方为中心”。[②]他在评论20世纪70年代以来美国学者在中国研究领域取得的许多成果时，就特别指出不同研究者受系统论、人类学等各种社会科学方法的启发和影响，并给予肯定的评价。于是柯文的“中国中心”模式就呈现出另一个特征，那就是“热情欢迎历史学以外诸学科（主要是社会科学，但也不限于此）中已形成的各种理论、方法与技巧，并力求把它们和历史分析结合起来”。[③]由于这些社会科学的理论、方法与技巧都是西方学术的产物，这个特征与所谓“中国中心”的研究模式，其实往往互相龃龉。如果研究者认为有了来自西方社会科学理论的模式，就产生一种优越感和“理论复杂性”的自傲，那么对于这“中国中心”的模式，则甚至会起暗中瓦解的作用。20世纪70年代以来美国汉学的发展，也证明“以中国为中心”的模式并没有真正取得主导地位；在整个西方的中国研究中，情形就更是如此。

例如法国学者弗朗索瓦·于连在他一系列著作中，都明白区分欧洲的“自我”和作为“他者”的中国，而且明确说，研究中国的目的，就是在与中国的对比中反观自我，即从中国的外部来反观欧洲，最终“回到自我”。[④]他说，通过中国“迂回”返回欧洲传统这一策略，可以引导西方学者“‘进入’我们的理性传统之光所没有照亮的地方”。[⑤]一个西方学者拿中国来做反照自我的镜子，倒也无可厚非，可是以理性为希腊

① 林同奇《“中国中心观”：特点、思潮与内在张力》，见柯文《在中国发现历史》，第25页。

② 柯文《在中国发现历史》，第178页。

③ 同上，第201页。

④ 于连著作很多，反复述说这一观点。其近著《从外部（中国）来思考》，书名就已标明此点。见 François Jullien et Thierry Marchaisse, *Penser d'un Dehors: Entretiens d'Extréme-Occident* (Paris: Éditions du Seuil, 2000)。

⑤ 于连《新世纪对中国文化的挑战》，《二十一世纪》（香港中文大学中国文化研究所，1999年4月号），第18页。

所独有，视中国则为“理性传统之光所没有照亮的地方”，就不能不令人怀疑于连主张的“求异的比较”是以先入为主之见代替了对“事物本身”的观察和认识。由于其出发点是用中国来比照西方，所以于连往往举出希腊或欧洲的一个观念，然后指出中国没有这一观念。例如他认为，希腊人和在希腊思想影响下的西方人有抽象思维，中国人则只有具体的感觉；西方人有哲学，中国则没有哲学；西方人有真理的观念，而中国人则不知道那种区别于表面现象的、本质意义上的真理。于连说，希腊的真理概念和存在的观念互相关联，而在中国，“由于不曾构想过存在的意义（在中国的文言里，甚至根本就没有此意义上的‘存在’这个词），所以也就没有真理的概念”。① 他又说“道”的概念在西方引向真理或超越性的本源，可是在中国，“智慧所倡导的道却引向无。其终点既不是神启的真理，也不是发现的真理”。② 可是这样把中国和希腊做非此即彼的对比，对两者都是一种简单化的理解。正如对希腊思想有深入研究的罗界教授指出的，我们至少可以“把希腊关于真理的立场分为三大类，近代我们在真理问题上的辩论，多多少少都起源于这些不同立场的争论。这三类就是客观论、相对论和怀疑论的立场”③。既然古希腊人并没有一个统一的真理概念，而且希腊的怀疑论者根本否认有真理，或即使有真理，人也不可能认识，那么认为希腊人有真理概念而中国人没有真理概念，就既简化了希腊哲学，也不符合中国古代思想的情形。

另一位法国学者谢和耐研究 17、18 世纪的礼仪之争所体现的中西文化冲突，也把基督教与中国文化之间的差异归结到最根本的语言和思维方式的层次，认为中西之间“不仅是不同知识传统的差异，而且更是不同思想范畴和思维模式的差异”。④ 他认为中国人没有抽象思维，中国语言没有语法，所以引申到哲学上，“存在的概念，那种超越现象而永恒不变的实在意义上的存在，也许在中国人就是比较难以构想的”。⑤ 在中国文学研究中，史蒂芬·欧文（亦译宇文所安）也抱着类似看法。他认为中国语言是“自然的”，不同于西方人为创造的语言，中国诗是自然的一种呈现，而不同于西方模

① François Jullien, “Did Philosophers Have to Become Fixated on Truth?” trans. Janet Lloyd, *Critical Inquiry* 28:4 (Summer 2002): 810.

② 同上，第 820 页。

③ G. E. R. Lloyd, *Ancient Worlds, Modern Civilizations: Philosophical Perspectives on Greek and Chinese Science and Culture* (Oxford: Oxford University Press, 2004), p. 53.

④ Jacques Gernet, *China and the Christian Impact: A Conflict of Cultures*, trans. Janet Lloyd (Cambridge: Cambridge University Press, 1985), p. 3.

⑤ 同上，第 241 页。

仿自然的想象虚构。西方诗人模仿造物者上帝，可以从无到有创造出一个想象虚构的世界，中国诗人则只是“参加到现存的自然中”。所以西方诗是一种创造，中国诗则构成一个“非创造的世界”，中国诗人都像孔子那样“述而不作”，中国诗“也被认为是完全真实的”，其中没有想象的虚构，而须按照字面意义去直解。[①] 像这类中西截然对立的看法在汉学研究中还有不少，在此不必一一列举，但这类研究都有一个共同的问题，那就是不仅没有注重“事物本身”的实际，而且都预先设定一个西方的自我，然后把中国文化中的诸方面作为与之相反的对立面来加以比照。而且这些西方学者讨论中国的语言、文学、思想和文化，都完全忽略中国学者的研究，这和“中国中心”模式提倡的“进入中国内部，尽可能像中国人自己所经历的那样去重建中国历史”，根本背道而驰。

从中国学者的立场看来，西方人从外面看中国的这许多观点和看法尽管不尽符合事实，却也能使我们注意到在跨文化理解当中，由不同视野会产生不同的印象和观念，于是对我们认识自己，也不是没有一定的启发和参考价值。越多了解别人对我们的看法，也越有助于认识我们自己。不过在这当中，我们自己的立场至为重要。在 20 世纪很长的一段时间里，我们的学术研究往往在思想意识方面受到太多教条的束缚，而且故步自封，对海外学术的情形几乎完全没有了解。但在近十多年来，西方著作，包括汉学著作，翻译介绍得很多，大大增加了我们对西方在中国研究方面学术成果的了解。在这些新近介绍过来的汉学著作里，有许多在我们看来是新鲜的观点和完全不同的研究方法，所以自然引起大家的兴趣和注意。但是，如果我们没有自己的独立见解和立场，不能依据事物本身的实际来做评判，却人云亦云，甚至以为西方人的见解就一定高明，盲目听从海外学者不一定正确的意见，那就失去了了解西方学术成果的意义，也不可能在平等对话的基础上，与海外学术界做互有裨益的学术交流。

例如什么是“中国”，历史上有没有一个“中国”的概念，就是中国学者不能没有自己明确看法的重要问题。西方关于民族国家的讨论，自然以欧洲的历史为基础，于是认为民族国家的形成是与中世纪结束和近代开始同步发展的过程。用系统论研究世界历史的沃勒斯坦就说：“现代国家是主权国家。主权是在现代世界体系中发明的一个概念。”[②] 他讨论现代民族国家，完全以欧洲文艺复兴和 16 世纪以后的情形为基础。可

① Stephen Owen, *Traditional Chinese Poetry and Poetics: Omen of the World* (Madison: University of Wisconsin Press, 1985), pp. 20, 84, 34.

② Immanuel Wallerstein, *World-Systems Analysis: An Introduction* (Durham: Duke University Press, 2004), p. 42.

是中国的历史，即具有“中国”这个概念而且有自我和他者即“华夷”或“夷夏”之分的文化和政治观念的历史，却比欧洲文艺复兴要早得多。“中国”这两个字和这个概念在殷商的甲骨文和青铜铭文中已经出现，更见于近三十种先秦典籍之中。正如黄俊杰在讨论古代典籍中“中国”概念的含义时所说，这一概念表明，古人“在地理上认为中国是世界地理的中心，中国以外的东西南北四方则是边陲。在政治上，中国是王政施行的区域，……中国以外的区域在王政之外，是顽凶之居所。在文化上，中国是文明世界的中心，中国以外的区域是未开化之所，所以称之为蛮、夷、戎、狄等歧视性语汇。”① 李学勤在讨论中国考古发现与古代文明研究时，也特别指出，“无论如何，中国文明的肇始要比一些人设想的更早”②。中国与欧洲国家的情形当然有很多差异，但就其有明确的疆界、有区别于其他国家的主权意识而言，至少在宋代，“中国”就已经显然具有民族国家的意义。这一意识的形成，正如葛兆光所说，不仅在古代为“中国”的正统性和中国“文明（汉族文化）”的合理性，提供了一个构想和论述的背景，而且在近代更“成了近世中国民族主义思想的一个远源”③。我们当然不能笼统地认为，“自从盘古开天地，三皇五帝至于今”，中国就大致是我们今天所知道的样子，因为无论就疆界还是就组成“中国”的族群而言，实际情形都在历史上有许多变化。历史的中国和今日中国的确有许多区别。但另一方面，用西方后现代主义和后殖民主义理论的尺度，来裁剪中国历史和现实，把一个与欧洲有不同历史的中国也说成只是一个“想象的共同体”，那也是毫无道理，而且大谬不然。对西方学者的理论和研究，我们不仅要多介绍，多了解，也必须有自己的见解和立场，要能够在平等的基础上，以探讨学理的态度，做批判的理解和应对。

印度裔美国学者杜赞奇（Prasenjit Duara）研究中国近代史的著作《从民族国家拯救历史》，就明显表露出用欧洲历史所产生的理论概念来讨论中国历史的尴尬。所谓从民族国家的虚假建构中“拯救历史”，是指怀疑和批判“启蒙历史主体”和“线性历史”的目的论观念。杜赞奇提出所谓“复线历史”的概念，“强调历史叙述结构和语言在传递过去的同时，也根据当前的需要来利用散失的历史，以揭示现在是如何决定过

① 黄俊杰《论中国经典中“中国”概念的涵义及其在近世日本与现代台湾的转化》，《台湾东亚文明研究学刊》3卷2期（2006年12月），第93页。

② 李学勤《中国考古学与古代文明研究》，《中国古代文明十讲》（上海：复旦大学出版社，2003），第86页。

③ 葛兆光《宋代中国意识的凸显——关于近世民族主义思想的一个远源》，《古代中国的历史、思想与宗教》（北京：北京师范大学出版社，2006），第151页。

去的”。[①] 他一方面批评民族主义建构的大一统历史叙述，认为“民族历史把民族说成是一个同一的、在时间中不断演化的民族主体，为本是有争议的、偶然的民族建构一种虚假的统一性”。[②] 但在另一方面，他又不能不承认“至今还没有什么能完全替代民族在历史中的中心地位”。[③] 作为印度裔的学者，他对于以欧洲历史为模式的民族国家叙述，不能不抱有几乎是本能的质疑态度，因而不可能完全赞同民族国家是近代产物这一观念。在讨论西方学者从“身份认同”来看民族国家的概念时，杜赞奇说：

> 盖尔纳和安德森视现代社会为惟一能够产生政治自觉的社会形式，把民族身份认同看成现代形式的自觉：作为一个整体的民族把自己想像为一个统一的历史的主体。实际的纪录并不能给此种现代与前现代的两极化的生硬论点提供任何基础。在现代社会和农业社会中，个人与群体均认同于若干不同的想像的共同体，这些身份认同是历史地变化着的，而且相互之间常常有矛盾冲突。无论是在印度历史上还是在中国历史上，人们都曾认同于不同的群体表述。这些认同一旦政治化，就成为类似于现在称之为“民族身份认同”的东西。[④]

这就是说，杜赞奇对于欧洲历史产生的理论模式，抱有一个后殖民主义理论家具有的警觉。他认识到，古代中国已明显有民族的和文化的身份认同，而“宋代对（汉族）族群国家的表述最为强烈”。[⑤] 然而，他虽然讨论中国和印度的传统，他的著作却并不是柯文所主张的“中国中心观”。事实上，对柯文提出的“中国中心方法”，杜赞奇明确提出如下的疑问：“中国的历史材料是否已预设某一特定的叙述结构可以为西方和中国历史学家洗耳恭听并忠实地再现？或许历史材料只是喧哗的‘噪音’，其意义需靠历史学家通过叙述来‘象征’性地揭示？”[⑥] 他在讨论中国近代史的著作中，大量借用来自西方人文和社会科学的理论概念和术语，是典型西方学术论著的写法。柯文对杜赞奇和何伟亚（James Hevia）等人的“后现代主义史学”也有不同看法，并提出了一

① 杜赞奇著，王宪明译《从民族国家拯救历史：民族主义话语与中国现代史研究》（北京：社会科学文献出版社，2003），第 3 页。

② 同上，第 2 页。

③ 同上，第 4 页。

④ 同上，第 42 页。

⑤ 同上，第 47 页。

⑥ 同上，第 13 页。

些批评意见。他认为这种后现代学术著作的缺陷在于“滥用抽象概念的表述和生造的术语”，这些学者们“有一种相当糟糕的倾向，即在自己周围筑起一道学术高墙，让人不知道他们究竟要做什么”。[①]在柯文看来，这些充满西方理论新奇概念和术语的著作，离他所呼唤的“中国中心观”的历史著述，实在有很远的距离，在很大程度上，仍然是一种以西方（理论）为中心的研究。

让我们再回到开头所引苏东坡的诗以及局外人与局内人的观点和视野的问题。我们仔细玩味东坡诗的含义，就可以明白这首诗并没有特别肯定某一种视野和观点，因为庐山面目是变化的，“横看成岭侧成峰，远近高低各不同”，近看固然不能得其全貌，远观也未必就能见出“庐山真面目”。我们从这首哲理诗可以得到的领悟，首先是“事物本身”是一种客观存在，尽管人们“不识庐山真面目”，但这“真面目”的存在却是无可否认的。我们对事物的理解总是受到我们自身眼界和视野的限定，所以不是纯粹“客观的”、唯一正确的理解。然而不仅局内人受到历史存在的局限，局外人也一样，所以认为东坡诗讲的是“旁观者清，当局者迷”的道理，就未免理解得太片面而肤浅。其实无论身处山中或山外，无论旁观者或当局者，都只能从自己特定的视野去看山，去理解各种事物。用看山来比喻理解历史，实在很有道理。英国学者 E. H. 卡尔在《什么是历史?》一书里，就用了这样的比喻。他在评论关于历史理解的各种论点时，一方面破除实证主义简单化的“客观”概念，同时又用“看山”的比喻来论证我们有限的理解并不能否认“事物本身”的存在。他说：

> 不能因为一座山从不同角度看去，呈现出不同形状，就认为客观说来这山或者完全不成形状，或者有无穷无尽的形状。不能因为在确定历史事实当中，解释必然会起作用，或者因为现存的解释没有一种是全然客观的，就认为一种解释和别的解释没有高下之分，或认为历史事实在原则上不可能有客观的解释。[②]

我们现在可以明白，个人的理解和认识是有限的，所以从外部和从内部来认识历史，都不能超脱我们历史存在的局限，而要达到比较全面的理解，要能见出“庐山真面目”，就需要尽量综合不同的看法和意象，以求接近“事物本身”的面貌。同样，理解中国和中国的历史、文学和文化，我们无须特别划分局外人和局内当事人，或者把

① Cohen, *China Unbound*, p. 193.

② E.H Carr, *What is History*? (Harmondsworth: Penguin Books, 1964), pp. 26–27.

亲身经历的经验和认识与外来的理论模式相对立。中国本身正在发生巨大而快速的变化，过去的许多固有观念和印象越来越不符合中国的现实情形，在学术方面，无论就思想意识的环境还是就实际的研究成果而言，中国学者近一二十年内所做的研究，和以前的情形也已经有很大不同。在过去很长一段时间里，西方汉学家们大多不注重中国学者的研究，认为那些研究受政治的控制和意识形态干扰，没有很高的学术价值。如果说那种看法在过去不无道理，那么最近十多年的情形已经有很大变化，中国学者在考古、历史、文学和其他各方面的研究都取得了新的成果，西方的汉学没有理由再无视中国的学术研究。中国和海外学术交往和互动的机会正在迅速增加，我们早已经该打破“内”与“外”的隔阂，抛弃“社会科学模式”自以为是的优越感，也抛弃西方“理论复杂性”的自傲，融合中西学术最优秀的成果。只有这样，我们才可能奠定理解中国及中国文化坚实可靠的基础，在获得真确的认识方面，更接近“庐山真面目”。

作者简介

张隆溪，北京大学硕士，哈佛大学博士，曾任教加州大学河滨分校和香港城市大学，现任湖南师范大学“潇湘学者”特聘教授，北京大学燕京学堂砺德讲席教授。他是瑞典皇家人文、历史及考古学院外籍院士，欧洲科学院外籍院士，国际比较文学学会主席（2016—2019）。他以中英文发表二十多部专著和数百篇学术论文。其主要著作有：《二十世纪西方文论述评》，*The Tao and the Logos*（中译本《道与逻各斯》），《走出文化的封闭圈》，《中西文化研究十论》，*Allegoresis: Reading Canonical Literature East and West*，*Unexpected Affinities: Reading across Cultures*，《比较文学研究入门》，《灵魂的史诗：失乐园》，《一毂集》，《阐释学与跨文化研究》，*From Comparison to World Literature*，《什么是世界文学》，*A History of Chinese Literature* 及 *World Literature as Discovery: Expanding the World Literary Canon* 等。